TRAINING PSYCHOLOGIE

Heidenreich • Lacher • Braun • Hilke
Jarosch-Wich • Staimer • Stauch

Grundlagen Psychologie

mit Aufgaben und Lösungen

STARK

Herausgeber
Klaus Heidenreich, Berthold Lacher

Verfasser
Kapitel 1: Berthold Lacher (1.1–1.4; 1.6)
Klaus Heidenreich (1.5; 1.6)
Kapitel 2: Berthold Lacher
Kapitel 3: Martina Stauch
Kapitel 4: Ulrike Braun
Kapitel 5: Angelika Hilke
Kapitel 6: Daniela Staimer (6.1–6.2; 6.5)
Christine Jarosch-Wich (6.3; 6.4; 6.5)
Kapitel 7: Klaus Heidenreich

Bildnachweis
Umschlag: Peter Kornherr, Dorfen
S. 156: Copyright © Springer-Verlag GmbH & Co. KG
S. 188: Copyright © 1981 by Rowohlt Taschenbuch Verlag GmbH, Reinbek
S. 194, 195, 196, 198: Copyright © 1989 by Rowohlt Taschenbuch Verlag GmbH, Reinbek
S. 249, 250: Copyright © 1996 by Houghton Mifflin Company. Used with permission.

Dieser Band wurde nach der neuen Rechtschreibung abgefasst.

ISBN: 3-89449-347-X

Inhalt

(Fortsetzung nächste Seite)

(Fortsetzung nächste Seite)

Vorwort

Psychologie ist nicht nur ein Unterrichtsfach, sondern auch für unser persönliches Leben von unmittelbarer Bedeutung. Dieser Band konzentriert sich auf fundamentale Fragen und grundlegende Teilgebiete der Psychologie. Er bietet Leserinnen und Lesern nicht nur Orientierung und einen umfassenden Überblick, sondern auch eine **Einführung in die wissenschaftliche Psychologie** anhand vieler praxisbezogener Beispiele. Nach jedem Kapitel finden sich eine Anzahl von **prüfungsrelevanten Aufgaben,** die in einem eigenen **Lösungsteil** schülergerecht und leicht nachvollziehbar gelöst werden.

GRUNDWISSEN PSYCHOLOGIE stellt ein **kompaktes Repetitorium** des Lehrstoffes für das Fach Psychologie dar und wurde auf der Grundlage des derzeit gültigen Lehrplans erstellt. Sein vorrangiges Anliegen ist es, auf **Klassenarbeiten** und auf die **Abschlussprüfung** vorzubereiten. Darüber hinaus eignet sich der Band aber auch zum **Selbststudium** und für den **unterrichtsbegleitenden** Einsatz.

Die Autoren und Autorinnen bemühten sich um sprachliche Eindeutigkeit, Verständlichkeit und Anschaulichkeit, um die Aneignung des Stoffs zu erleichtern. Dessen ungeachtet sollen Schülerinnen und Schülern jedoch auch in gemäßigter Form bereits mit der Diktion von Lehrbüchern der Hochschule vertraut gemacht werden.

Zum Schluss eine Bitte an alle Leser und Leserinnen dieses Buches: Anregungen und Kritik fördern und verbessern künftige Auflagen. Daher bitten wir Sie, Verbesserungsvorschläge dem Verlag mitzuteilen. Dafür schon im Voraus vielen Dank.

Klaus Heidenreich

1 Einführung in die Psychologie

1.1 Eine Situation aus dem Alltag

Britta und Stefan haben sich für die Fachoberschule Sozialwesen angemeldet. Sie kennen sich bereits aus der Realschule und treffen sich auf dem Schulweg zum ersten Schultag.

BRITTA: Hallo Stefan, gehst du auch auf die FOS?

STEFAN: Ja, ich bin schon gespannt, wie das wird! Vor allem das mit Psychologie!

BRITTA: Das hat doch was mit Freud zu tun. Hoffentlich machen die keine Therapie oder Psychoanalyse mit mir.

STEFAN: Ich hoffe eher, dass ich da lerne, wie ich genau beobachten und andere besser durchschauen kann, aber auch wie man ihnen hilft.

BRITTA: Du klingst so, als ob du es gar nicht mehr erwarten kannst. Ich bin mir da noch nicht so sicher, was ich eigentlich wirklich will. Mir geht es eher darum, mal im Praktikum mit Menschen zu arbeiten. Vor dem vielen Stoff und dem Lernen habe ich Angst. Ich kann das nicht so gut. Schule ist für mich eher Horror.

STEFAN: So ein Quatsch. Du musst selbstbewusster werden und das Ganze etwas lockerer sehen!

BRITTA: Du hast leicht reden. Deine Eltern haben wahrscheinlich nicht ständig an dir herumgenörgelt. Der ständige Streit mit Papa macht mich auf die Dauer einfach fertig.

STEFAN: Das mag schon sein, aber irgendwann musst du selber dafür sorgen, dass sich was ändert! Jedes Problem kann man irgendwie lösen!

Britta: Vielleicht hast du Recht. Aber sag mal, wo warst du denn im Urlaub. Du bist total braun!

Stefan: Ich war in Griechenland. Das war der Wahnsinn. Zuerst habe ich meinen Ausweis vergessen und habe das erst am Flughafen gemerkt. Das war ein Stress. Aber meine Mutter hat ihn noch rechtzeitig vorbeigebracht.

Britta: Ich sag's dir: Du warst schon immer ein schusseliger Typ. So einen Schlamper wie dich gibt es nicht nochmal auf der Welt.

Stefan: Aber dort war es echt cool. Griechenland ist für mich einfach das Spitzen-Urlaubsland. Das Meer und die Sonne. Sonnenuntergänge, wie du sie hier nicht siehst! Und dann hab ich auch noch eine Amerikanerin kennengelernt ... So glücklich war ich noch nie!

Britta und Stefan werfen in diesem Gespräch viele psychologische Fragen auf, allerdings aus alltagspsychologischer Sicht; die Lektüre diese Buches hingegen gibt allen Leserinnen und Lesern wissenschaftlich fundierte Antworten auf folgende Fragen:

- Was ist der *Gegenstand der Psychologie*? Womit beschäftigt sie sich und welche Theorien gibt es in der Psychologie (Zeilen 2–6)? Beispielsweise ist die *Psychoanalyse* nur einer von vielen Ansätzen und nicht gleichzusetzen mit der gesamten Psychologie (vgl. Kap. 4.4 und 5.5.2).
- Welche *Forschungsmethoden* verwendet die Psychologie? Stefan hat den Wunsch, genau *beobachten* zu lernen (vgl. Kap. 1.5).
- Wie funktioniert unsere *Wahrnehmung* und wodurch wird sie beeinflusst? Die Wahrnehmung der Sonnenuntergänge in Griechenland hat Stefan sehr beeindruckt (Zeilen 30/31). Im Urlaub sieht man manches jedoch positiver als man es zu Hause sehen würde (vgl. Kap. 2.2).
- Wie arbeitet unser *Gedächtnis* (vgl. Kap. 2.3)? Woher kommt es beispielsweise, dass jemand seinen Ausweis für den Urlaub vergisst (Zeile 23)?
- Wie können *Probleme gelöst* werden und welche Schwierigkeiten tauchen dabei auf (vgl. Kap. 2.4)? Britta hat Streit mit ihren Eltern und weiß nicht, wie sie damit umgehen soll (Zeilen 15–19).
- Was bedeutet *Motivation* und welche *Motive* haben wir für unser Verhalten? Die beiden Jugendlichen nennen ganz unterschiedliche Beweggründe, warum sie die Schule besuchen (Zeilen 6–10). Das ist Gegenstand der Motivationspsychologie (Kap. 2.5).
- Welche Rolle spielen *Gefühle* in unserem Leben (vgl. Kap. 2.5)? Stefan schwärmt von seinen glücklichsten Tagen (Zeile 31), Britta äußert Ängste der Schule gegenüber (Zeile 11).

- Wie können wir unsere *Lernfähigkeit* verbessern? Britta glaubt, nicht gut lernen zu können (Zeilen 11/12). Kapitel 2.7 gibt Hinweise, wie man sich dabei verbessern kann.
- Was ist *Stress* und wie gehen wir damit um (vgl. Kap. 3)? Stefan empfand seine Abreise als Stress, konnte die Situation jedoch durch die Hilfe seiner Mutter bewältigen (Zeilen 24/25).
- Wie beschreibt die Psychologie unsere *Persönlichkeit* (vgl. Kap. 4)? Im Alltag verwenden wir Begriffe wie „Schlamper" (Zeile 27) oder „selbstbewusst" (Zeile 13), um andere Personen zu beschreiben.
- Wie entwickelt sich der Mensch im Lebenslauf? Britta erklärt ihr geringes Selbstvertrauen mit den ewigen Nörgeleien ihrer Eltern (Zeilen 15/16). Die *Entwicklungs*psychologie formuliert Gesetzmäßigkeiten, wie wir uns im Lebenslauf verändern (vgl. Kap. 5).
- Was stört zwischenmenschliche *Kommunikation* und wie können wir erfolgreicher kommunizieren? Auseinandersetzungen mit den Eltern misslingen häufig (Zeile 16), Britta und Stefan können sich dagegen recht gut unterhalten. In Kap. 6 werden zwei Kommunikationstheorien ausführlich dargestellt.
- Welche *Einstellungen* haben wir zu uns und unserer Umwelt? Stefan hat eine positive Einstellung zu Griechenland (Zeilen 28/29), Britta eine negative zum Lernen (Zeilen 11/12). Einstellungen, ihr Erwerb und ihre Veränderung sind Themen von Kapitel 7.

1.2 Definition und Gegenstand der Psychologie

Der Begriff „Psychologie" entstammt wie die meisten Bezeichnungen von Wissenschaften dem Griechischen. Wörtlich übersetzt bedeutet Psychologie die Lehre von der Seele. Aus verschiedenen Gründen verzichtet man jedoch im wissenschaftlichen Sprachgebrauch auf den Begriff der Seele. Psychologie wird heute in vielen Lehrbüchern definiert als Wissenschaft vom **Verhalten** und **Erleben** des Menschen (vgl. z. B. Nolting u. Paulus 1994; Zimbardo 1995).

Erleben

Unter Erleben verstehen wir innere, d. h. nicht von außen beobachtbare Zustände und Vorgänge eines Menschen, wie z. B. Wahrnehmungen, Gedanken, Vorstellungen, Bedürfnisse, Gefühle etc. Das Erleben ist eine subjektive Erfahrung und der Inhalt unseres Bewusstseins. Es ist nur der Selbstbeobachtung zugänglich,

d. h. nur die erlebende Person selbst kann darüber berichten. Andere Personen können es höchstens aus dem Gesichtsausdruck oder den Aktionen der Person erschließen, aber häufig ist nicht einmal das zuverlässig möglich.

Verhalten

Damit meint man sämtliche Aktivitäten eines Menschen. Ursprünglich wurden unter Verhalten nur die von außen beobachtbaren oder messbaren Aktivitäten gefasst (**offenes Verhalten, Verhalten im engeren Sinn**). Beispiele für solche offenen Verhaltensweisen sind: gehen, sprechen, mit den Händen fuchteln und vieles mehr, aber auch von außen messbare physiologische Aktivitäten wie die Herzfrequenz, der Blutdruck, die Schweißabsonderung der Haut etc. Hier wird bereits eine erste Unterscheidung des offenen Verhaltens deutlich: Ein Teil des menschlichen Verhaltens läuft **automatisch** und **reflexartig** ab (Herzschlag, niesen, zittern, zusammenzucken etc.), ein großer Teil des menschlichen Verhaltens ist jedoch *beabsichtigt, zielgerichtet* und *geplant* (z. B. einen Brief schreiben, jemandem etwas mitteilen, etwas basteln, ins Kino gehen etc.). Beabsichtigte, zielgerichtete und geplante Verhaltensweisen werden als **Handlungen** bezeichnet. Dieser Begriff wird unten noch näher erläutert.

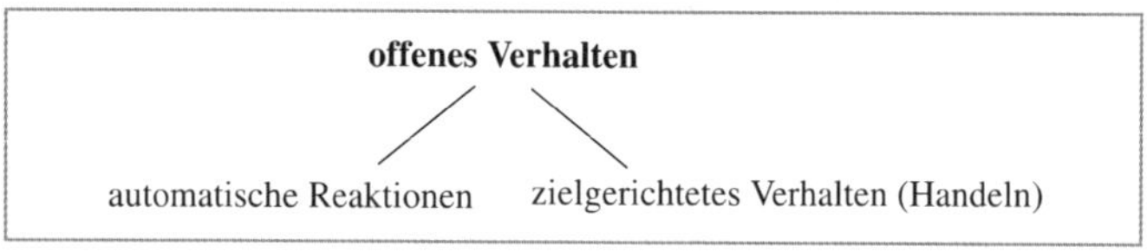

Abb. 1: Formen offenen Verhaltens

Manche Wissenschaftler zählen zum Verhalten nicht nur offene, sondern auch verdeckte Aktivitäten. **Verdeckte Aktivitäten** sind innere Vorgänge und Zustände wie sie beim Erleben bereits beschrieben wurden. Man kann also sagen, Erleben und verdecktes Verhalten bezeichnen größtenteils dasselbe. Werden sowohl offene als auch verdeckte Aktivitäten als Verhalten definiert, spricht man von Verhalten im weiteren Sinn.

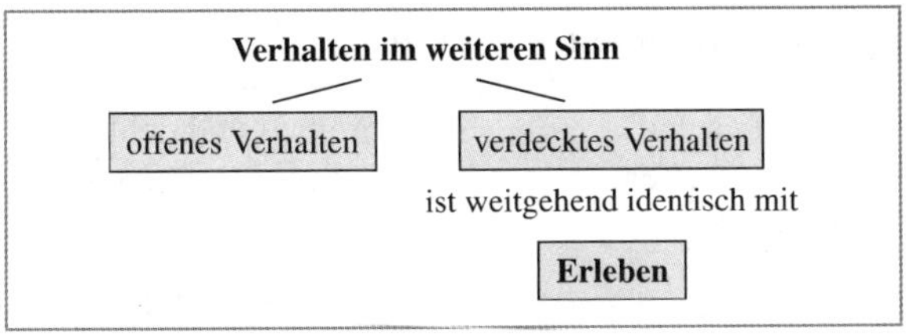

Abb. 2: Verhalten und Erleben

Handeln

Dieser Begriff wurde bereits als beabsichtigtes, zielgerichtetes und geplantes Verhalten definiert. Aufgrund seiner Bedeutung in der Psychologie sollen hier noch einige zusätzliche Merkmale aufgeführt werden:

- Handlungen werden *bewusst* durchgeführt und sind zielgerichtet.
- Handeln setzt eine *freie Entscheidung* voraus; d. h. wir haben die Wahl, ob wir so oder anders handeln.
- Für unser Handeln sind wir folglich *verantwortlich*; d. h. wir können z. B. für unsere Handlungen bestraft werden.

Folgende Tabelle fasst die Begriffe von Kap. 1.2 mit Beispielen zusammen:

	Definierende Merkmale	**Beispiele**
Erleben	innere Erfahrung; nicht von außen beobachtbar; nur der Selbstbeobachtung zugänglich (siehe S. 11); bewusst	Wahrnehmung von Musik; Angst verspüren; Hunger erleben
verdecktes Verhalten	innere Aktivität; nicht von außen beobachtbar; teilweise der Selbstbeobachtung zugänglich; zum Teil bewusst	Wahrnehmungsprozesse; sich etwas vorstellen; in Gedanken einen Plan ausarbeiten
offenes Verhalten ist Verhalten im engeren Sinn	äußere Aktivität; von außen beobachtbar; zum Teil bewusst	schlagen; sich kratzen; Auto fahren; schwitzen

	Definierende Merkmale	**Beispiele**
Verhalten im weiteren Sinn	umfasst offenes und verdecktes Verhalten (Oberbegriff)	schreiben und denken; essen und Hunger verspüren
Handlungen	Verhaltensweisen, die zielgerichtet, beabsichtigt, geplant und bewusst sind; das Verhalten ist von außen beobachtbar, die dahinter stehende Planung nicht	sich auf eine Prüfung vorbereiten; jemanden zu überzeugen versuchen

Da die Psychologie auch die Bedingungen und Ursachen des Verhaltens, Erlebens und Handelns erforschen will, beschäftigt sie sich natürlich ebenso mit der Persönlichkeit und der Lebensgeschichte (Entwicklung) eines Menschen sowie mit den Umweltbedingungen, die unser Verhalten, Erleben und Handeln beeinflussen.

1.3 Ziele der Psychologie

Die Psychologie ist eine *empirische Wissenschaft* (empirisch bedeutet erfahrungswissenschaftlich). Damit ist gemeint, dass sie durch bestimmte Forschungsmethoden und -strategien (Beobachtung, Befragung, Tests, Experimente; vgl. Kap. 1.5) Erkenntnisse über die **Realität** gewinnen will.

Beispiele:

- Beobachtung des Sprachverhaltens von Kindern im Kindergarten.
- Befragung von Arbeitnehmern nach ihrer beruflichen Zufriedenheit.
- Vergleich von Intelligenztestwerten verschiedener Personengruppen.
- Experimentelle Überprüfung des Einflusses von Angst auf die Prüfungsleistung.

Die Ziele der empirischen Psychologie sind das **Beschreiben, Erklären, Vorhersagen** und **Verändern** von Verhalten, Erleben und Handeln. Zudem kann psychologisches Wissen angewandt werden, ohne dass eine Veränderung von Verhalten, Erleben und Handeln beabsichtigt wird (vgl. z. B. Ulich 1993; Nolting u. Paulus 1994; Zimbardo 1995).

Beschreiben

Unter Beschreiben versteht man ein Erfassen, Registrieren und Festhalten von Ereignissen und Sachverhalten. Es wird schlechtweg festgestellt, *was* ist bzw. *wie* etwas ist. Aufgrund ihres Gegenstandes werden in der Psychologie Verhalten und Handeln, Erleben, aber auch die Persönlichkeit eines Menschen oder seine Umwelt beschrieben. Zudem versucht die Psychologie möglichst allgemeine Zusammenhänge zu beschreiben.

Beispiele :

- Fritz hat Angst (Beschreibung des Erlebens).
- Susi schlägt ihre Mitschülerin (Beschreibung eines Verhaltens, einer Handlung).
- Robert hat einen Intelligenzquotienten von 75 (Beschreibung eines Persönlichkeitsmerkmals).
- Aggressivität von Kindern und Fernsehkonsum hängen irgendwie zusammen (Beschreibung eines allgemeinen Zusammenhangs).

Bei einer Beschreibung wird noch keinerlei Aussage über Ursachen gemacht. Das ist die Aufgabe einer Erklärung.

Erklärung

Die Erklärung versucht **Bedingungen** und **Ursachen** für einen Sachverhalt oder ein Ereignis herauszufinden. Hier geht es um folgende Fragen:
- *Warum* ist das so? (Dass Fritz Angst hat).
- *Woher* kommt das? (Dass Susi ihre Mitschülerin schlägt).
- *Wie* ist das entstanden? (Dass Fritz einen derart niedrigen Intelligenzquotienten hat).
- *Worauf* ist das *zurückzuführen*? (Dass bei Kindern ein Zusammenhang von Fernsehkonsum und Aggressivität besteht).

Der Begriff der *wissenschaftlichen* Erklärung weicht hier von der Alltagssprache ab. **Nicht** gemeint ist das Erläutern von etwas (z. B. „Erkläre mir die Hausaufgabe").
Jeder Mensch im *Alltag* versucht Erklärungen abzugeben, also Ursachen für etwas zu finden. Unsere Alltagserklärungen sind jedoch in der Regel sehr subjektiv und viel zu einfach. Zudem fließen in unsere Erklärungen Vorurteile ein.

Beispiel:

> Herr Müller erfährt, dass der Nachbarssohn die 7. Klasse Gymnasium wiederholen muss. Er äußert dazu: „Das liegt daran, dass der zu blöd ist. Bei diesem Vater ist das kein Wunder. Der Apfel fällt halt nicht weit vom Stamm".

Die Ursache des Sitzenbleibens wird hier in der mangelnden Intelligenz gesehen, die wiederum vom Vater verursacht wurde. Dieser Zusammenhang wird mit einem Sprichwort belegt. Die *wissenschaftliche Psychologie* dagegen greift bei ihren Erklärungen auf Untersuchungsergebnisse und empirisch fundierte (d. h. durch Beobachtungen, Experimente etc. gestützte) *Theorien* zurück.

Beispiel:

> Durch Beobachtungen, Tests, Experimente und statistische Analysen werden Theorien überprüft, die die vielfältigen Bedingungen des Schulerfolgs aufzeigen. Mithilfe solcher Theorien kann dann das Sitzenbleiben erklärt werden.

Vorhersagen (Prognose)

Die Psychologie versucht darüber hinaus, Verhalten und Handeln sowie Erleben vorherzusagen. Eine Prognose ist eine Aussage darüber, was in Zukunft passieren wird. Da jedoch das menschliche Verhalten, Handeln und Erleben von unzähligen Bedingungen beeinflusst wird, lässt es sich immer nur mit einer gewissen Wahrscheinlichkeit vorhersagen. Ähnlich der Wettervorhersage bleibt sie unsicher.

Verändern

Nolting und Paulus (1994) unterscheiden drei Arten der Veränderung:
- *Verändern als Korrektur:* Menschen mit Problemen, Störungen, Krankheiten, also irgendeinem ungünstigen Ausgangszustand, wird geholfen, damit sie wieder einen „Normalzustand" erreichen (z. B. Gesundheit durch Therapie).
- *Verändern als Förderung:* Gesunden, störungsfreien Menschen wird geholfen, ihr Leben zu optimieren. Beispiele hierfür wären Unterricht für einen höheren Bildungsstand, Selbsterfahrungskurse für eine reifere Persönlichkeit etc.
- *Verändern als Vorbeugung* (Prävention): Hier geht es darum, Menschen so zu verändern, dass es zu gar keinen Problemen kommt. Präventive Maßnahmen wären z. B. Kurse für angehende Eltern, die Förderung von Kontakten in Hochhäusern oder Informationen zur Unfallverhütung am Arbeitsplatz.

Psychologisches Wissen wird auch angewandt, ohne dass eine direkte Veränderung beabsichtigt wird. Gerichtsgutachten, die die Schuldfähigkeit beurteilen sollen, oder Eignungsuntersuchungen für bestimmte Berufe wären Beispiele dafür.

1.4 Teilgebiete der Psychologie

Wie jede Wissenschaft lässt sich auch die Psychologie in verschiedene Teilgebiete (Teildisziplinen) einteilen. Eine wichtige Unterscheidung ist die in sogenannte *Grundlagendisziplinen*, die sich mit den zentralen Vorgängen des Verhaltens und Erlebens beschäftigen, und *Anwendungsdisziplinen*, in denen durch Forschung praktische Probleme gelöst werden sollen. Im Folgenden soll ein kurzer Überblick vermittelt werden:

Grundlagendisziplinen	**Anwendungsdisziplinen**
Methodenlehre (vgl. Kap. 1.5) Allgemeine Psychologie (vgl. Kap. 2) Persönlichkeits-Psychologie (vgl. Kap. 4) Entwicklungs-Psychologie (vgl. Kap. 5) Sozialpsychologie (vgl. Kap. 6 und 7)	Klinische Psychologie Pädagogische Psychologie Organisations-Psychologie Forensische (Gerichts-)Psychologie Verkehrs-Psychologie Sport-Psychologie Tourismus-Psychologie etc.

Abb. 3: Wichtige Teildisziplinen (Teilgebiete) der Psychologie

1.5 Systematische Beobachtung

1.5.1 Beobachtung als empirische Methode

Bei vielen Gelegenheiten im alltäglichen Leben gerät uns etwas ins Blickfeld, betrachten wir etwas beiläufig; hier haben wir es mit einem Wahrnehmungsvorgang zu tun (vgl. Kap. 2.2), der wenig zielgerichtet ist. Eine derartige Alltagsbeobachtung geht mehr oder weniger beliebig, unsystematisch vor sich; sie richtet sich nach individuellen Interessen und subjektiven Bedürfnissen. Die systematische Beobachtung hingegen ist eine grundlegende empirische Methode der Pädagogik und Psychologie, sie setzt einen genauen **Beobachtungsplan** voraus, der u. a. vorschreibt (vgl. Bortz 1984, S. 191):

- *was* zu beobachten ist,
- *wer* beobachtet,
- *wann, wie lange* und *wo* die Beobachtung stattfindet,
- *wie* die Beobachtung *ablaufen* soll,
- *wie* das Beobachtete zu *protokollieren* ist – und zwar als Beschreibung (nicht als wertende Beurteilung),
- *ob* bzw. *in welcher Weise* das Beobachtete *im nachhinein (!) interpretiert* werden darf.

Wir halten fest: **Systematische Beobachtung** nennen wir die geplante, zielgerichtete, aufmerksame Wahrnehmung unter ganz bestimmten Aspekten und Regeln; dazu gehört die Führung eines Protokolls.
In Psychologie und Pädagogik konzentriert sich die Beobachtung auf das Verhalten von Menschen (= Verhaltensbeobachtung bzw. Fremdbeobachtung).
Man kann dagegen auch sein eigenes Erleben beobachten: z. B., dass man auf Kritik in Bezug auf die eigene Autofahrleistung überempfindlich reagiert. Hierbei handelt es sich um eine Selbstbeobachtung (= Introspektion); diese ist subjektiv, läuft unkontrolliert ab und ist objektiv nicht nachprüfbar.

1.5.2 Arten der Verhaltensbeobachtung

Welche Methode bzw. Technik eingesetzt wird, hängt wesentlich vom Untersuchungsgegenstand und den Untersuchungszielen ab. Die einzelnen Beobachtungsverfahren lassen sich folgendermaßen systematisieren:

Offene (wissentliche) und verdeckte (unwissentliche) Beobachtung

Bei der **offenen Beobachtung** weiß der Proband von der Beobachtung, verhält sich u. U. gekünstelt und unterlässt sozial unerwünschte Verhaltensweisen, die verfälschende Auswirkungen haben können. Diese reaktiven Effekte lassen sich allerdings vermeiden durch eine Gewöhnungsphase oder auch durch die Täuschung des Probanden über das Ziel der Beobachtung.

Bei der **verdeckten Beobachtung** wird das Verhalten des Probanden z. B. durch eine Einwegscheibe beobachtet, diese ist von der einen Seite durchsichtig und erscheint von der anderen Seite wie ein Spiegel. Außerdem lässt sich auch ein Tonband- oder Videogerät einsetzen. Diese Beobachtungsform hat den Vorteil, dass sie ohne Wissen des Probanden und damit von diesem unbeeinflusst erfolgen kann.

Teilnehmende und nicht-teilnehmende Beobachtung

Bei der (aktiven) **teilnehmenden Beobachtung** interagieren Beobachter und Proband während des Beobachtungszeitraumes. Der Beobachter ist dadurch Mitglied des Systems, das er beobachtet; z. B. arbeitet er in dem Betrieb, den er beobachtet, oder er lebt als (scheinbarer) Mithäftling in einer Strafanstalt. Als Teilnehmer gewinnt der Beobachter einerseits intimere Sachkenntnis, andererseits besteht die Gefahr des zu großen Engagements für seinen Beobachtungsgegenstand. Ein weiterer Nachteil liegt darin, dass das Beobachtungsprotokoll nicht unmittelbar angefertigt werden kann, sondern erst im Anschluss an einen bestimmten Ereignisablauf. Beide Aspekte erhöhen die Gefahr von Verzerrungen und Beobachtungsfehlern.

Bei der **nicht-teilnehmenden Beobachtung** kann sich der Beobachter vollständig auf das Geschehen und das Protokollieren konzentrieren. Es besteht der Nachteil, dass die Anwesenheit des Beobachters als störend empfunden wird und damit verzerrend und verfälschend wirken kann.

In der Praxis werden kombinierte Beobachtungsformen eingesetzt:

Beispiele (vgl. Bortz 1984, S. 196):

- *Teilnehmend und offen:* Ein Psychologe beteiligt sich zur Erkundung von betrieblichen Problemen offen an Mitarbeitergesprächen.

- *Teilnehmend und verdeckt:* Ein Beamter des Verfassungsschutzes beobachtet unerkannt als Teilnehmer einer Demonstration das Verhalten der Demonstranten.
- *Nicht-teilnehmend und offen:* Ein Fußballtrainer beobachtet am Rande des Fußballplatzes die Einsatzbereitschaft seiner Spieler.
- *Nicht-teilnehmend und verdeckt:* Ein Pädagoge beobachtet hinter einer Einwegscheibe Auseinandersetzung zwischen zwei Kindern im Kindergarten.

Beobachtung in natürlichen oder künstlichen Situationen

Die Beobachtung kann einmal im natürlichen Umfeld der Probanden durchgeführt werden **(= Feldbeobachtung).**

Beispiel:

Eine Erzieherin beobachtet ein Kind ihrer Gruppe im Kindergarten.

Zum anderen können Probanden auch in einer künstlich hergestellten Situation beobachtet werden **(= Laborbeobachtung).**

Beispiel:

Abiturienten werden gebeten, nachmittags in ein Psychologisches Institut zu kommen, um dort über das Thema „Numerus clausus" zu diskutieren.

Strukturierte und unstrukturierte Beobachtung

Es kann keine systematische Verhaltensbeobachtung geben, der nicht ein *Plan* darüber zugrunde liegt, was in welcher Art und Weise beobachtet werden soll.
Bei der weitgehend **unstrukturierten Beobachtung** liegen nur Anweisungen vor, die dem Beobachter einen ziemlich großen Spielraum lassen; hier besteht die Möglichkeit, komplexe Situationen und Verhaltensabläufe zu erfassen.

Zu der **strukturierten Beobachtung** hingegen finden wir genaue Angaben darüber, was wie lange und in welcher Form zu beobachten ist. Oft geht es um die Erfassung eng begrenzter und klar umschriebener Verhaltensweisen. Außerdem wird der Beobachter gezwungen, das wahrgenommene Verhalten in genau festgelegte *Beobachtungskategorien* (siehe S. 15 ff.) einzuordnen und im genauen zeitlichen Ablauf festzuhalten.

Die Strukturierung einer Beobachtung erfolgt als Kontinuum mit den Polen „unstrukturiert“ und „hoch strukturiert“. Ziel der Strukturierung ist die möglichst weitgehende Ausblendung subjektiver Einflüsse des Beobachters auf das Ergebnis. Mit dem Übergang von unstrukturierter zu strukturierter Beobachtung können wir eine wachsende Kontrollmöglichkeit feststellen (vgl. Diekmann 1995, S. 474 ff.; Faßnacht 1995, S. 127 ff.; Grümer 1974, S. 36 ff.).

1.5.3 Verlaufsprotokoll einer Beobachtung

Eine solche Beobachtung verfolgt das Ziel, das *gesamte Verhalten* einer Person möglichst *lückenlos* in einem natürlichen Umfeld während einer *bestimmten Zeitspanne* zu erfassen, dabei wird die Umgangssprache verwendet (vgl. hierzu Bortz 1984, S. 191 ff., Faßnacht 1995, S. 273 ff., Martin u. a. 1991, S. 61 f.).

Beispiel:

10.01: Stefan sitzt am Tisch, er richtet sich auf. Er ergreift den roten und grünen Malstift, er beginnt zu malen.
10.02: Er legt seinen Kopf auf das Papier und saugt am Ende des roten Malstifts, dann malt er wieder.
10.03: Er lehnt sich hinüber zu seiner Nachbarin Maria, um zu sehen, was sie gemalt hat. Er klemmt seine Nase zwischen Zeigefinger und Daumen.
10.04: Er bedeckt sein Gesicht mit beiden Händen, dann malt er wieder.
10.05: Er schaut zum Fenster hinaus, danach blickt er auf das Papier …

Die Zielsetzung einer solchen Vorgehensweise könnte beispielsweise darin bestehen, ein Kind im Rahmen einer Gruppe oder in bestimmten Situationen besser kennen zu lernen.

Regeln für ein Verlaufsprotokoll (vgl. Faßnacht 1995, S. 282 f.):
- Konzentriere dich auf das Verhalten und die Situation des Probanden.
- Beobachte und protokolliere so vollständig wie möglich die Situation des Probanden.
- Ersetze niemals die sorgfältige Beschreibung durch Interpretation.
- Beschreibe zu Anfang etwas detaillierter die Beobachtungssituation.
- Berichte der Reihenfolge nach alle Hauptschritte des Handlungsverlaufs.

- Fasse nicht mehr als eine Aktion des Probanden in einen Satz.
- Eine Zeitmarkierung im Minutenabstand sollte am Rand angebracht werden.
- Die Aufzeichnung sollte an Ort und Stelle erfolgen, d. h. parallel zum Ereignis. Die verbale Kommunikation sollte so gut wie möglich aufgeschrieben werden.
- Ein Beobachter sollte höchstens 30 Minuten beobachten bzw. protokollieren. Falls die Beobachtung über einen längeren Zeitraum erfolgen soll, wechseln die Beobachter in diesem Rhythmus.

1.5.4 Ereignisstichprobe oder Zeitstichprobe

Das gesamte Geschehen eines Untersuchungsfeldes vollständig erfassen zu wollen, ist nicht möglich. Mit einer systematischen Beobachtung lässt sich immer nur ein Ausschnitt aus dem Gesamtgeschehen festhalten. Deshalb trifft man häufig von vornherein eine Auswahl hinsichtlich der Beobachtungseinheiten. Dabei unterscheidet man die **Ereignisstichprobe** von der **Zeitstichprobe.** Diese Techniken (der Quantifizierung) erlauben es, genau die *Auftretenshäufigkeit, Gesamtdauer* usw. von Verhaltensweisen zu bestimmen. So z. B.

- die Anzahl verschiedener Aggressionsformen pro Zeiteinheit (hier z. B. pro Minute);
- die Dauer einer Tätigkeit, z. B. Lesen, Schreiben, Malen, Betrachten eines Gegenstandes;
- Dauer der kontinuierlichen Beschäftigung mit demselben Reiz, z. B. Bauklötze, Spielzeugauto, Lichtschalter usw.

Ereignisstichprobe („event-sampling“)

Der Beobachter erhält den Auftrag, über die Zeit hinweg nur ganz bestimmte Ereignisse zu registrieren: z. B. aggressive Verhaltensweisen eines Vorschulkindes in einer Spielsituation im Kindergarten. Oder es wird erfasst, wie oft sich ein Schüler während einer Unterrichtsstunde meldet, aus dem Fenster schaut, mit dem Nachbar spricht usw. Somit kann festgehalten werden, *ob* bzw. *wie oft* die zu beobachtenden Ereignisse bei einem Probanden auftreten.

Zeitstichprobe („time-sampling")

Hier wird ein Zeitraster vorgegeben, d. h. die Beobachtung wird in feste Zeitabschnitte gegliedert. So wird z. B. in Zeitintervallen von jeweils 10 Sekunden notiert, was der Schüler macht (schreibt, liest usw.).

Zeitstichproben eignen sich mehr zur Beschreibung des gesamten Geschehens, *Ereignisstichproben* mehr zur Dokumentation bestimmter Verhaltensweisen (vgl. Bortz 1984, S. 201 f., siehe ferner Faßnacht 1995, S. 127 ff.).

1.5.5 Beobachtungskategorien

Der **Beobachtungsbogen** für eine *strukturierte Verhaltensbeobachtung* mit Beobachtungskategorien könnte folgendermaßen aussehen (vgl. Faßnacht 1995 sowie Martin u. a. 1991, S. 191):

Beispiel:

Beobachtungsprotokoll vom	2. 10. …
Zeitspanne:	von 9.30 Uhr bis 9.50 Uhr
Name des Kindes:	Robert
Alter und Geschlecht:	4 Jahre, männlich
Beobachterin:	C. Lehmann, FOS-Praktikantin
Ziel der Beobachtung:	Erfassen bestimmter Muster sozialen Verhaltens
Kindergarten:	St. Michael
Gruppe:	Sonnenschein
Erzieherin:	V. Müller

Konkret beobachtbare Verhaltensweisen von Robert = Fein-Kategorien	Strichliste mit Häufigkeiten	Σ
1. Spielt mit Spielzeug	/	1
2. Fragt nach Spielzeug	~~////~~	5
3. Befiehlt einem Kind, Spielzeug zu geben	//	2
4. Schlägt einen Handel vor	/	1
5. Stößt, um Spielzeug zu erlangen	~~////~~ /	6
6. Tritt, um Spielzeug zu erhalten	//	2

Aus diesem Beispiel wird Folgendes ersichtlich: Im Rahmen einer strukturierten Beobachtung können bestimmte Verhaltensweisen in kleinsten erkennbaren Einheiten inhaltlich genau definiert und quantitativ erfasst werden.
Die beobachtbaren konkreten Verhaltensweisen kann man auch beziffern, d. h. kodieren. Ein solche Kodierung dient der Vereinfachung des Beobachtungsbogens.

Beispiel:

Grobkategorie: Verhalten des Kindes in Spielsituationen	Feinkategorien: Konkret beobachtbare Verhaltensweisen	Kodierung
positives Sozialverhalten	bezieht andere in sein Spiel mit ein	1
	gibt von seinem Spielzeug ab	2
	hilft anderen beim Spiel	3
	geht auf Vorschläge anderer ein	4
negatives Sozialverhalten	schließt andere vom Spiel aus	5
	gibt sein Spielzeug nicht ab	6
	unterstützt andere nicht im Spiel	7
	geht nicht auf Vorschläge anderer ein	8

Tab. 1: Beobachtungssystem zum Spielverhalten (vgl. Martin u. a. 1991, S. 47)

Die Form des Protokolls könnte wie folgt aussehen (Kopf des Beobachtungsbogens siehe S. 15):

	Zeitintervall	Kodierung 1	2	3	4	5	6	7	8	Gesamtzahl Striche
1. Tag										
2. Tag										
3. Tag										
4. Tag										
5. Tag										
usw.										
									Gesamtzahl:	

Tab. 2: Protokollbogen mit Kodierung (vgl. hierzu Bortz 1984; Faßnacht 1995; Huber 1995)

Insgesamt haben Kategoriensysteme die Aufgabe, systematische Verhaltensbeobachtungen methodisch zu kontrollieren.
Bei der Erstellung eines **Kategoriensystems** muss auf folgende Punkte geachtet werden:

- Die Fein-Kategorien müssen *konkret beobachtbaren Sachverhalten* entsprechen (z. B. schreit andere Kinder an).
- Jedes beobachtete Ereignis darf nur *einer* Fein-Kategorie zugeordnet werden.
- Es wird nichts registriert was nicht unter eine Fein-Kategorie fällt.
- Die definierten Fein-Kategorien müssen in einer Probe-Beobachtung vorher überprüft werden.
- Der Protokollbogen sollte nicht mehr als 10 Kategorien enthalten.

Relativ einfach ist die *Auswertung* bei einer stark strukturierten Beobachtung, da hier standardisiertes Material in Form der Häufigkeitsangaben für die einzelnen Verhaltens-Kategorien bzw. Fein-Kategorien vorliegt. Dieses lässt sich leicht aufbereiten und quantitativ analysieren.

1.5.6 Protokollierung

Häufig wird ein schriftliches *Verlaufsprotokoll* oder *Ereignisprotokoll* angefertigt, in dem man Sprechverhalten, Körperbewegungen und andere auffällige Aspekte des nichtverbalen Verhaltens festhält. Solche Protokolle sollten unmittelbar in der Beobachtungssituation möglichst von zwei verschiedenen Beobachtern angefertigt werden.
Gedächtnisprotokolle (i. d. R. erforderlich bei teilnehmender Beobachtung) sind wegen des großen Selektivitätsrisikos (bei der Wahrnehmung und Speicherung) von geringerem Wert.
Aufzeichnungen auf Tonträger eignen sich nicht besonders, da hierbei das nichtverbale Verhalten verloren geht. Optimales Medium für die Protokollierung ist die Videoaufzeichnung.
Beim schriftlichen Protokoll müssen die Beobachter genau mit Sinn und Zweck des Projekts vertraut sein, damit sie eine Orientierungshilfe haben und Wesentliches vom Unwesentlichen trennen können.
Bei *stark strukturierten Beobachtungen* beschränkt sich die Tätigkeit des Protokollanten auf das Eintragen von Strichen in Verhaltenskategorien (Fein-Kategorien). Bei *wenig strukturierten Beobachtungen* sind präzise und vollständige Aufzeichnungen wichtig, außerdem müssen Bewertungen im Protokoll unbedingt vermieden werden.

1.5.7 Der Beobachter

Wird die Verhaltensbeobachtung als Methode zur Datengewinnung eingesetzt, können sich zwei mögliche Fehlerquellen ergeben:
- Störgrößen, die aus der besonderen Beobachtungssituation resultieren (z. B. plötzlicher Lärm von draußen);
- Fehler des Beobachters.

Beobachtungsfehler

Nahezu jede empirische Untersuchung kann von Beobachtungsfehlern betroffen sein. Hier können nur einige erwähnt werden, zumal relevante Wahrnehmungsfehler in Kapitel 2.2.5 beschrieben werden: Halo-Effekt, Kontrast-Effekt, Fehler des ersten und letzten Eindrucks, Einfluss von sozialen Stereotypen, sich selbst erfüllende Prophezeiung.

Weitere Beobachtungsfehler:
- Unklar, falsch oder unvollständig definierte Beobachtungskategorien (Fein-Kategorien) und Beobachtungsziele.
- Persönliche (subjektive) Urteilsvorlieben des Beobachters:
  - Mildeeffekt = günstigere Beurteilung als den Tatsachen entsprechend. (Das Gegenteil wird als Strengefehler bezeichnet.)
  - Absichtliche Vermeidung von Extremurteilen = Fehler der zentralen Tendenz.
- Soziale Erwünschtheit: der Beobachter verhält sich so wie er glaubt, dass man es von ihm erwartet.
- Ermüdungseffekt bzw. Aufmerksamkeitsschwankungen: wegen zu vieler zu beobachtender Ereignisse bzw. Fein-Kategorien und zu langer Beobachtungszeit.
- Desinteresse, fehlende Motivation.

Mittel um derartige Fehler auszuschalten oder abzuschwächen, sind (vgl. Rogge 1995, S. 102 ff.):
- Beobachterschulung;
- Präzisierung der Beobachtungskategorien;
- Verbesserung der Beobachtungsbedingungen (z. B. weniger Ereignisse in kürzerer Zeit beobachten);
- Erhöhung der Genauigkeit der Beobachtungsanweisungen;
- Rückgriff auf mehrere Beobachter;
- Wiederholung der gesamten Beobachtungssituation;
- Einsatz technischer Hilfsmittel wie z. B. Videogerät.

Die Verwendung von technischen Geräten wie Tonbandgerät oder Videokamera sind jdoch allein noch keine Garantie für verbesserte Beobachtung.

Zuverlässigkeit von Beobachtungsdaten

Zuverlässigkeitskontrollen sind leichter in strukturierten Beobachtungen möglich als in unstrukturierten. Zuverlässigkeit (= Reliabität bzw. Mess-Genauigkeit) von Beobachtungsdaten und Beobachtungsverfahren liegt dann vor, wenn deren Anwendung unter kontrollierten Erhebungsbedingungen zu gleichen Ergebnissen führt. Dies kann auf zweierlei Art und Weise beurteilt werden:
- Inwieweit zwei oder mehr Beobachter den gleichen Sachverhalt gleichermaßen einordnen.
- Inwieweit ein Beobachter zu verschiedenen Zeitpunkten den gleichen, auf Videoband aufgezeichneten Sachverhalt konsistent zuordnet (vgl. Grümer 1974, S. 56).

1.6 Zusammenfassung

Psychologie wird üblicherweise definiert als Wissenschaft vom **Verhalten** und **Erleben.** Neuere Ansätze betonen zudem das **Handeln** als psychologischen Forschungsgegenstand. Als empirische Wissenschaft will die Psychologie Verhalten, Erleben und Handeln beschreiben, erklären, vorhersagen und verändern. Wie jede Wissenschaft lässt sich die Psychologie in Teilgebiete einteilen.
In Psychologie und Pädagogik kommt die **systematische Beobachtung** – basierend auf einem **Beobachtungsplan** – zum Einsatz. Hier unterscheidet man folgende Formen:

- Labor- und Feldbeobachtung,
- offene und verdeckte Beobachtung,
- teilnehmende und nicht-teilnehmende Beobachtung,
- strukturierte und unstrukturierte Beobachtung.

Dabei ist die Erstellung eines Protokolls unerlässlich. Das **Verlaufsprotokoll** erfasst über einen Zeitraum hinweg das Gesamtgeschehen. **Kategoriensysteme** halten in quantitativer Form lediglich Ausschnitte fest. Um Genauigkeit und Qualität der Beobachtung zu sichern, sind **Beobachtungsfehler** unbedingt zu vermeiden.

Aufgaben

1. Überprüfen Sie die Aussage „Peter /Petra ist eine fröhliche Natur“ mithilfe einer strukturierten Beobachtung im Kindergarten. Formulieren Sie zu dieser Aussage sechs konkret beobachtbare Verhaltensweisen (= Fein-Kategorien).
2. Eine Kinderpflegerin im Kindergarten vertritt die Meinung: „Jungen sind immer aggressiver als Mädchen.“ Überprüfen Sie nun diese Behauptung durch eine strukturierte Beobachtung. Entwerfen Sie ein Beobachtungsprotokoll mit sechs klar definierten Fein-Kategorien für vier Probanden.

2 Allgemeine Psychologie

Die Allgemeine Psychologie ist ein Teilgebiet der Psychologie (vgl. Kap. 1.4). Die zentralen Themengebiete sind Kognition (vgl. Kap. 2.1–2.4) sowie Motivation und Emotion (vgl. Kap. 2.5).

2.1 Kognition

Der Begriff der Kognition ist heute ein zentraler Begriff der Psychologie, der jedoch nur schwer einzugrenzen ist. Er stammt von dem lateinischen Wort „cognoscere" (erkennen). Demzufolge wird Kognition als Begriff für alle Vorgänge und Ergebnisse des Erkennens verwendet. Im Zuge des Kognitivismus und seines Menschenbildes wird heute jedoch von Informationsverarbeitung statt von Erkennen gesprochen:

Kognitionen sind Vorgänge und Ergebnisse der menschlichen Informationsverarbeitung.

Die Kognitionspsychologie beschäftigt sich vorwiegend mit Wahrnehmung, Aufmerksamkeit, Gedächtnis und Wissen, Denken sowie Sprache.
- **Wahrnehmung:** Sie besteht aus Vorgängen, bei denen Informationen durch Sinnesorgane aufgenommen und zu einem „inneren Abbild" verarbeitet werden (Kap. 2.2).
- **Aufmerksamkeit:** Sie umfasst Vorgänge, die bestimmen, welche (kognitiven) Aktivitäten momentan in den Vordergrund gestellt und welche vernachlässigt werden (Kap. 2.2 und 2.3).

- **Gedächtnis** und **Wissen:** Die Vorgänge des Behaltens, Erinnerns und Wiedererkennens werden als Gedächtnisprozesse, die Inhalte des Gedächtnisses als Wissen bezeichnet (Kap. 2.3).
- **Denken:** Darunter fasst man alle Vorgänge, bei denen Informationen in unserem Gehirn neu verbunden werden, damit wir eine Lösung für eine Aufgabe oder ein Problem erhalten (Kap. 2.4).
- **Sprache:** Hierunter sind die psychischen Prozesse der Sprachproduktion und des Sprachverstehens gemeint (wird hier nicht weiter behandelt).

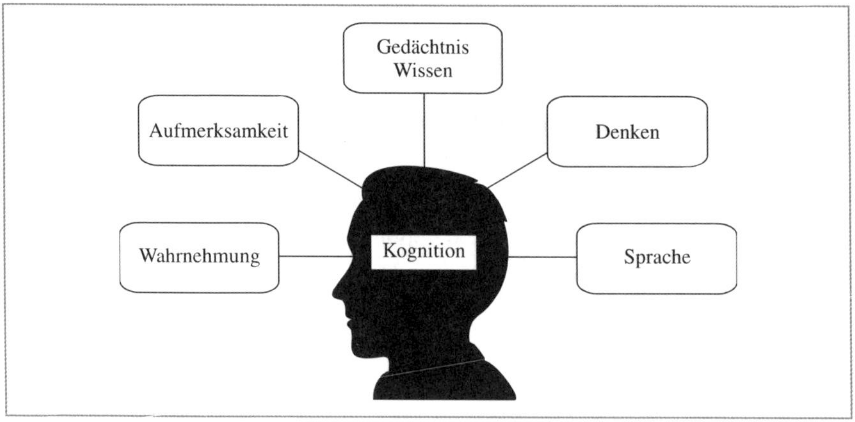

Abb. 1: Begriff Kognition

Beispiel:

Sie betreten in der Pause die Kantine. Sie sehen, wie sich eine lange Schlange bildet, riechen die Würstchen und spüren ihr Magenknurren (Wahrnehmung). Sie achten nun nicht mehr auf Zurufe von Mitschülern, sondern konzentrieren sich völlig darauf, wie Sie eine günstige Position in der Schlange bekommen können (Aufmerksamkeit). Sie erkennen die Würstchen als die gleichen vom Vortag wieder und erinnern sich an deren wenig anregenden Geschmack (Gedächtnis und Wissen). Sie überlegen nun blitzschnell, was sie nehmen könnten und entscheiden sich für eine Gulaschsuppe, da bereits viele vor ihnen das Gericht gewählt haben (Denken). Dem Mann hinter der Theke teilen sie ihren Wunsch mit und verstehen als er antwortet: „Die ist gerade ausgegangen" (Sprache).

2.2 Wahrnehmung

2.2.1 Begriffsbestimmung

Wahrnehmung ist ein Vorgang, bei dem ein Organismus Informationen aufnimmt und in seinem Gehirn verarbeitet (vgl. Guski 1989). Das Ergebnis dieser Informationsaufnahme und -verarbeitung – unser „inneres Abbild“ der Information – wird dabei ebenfalls mit dem Begriff Wahrnehmung bezeichnet.

Folgende Merkmale dienen einer genaueren Begriffsbestimmung der **Wahrnehmung** (vgl. z. B. Guski 1989; Prinz 1992; Kebeck 1994; Cassels 1995):

- Wahrnehmung von **äußeren** und **inneren Informationen:** Wir nehmen nicht nur Informationen aus unserer Umwelt (äußere Informationen: Bilder, Töne, Gerüche etc.), sondern auch Informationen aus unserem Körper (innere Informationen: Schmerzen, Hunger, Körperposition) wahr.
- Wahrnehmung erfolgt durch die **Sinnesorgane:** Als Sinnesorgan bezeichnen wir denjenigen Körperteil, über den die Aufnahme der Information geschieht. (vgl. Tab. 1, S. 25 f.).
- Wahrnehmung ist ein **aktiver** und **selektiver** Prozess: Entsprechend unserer Bedürfnisse und Ziele schenken wir solchen Informationen Aufmerksamkeit, die wir für unser Handeln benötigen (Orientierungsfunktion der Wahrnehmung). Wenn wir Hunger haben, suchen wir nach dem nächsten Imbiss-Stand, wenn wir an der Bar jemanden kennen lernen wollen, suchen wir nach netten und attraktiven Personen, die kommunikationsbereit wirken. Ebenso erregen unerwartete Ereignisse (z. B. fremde Personen, ungewöhnliche Geräusche etc.) unsere Aufmerksamkeit. Gleichzeitig sind wir in der Lage, uninteressante Reize auszuschalten. Auf einer Party können wir uns auf die Äußerung eines Menschen konzentrieren, während andere Personen nur als Gemurmel wahrgenommen werden, obwohl sie genau so laut sind (Cocktailparty-Phänomen).
- Wahrnehmung ist ein **konstruktiver** und **interpretierender** Prozess: Wir wählen nicht nur bestimmte Informationen aus (Selektion), wir konstruieren ein Wahrnehmungsbild, das teilweise mehr Informationen enthält als der dargebotene Reiz.

Beispiel:

Betrachten Sie Abbildung 2: Sie nehmen ein Dreieck wahr, obwohl die Reizvorlage dies nur andeutet.

Abb. 2: Das Kanizsa-Dreieck

Darüber hinaus interpretiert der Mensch die eingehenden Informationen nach seinen Erwartungen und Vorstellungen.

Beispiel:

Wenn ich mich selbst für sehr attraktiv halte, werde ich das Lachen eines Gegenüber als Einladung zur Kontaktaufnahme betrachten. Halte ich mich selbst jedoch für eher wenig beachtenswert, werde ich dieses Lachen möglicherweise als „Auslachen" interpretieren.

Diese subjektive Interpretation gilt jedoch nicht nur für die Wahrnehmung von Personen (vgl. Kap. 2.2.5), sondern auch für die Wahrnehmung von Gegenständen. Viele Menschen nehmen einen Markenartikel von vornherein als qualitativ höherwertig wahr als ein No-name-Produkt, einfach deswegen, weil sie es vom Markenprodukt erwarten. In der Psychologie wird häufig folgender Satz formuliert:

Wahrnehmung ist ein Kompromiss zwischen den objektiven Informationen der Reizvorlage und dem, was wir sehen wollen!

2.2.2 Wahrnehmungsprozesse

Zimbardo (1995; ähnlich Cassels u. Green 1995) unterscheiden drei grundlegende Prozesse der Wahrnehmung:
- Sensorische Prozesse,
- die Wahrnehmung im engeren Sinn,
- die Klassifiktion des Wahrgenommenen.

Sensorische Prozesse

Ausgangspunkt jeder Wahrnehmung sind physikalische oder chemische Reize, die von den Sinnesorganen aufgenommen werden. Jedes Sinnesorgan besitzt einen sogenannten Rezeptor, der in der Lage ist, den physikalischen bzw. chemischen Reiz so umzuwandlen, dass er in Form von Nervenimpulsen über die Sinnesnerven an das Gehirn weitergeleitet werden kann. Der physikalische bzw. chemische Reiz wird auch distaler Reiz (= „entfernter" Reiz), das Abbild am Rezeptor proximaler Reiz (= „naher" Reiz) genannt. Dieser Vorgang soll am Beispiel der visuellen Wahrnehmung erläutert werden:

Beispiel:

> Gegenstände reflektieren Lichtwellen (physikalischer Reiz als distaler Reiz), die durch die Hornhaut in unser Auge dringen, von der Linse gebündelt werden und dann auf die Netzhaut (Retina) treffen. Die Retina ist der Rezeptor des Auges, der in der Lage ist, die Lichtwellen in Nervenimpulse umzuwandeln. Das Netzhautbild ist dann der proximale Reiz. Bereits an der Netzhaut finden erste Organisationsprozesse statt: Die eingehenden Informationen werden zusammengefasst und Kontraste betont. Über den Sehnerv werden diese Informationen ans Gehirn weitergeleitet.

Einen Überblick über weitere Sinne gibt folgende Tabelle:

Sinne	Reizqualität	Sinnesorgan	Rezeptor
Sehen	Lichtwellen	Auge	Zellen der Retina
Hören	Schallwellen	Ohr	Haarzellen in der Schnecke
Tasten	Kontakt mit der Umwelt, Temperaturveränderungen	Haut	Nervenenden, spezielle Zellen in der Haut
Riechen	geruchstragende Substanzen	Nase	Haarzellen in der Riechschleimhaut
Schmecken	wasserlösliche Substanzen	Zunge	Zellen der Geschmacksknospen

Sinne	Reizqualität	Sinnesorgan	Rezeptor
Körper-bewegung	mechanische Energie (Zug)	Muskeln und Sehnen	spezielle Zellen in Muskeln und Sehnen
Gleich-gewicht	mechanische Energie (Drehbewegungen, Beschleunigung etc.)	Innenohr	Haarzellen im sogenannten Vestibularapparat
Empfindung innerer Organe	mechanische Energie, chemische Stoffe	verschiedene innere Organe	Nervenenden

Tab. 1: Reizqualitäten, Sinnesorgane und Rezeptoren beim Menschen (modifiziert nach Zimbardo 1995, S. 165)

Wichtig ist dabei, dass der Mensch immer nur einen bestimmten Ausschnitt aller Reize wahrnehmen kann. So sind unsere Rezeptoren beispielsweise nicht für Ultraschall oder Infrarotlicht aufnahmefähig.

Zusammenfassend lassen sich sensorische Prozesse als Vorgänge der Reizaufnahme und -umwandlung in den Sinnesorganen und der Weiterleitung der eingegangenen Information an das Gehirn definieren.

Wahrnehmung im engeren Sinn

Die Darstellung der folgenden Prozesse wird sich weitgehend auf die visuelle Wahrnehmung beziehen, da es sich um den besterforschten Bereich handelt, und da beim Menschen dem Sehen eine herausragende Bedeutung zukommt.
Im Gehirn werden die eintreffenden Informationen verarbeitet. Sie werden geordnet und es wird ein inneres Abbild erstellt, auch innere Repräsentation genannt. Diese innere Repräsentation kann bewusst erlebt werden (vgl. Kap. 2.2.3).

Beispiel:

> Wenn Sie diesen Text lesen, sehen Sie kein Chaos von Strichen und Flächen, sondern Buchstaben, Wörter und Absätze. Wenn Sie sich in Ihrem Raum, in dem Sie sich gerade befinden, umschauen, sehen Sie Personen und Gegenstände und damit ein geordnetes Bild.

Klassifikation des Wahrgenommenen

Das entstandene Wahrnehmungsbild wird nun interpretiert, indem es mit unserem Wissen verglichen und ihm eine Bedeutung und Begriffe zugeordnet werden. Wir erkennen das Wahrnehmungsbild als etwas sinnvolles bzw. versuchen einen Sinn zu erschließen (z. B. bei einer unklaren Reizvorlage wie einem abstrakten Bild oder einem undeutlich gesprochenen Satz). Bei der visuellen Wahrnehmung wird z. B. ein kugelförmiger Gegenstand als Ball erkannt – und zwar als Fußball aus Leder oder als Luftballon mit den jeweils spezifischen Eigenschaften (Fußball: schwer, hart, dient zum Schießen; Luftballon: sehr leicht, elastisch, kann platzen). Wie ein Gegenstand klassifiziert wird, hängt sehr stark von unserem Wissen, unseren Erfahrungen, Erwartungen, aber auch Bedürfnissen und Gefühlen ab (genauer dazu Kap. 2.2.4). Das Ergebnis der Klassifikation wird auch Perzept genannt: Es ist das interpretierte Wahrnehmungsergebnis, das mitgeteilt werden kann. Zimbardo (1995) weist darauf hin, dass die Prozesse der Wahrnehmung und Klassifikation eng miteinander verbunden sind und nur in der Theorie getrennt betrachtet werden.

Eine Zusammenfassung der Wahrnehmungsprozesse liefert folgende Abbildung:

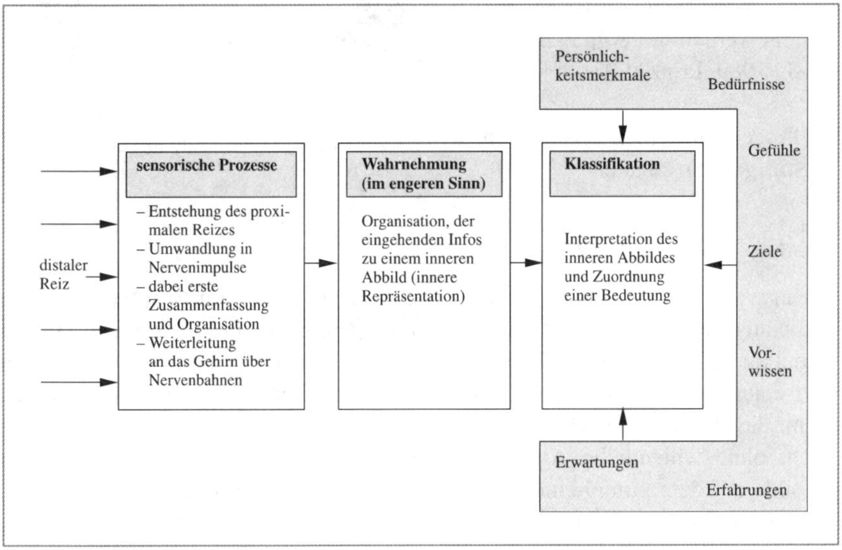

Abb. 3: Prozesse der Wahrnehmung

2.2.3 Gesetze der Wahrnehmungsorganisation

Auf die Rezeptoren eines Menschen treffen ständig zahlreiche Reize. Diese müssen im Gehirn zu einem räumlich und zeitlich zusammenhängenden Ganzen gestaltet werden (= Organisation). Am Beispiel der visuellen Wahrnehmung sollen nun ausgewählte Gesetze dargestellt werden.

Diese Gesetze der Wahrnehmungsorganisation wurden von den Gestaltpsychologen (z. B. Max Wertheimer) zu Beginn des 20. Jahrhunderts formuliert. Als Grundaussage der **Gestaltpsychologie** gilt, dass Reizvorlagen immer als Ganzes betrachtet werden, wobei das Ganze mehr als die Summe seiner Teile ist. Damit ist gemeint, dass die wahrgenommenen Merkmale eines Bildausschnitts vom Gesamtbild abhängig sind.

In Abbildung 4 würden wir niemals eine Begrenzungslinie des Dreiecks sehen, wenn wir allein den eingezeichneten Ausschnitt betrachten würden. Diese Aussage wurde anhand einiger Gesetze differenziert, von denen eine Auswahl dargestellt werden soll (vgl. z. B. Guski 1989; Prinz 1992).

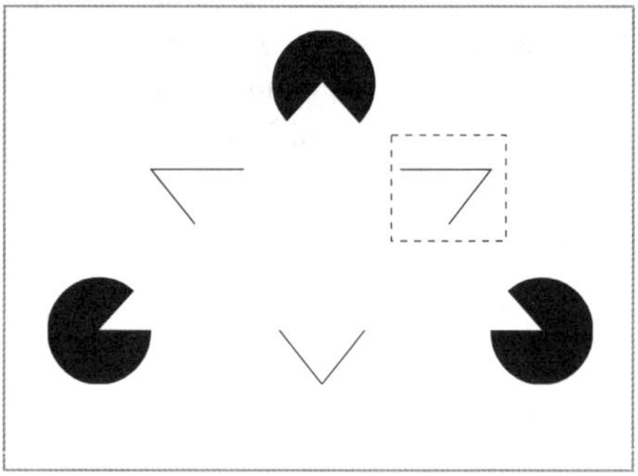

Abb. 4: Das Ganze ist mehr als die Summe seiner Teile

Im Folgenden werden verschiedene **Gestaltgesetze** erläutert:

Das Figur-Grund-Prinzip

Wenn wir eine zweidimensionale Reizvorlage betrachten (ein Bild), ist es eine automatische Leistung des Wahrnehmungsapparates, Figuren vor einem Hintergrund zu betrachten. Eine Figur ist dabei etwas gegenstandartiges und hebt sich von einem eher diffusen Grund ab. Diese Organisation geschieht sogar dann, wenn die Reizvorlage relativ sinnlos ist. In Abbildung 5 a nehmen wir automatisch, ohne willentliche Anstrengung ein Rechteck und zwei unregelmäßige Gebilde auf dem Grund einer Kreisfläche wahr. Die Kreisfläche hebt sich wiederum als Figur von der umgebenden Fläche ab. Besonders deutlich wird das Prinzip bei Kippbildern (Abb. 5 b): Wir können entscheiden, ob wir zwei Gesichter oder einen Pokal als Figuren wahrnehmen – beides gleichzeitig ist nicht möglich. Als Figur werden besonders solche Reize gesehen, die von einer geschlossenen Linie umgeben sind bzw. die symmetrisch oder im Vergleich zur Umgebung relativ klein sind.

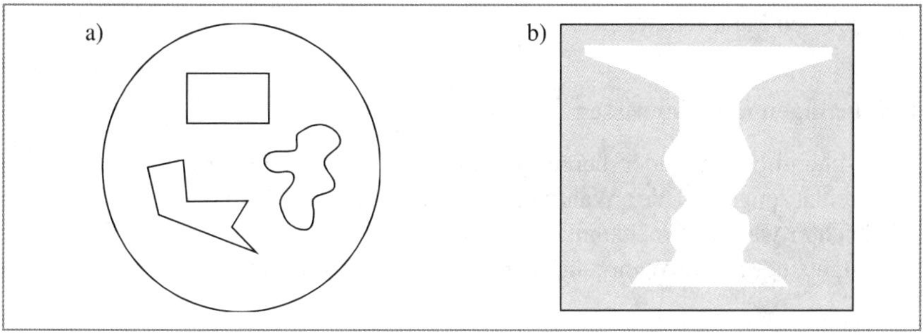

Abb. 5: Beispiele für das Figur-Grund-Prinzip

Das Gesetz der Ähnlichkeit

Es besagt, dass ähnliche Reize als zusammengehörig wahrgenommen werden. Ein Beispiel aus dem Alltag wäre die Wahrnehmung eines Waldes als **eine** Gestalt, die ja aus sich ähnelnden Bäumen besteht.

Gesetz der Nähe

Nahe beieinander liegende, benachbarte Reize werden als zusammengehörig wahrgenommen. Im Alltag werden beispielsweise Personen, die räumlich eng zusammenstehen, als Gruppe gesehen.

Das Gesetz der Geschlossenheit

Eine unvollständige Reizvorlage wird als geschlossen, als vollständig wahrgenommen. Bei unserer alltäglichen Wahrnehmung ergänzen wir ständig z. B. halb verdeckte Gegenstände zu geschlossenen Gestalten.

Gesetz der Prägnanz

Dies ist ein übergreifendes Prinzip, das alle bisherigen Gesetze zusammenfasst. Es besagt, dass unsere Wahrnehmung danach strebt, Reize zu möglichst einfachen, einheitlichen und „guten“ Gestalten zu ordnen.

2.2.4 Subjektive und soziale Einflussfaktoren bei der Wahrnehmung

Vor allem die Klassifiktaion von Ereignissen wird von zahlreichen subjektiven und sozialen Faktoren beeinflusst.

Erfahrungen und Vorwissen

Wahrscheinlich hat jeder bereits erlebt, wie Erfahrungen und Vorwissen den Differenzierungsgrad der Wahrnehmung beeinflussen. Bekannte Dinge nehmen wir leichter wahr als unbekannte. Bei Gegenständen oder Ereignissen, für die wir Experten sind, ist die Wahrnehmung viel genauer als bei anderen Gebieten.

Beispiele :

> Ein Fußballkenner wird bei einem Fußballspiel unterschiedliche Spielsysteme erkennen können, während für einen Laien „nur 22 Menschen hinter einem Ball herlaufen".
> Ein Kenner der Musikszene wird verschiedene Stile wie Techno, House, Acid etc. ohne Schwierigkeiten unterscheiden können, was für andere unmöglich erscheint.

Ein Einfluss von Wissen und Erfahrung auf die Wahrnehmung wird häufig auch in kulturvergleichenden Studien beschrieben: Whorf (1963) zeigt z. B. auf, dass Eskimos weit mehr unterschiedliche Arten von Schnee wahrnehmen können als andere Menschen.

Kontext und Erwartungen

Der Mensch begegnet der Welt nicht gedankenlos, vielmehr tritt er ihr mit bestimmten Erwartungen über mögliche Ereignisse gegenüber. Diese Erwartungen werden wiederum vom Kontext (das ist die momentane Umgebung) bestimmt.

Beispiele :

> Wenn wir eine vertraute Person in einer Umgebung (Kontext) sehen, in der wir sie überhaupt nicht erwarten, haben wir häufig Schwierigkeiten, diese Person zu erkennen (Klassifikation ist erschwert).

> In einem Experiment von Biederman (1981; zit. nach Kebeck 1994) wurden den Versuchspersonen Zeichnungen für sehr kurze Zeit (150 msec) vorgelegt, bei denen ein Gegenstand in unerwartetem Kontext erschien (z. B. Hydrant auf einem Briefkasten). Es stellte sich heraus, dass die Versuchspersonen die Gegenstände in ungewöhnlichen Kontexten wesentlich schlechter erkennen konnten als in einem üblichen Kontext (z. B. Hydrant am Gehsteigrand).

Beim Lesen schafft der Kontext Erwartungen, die das Erkennen der Wörter fördern: „Zux Bexspxel xanx icx jexen xrixtex Buxhsxabxn exnex Saxzex duxch xin x erxetxen, xnd xie xönxen xhn xmmxr nxch xesxn (…)“ (Wilkening 1988, S. 215). Aus dem Kontext eines Wortes (hier die vorangegangenen Wörter) erschließen wir das gerade zu lesende Wort. Es ermöglicht uns, sogar verstümmelte Texte zu erfassen.

Bedürfnisse und Gefühle

Dies soll an zwei „klassischen“ Experimenten erläutert werden: McGinnies (1949; zit. nach Kebeck 1994) zeigte seinen Probanden für Bruchteile von Sekunden nacheinander einzelne Wörter und forderte sie auf, die erkannten Wörter zu nennen. Unter den Wörtern waren auch mehrere sexuelle „Tabuwörter“ (zumindest für die damalige Zeit und den Ort USA) wie z. B. „Hure“. Diese Tabuwörter wurden von den Versuchspersonen tatsächlich schlechter identifiziert als andere. Das Experiment wurde als Beleg für eine emotionale Wahrnehmungsabwehr gedeutet, d. h. dass unangenehme Gefühle auslösende Reize schlechter wahrgenommen werden als neutrale.
Weitere Beispiele für den Einfluss von Gefühlen auf die Wahrnehmung sind Experimente, die aufgezeigt haben, dass Menschen vor allem solche Informationen beachten, die ihrer momentanen Gefühlslage entsprechen (in traurigem Zustand beachten wir eher negative Informationen, in freudigem Zustand eher positive) (vgl. Schmidt-Atzert 1996).
Ein Experiment, das als Beleg für den Einfluss von Bedürfnissen angesehen wird, stammt von Bruner und Goodman (1947; zit. nach Zimbardo 1995). Sie ließen Kinder die Größe von Münzen mithilfe eines technischen Gerätes schätzen. Dabei teilten sie die Versuchsgruppe in Kinder aus wohlhabenden und Kinder aus armen Familien ein. Es stellte sich heraus, dass alle Kinder die Größe der Münzen mit höherem Wert stärker überschätzten als Münzen mit niedrigerem

Wert. Zudem überschätzten die ärmeren Kinder die Größe der Münzen stärker als die wohlhabenderen Kinder. Das Bedürfnis nach Geld beeinflusste hier die Größenwahrnehmung der Versuchspersonen.

Individuelle Merkmale

Aber auch dauerhafte Persönlichkeitsmerkmale (vgl. Kap 4.) formen unsere Wahrnehmung. Beispielsweise nehmen Personen mit einer stabilen Ängstlichkeit in Leistungssituationen stärker die eigene Person, die eigene Erregung wahr, anstatt die Wahrnehmung auf die zu lösende Aufgabe zu richten (vgl. Schwarzer 1993; siehe auch Kap. 2.5.3). Darüber hinaus wurden sogar zwei unterschiedliche Wahrnehmungstypen identifiziert (vgl. Cassels und Green 1995): Sogenannte „Feldabhängige“ ließen sich bei Aufgaben stärker von unwichtigen Informationen ablenken als sogenannte „Feldunabhängige“.

Soziale Einflussfaktoren

Die Wahrnehmung wird jedoch nicht nur von inneren Faktoren, sondern auch von anderen Personen beeinflusst. Dazu gibt es wieder ein klassisches Experiment. Sherif (1935; zit. nach Zimbardo 1995) machte sich den autokinetischen Effekt zunutze. Wenn Menschen in einem absolut dunklen Raum ein kleiner Lichtpunkt gezeigt wird, haben sie nach einiger Zeit den Eindruck, der Punkt würde sich bewegen. Es zeigte sich, dass die (fälschlich) wahrgenommene Bewegungsrichtung des Lichtpunktes sehr leicht von anderen Personen gesteuert werden kann, da die Probanden ihre Einschätzung unter Einfluss sehr schnell änderten.

2.2.5 Personwahrnehmung

Bis jetzt war überwiegend von der Wahrnehmung von Gegenständen und Ereignissen die Rede. In diesem Abschnitt geht es um Gesetzmäßigkeiten bei der **Wahrnehmung und Beurteilung von anderen Personen.** Grundsätzlich ist die Personwahrnehmung ebenfalls selektiv und interpretierend. Wir beachten nur bestimmte Verhaltensweisen und Merkmale eines Gegenüber (Selektion) und deuten den Sinn seines Verhaltens. Zudem schließen wir häufig vom äußeren Verhalten auf innere Vorgänge und sogar auf Persönlichkeitsmerkmale (vgl. z. B. Herkner 1991).

Beispiel:

> Wenn eine Person weint, schließen wir auf ein Gefühl der Trauer oder Freude (innerer Vorgang); wenn jemand häufig etwas fallen lässt, gehen wir davon aus, er sei ungeschickt (Persönlichkeitsmerkmal).

Diese Schlussfolgerungen laufen in der Regel unbewusst und automatisch ab. Als Quellen für eine Beurteilung dienen uns dabei Mimik und Gestik, der Tonfall sowie der Inhalt von Äußerungen, wobei letzterer mit Abstand am wenigsten beachtet wird (vgl. Kap. 6). Für die Beurteilung der Persönlichkeit ziehen wir zudem die Handlungen einer Person heran. Wir beachten vor allem solche Handlungen, die ohne Zwang oder besondere Anreize ausgeführt werden (weil sie dann wirklich typisch für den Wahrgenommenen sind) und die Auswirkungen auf andere Personen, v. a. auf den Beobachter, haben (weil die Handlung dann für uns wichtig ist; vgl. Herkner 1991).

Im Folgenden sollen einige ausgewählte Gesetzmäßigkeiten der Personwahrnehmung vorgestellt werden (vgl. auch Beobachtungsfehler, Kap. 1.5):

Der erste und der letzte Eindruck

Diese Effekte werden auch „primacy"- (erster Eindruck) und „recency"-Effekt (letzter Eindruck) genannt. Es wurde in vielen Experimenten bestätigt – und wir kennen es auch aus unserem Alltag -, dass der erste Eindruck, den eine Person hinterlässt, unser Gesamturteil entscheidend prägt. Der „recency"-Effekt kann bei großen Informationsmengen zusätzlich auftreten. Dies wird zum Beispiel bei Vorträgen oder Showdarstellungen genutzt, indem die besten Argumente bzw. die besten Nummern der Show an den Beginn und an den Schluss gesetzt werden (vgl. Preiser 1979; Herkner 1991).

Der Halo-Effekt

Auch Hof-Effekt genannt, bezeichnet er die „Tendenz, Teilurteile über eine Person auf der Basis eines allgemeinen Gesamteindrucks oder aufgrund besonders hervorstechender Merkmale abzugeben" (Preiser 1979, S. 79). Haben wir beispielsweise von einer Person einen positiven Gesamteindruck, übertragen wir dies in unserer Erwartung auch auf Eigenschaften, über die wir nichts wissen (z. B. halten wir ihn dann auch für intelligent). Den selben Effekt kann ein herausragendes Merkmal hervorrufen (z. B. besondere Schönheit, vgl. Herkner 1991).

Kontrasteffekt

Wenn wir eine Person wahrnehmen und einschätzen, haben wir häufig Vergleichsmöglichkeiten. In diesem Fall können Kontrasteffekte auftreten: Werden zwei Personen bei einer Leistung wahrgenommen, wobei eine Person ziemlich versagt, wird die Leistung des besseren eher überschätzt (Aronson 1994). Das drückt auch das Sprichwort aus, dass der Einäugige unter Blinden König ist.

Der Einfluss von sozialen Stereotypen

Jeder von uns hat zu bestimmten Personengruppen eine gewisse Meinung, d. h. wir bewerten sie und schreiben ihnen bestimmte Eigenschaften zu. Wir können in der Regel sofort typische Eigenschaften von Männern und Frauen, von „Linken“ und „Rechten“, von „Punks“ oder „Ravern“ angeben. Darüber hinaus gibt es auch nationale Stereotype, z. B. über den „typischen Deutschen“. Stereotype sind also Meinungen über bestimmte Personengruppen, deren Mitgliedern überwiegend dieselben Merkmale zugeschrieben werden: alle Deutschen sind pünktlich, Punks sind schmutzig und Männer sind rational. Diese Stereotype steuern natürlich unsere Personwahrnehmung. Wir werden an einer Person vor allem solche Merkmale beachten, die dem Stereotyp entsprechen, und sein Verhalten so interpretieren, dass es in unser Bild passt.

Beispiel:

> Aronson (1994) berichtet von einem Experiment, in dem den Versuchspersonen in einem Film vorgeführt wurde, wie ein Mädchen einen Schulleistungstest absolvierte. Das Mädchen bewältigte einige schwierige Aufgaben und konnte einige leichte nicht lösen. Die Versuchspersonen sollten nun die Intelligenz des Mädchens beurteilen. Sie hatten jedoch unterschiedliche Vorinformationen erhalten: Einem Teil wurde mitgeteilt, das Mädchen stamme aus ärmlichen Verhältnissen, dem anderen Teil, es stamme aus einer hochstehenden Familie. Tatsächlich beurteilte die erste Gruppe das Kind als weniger intelligent als die zweitgenannte Gruppe.

Eine mögliche Folge kann nun eine sich **selbst erfüllende Prophezeiung** („self-fulfilling-prophecy“) sein: Das Kind wird aufgrund seiner sozialen Herkunft für weniger intelligent gehalten. Dadurch wird vor allem dasjenige Verhalten besonders beachtet, das die geringere Intelligenz des Kindes belegt (wenn es etwas nicht kann). Das Kind wird womöglich weniger gelobt und gefördert, wodurch die Leistungen tatsächlich sinken. Der Lehrer oder Erzieher fühlt sich bestätigt, seine Erwartung (Prophezeiung) hat sich erfüllt (allerdings sind zahlreiche Randbedingungen erforderlich, dass es zu „self-fulfilling-prophecy" kommt; vgl. Rheinberg und Minsel 1986).

Der Einfluss von Ursachenzuschreibungen

Eine wichtige sozialpsychologische Theoriengruppe, die Attributionstheorien, geht davon aus, dass der Mensch ein Bedürfnis hat, das Verhalten anderer Personen zu erklären, d. h. Gründe und Ursachen des Verhaltens herauszufinden. Dieser Vorgang der Zuschreibung einer Ursache wird Attribution oder Kausalattribution genannt. Wie wir uns das Verhalten eines anderen erklären, beeinflusst natürlich unsere Bewertung dieser Person.

Beispiel:

> Wenn wir ein Kind beobachten, das eine Vase umwirft, sind verschiedene Ursachenzuschreibungen möglich: Das Kind ist einfach ungeschickt (Persönlichkeitsmerkmal als Ursache), oder das Kind hat es absichtlich gemacht (böser Wille als Ursache). Im ersten Fall werden wir es natürlich nachsichtiger bewerten als im zweiten.

2.3 Gedächtnis und Wissen

Das **Gedächtnis** umfasst *alle Prozesse* des *Behaltens* und *Erinnerns* von Informationen sowie des *Wiedererkennens*. Die *Inhalte* und *Ergebnisse* dieser Gedächtnisprozesse bezeichnet man als **Wissen.**

2.3.1 Das Gedächtnis: Ein Rahmenmodell

Wenn wir Informationen aus unserer Umwelt – z. B. den Inhalt eines Romans oder die Erklärungen des Lehrers – längerfristig behalten wollen, müssen diese Informationen in unserem Gehirn mehrere Verarbeitungsschritte durchlaufen. In der Gedächtnispsychologie gibt es dabei verschiedene Theorien und Modelle, die diese Prozesse zu beschreiben und erklären versuchen. Grundsätzlich lassen sich dabei zwei Vorstellungen unterscheiden:

- Theorien, die davon ausgehen, dass wir einen einzigen Gedächtnisspeicher besitzen, in dem die Informationen in unterschiedlichen Schritten und Stufen verarbeitet werden (Einspeichermodelle) und
- Theorien, die davon ausgehen, dass der Mensch über mehrere getrennte Speicher verfügt, wobei die Informationen von einem zum anderen Speicher weitergereicht und in jedem Speicher auf bestimmte Weise verarbeitet werden (Mehrspeichermodelle).

Im Folgenden soll ein zwar stark vereinfachtes, jedoch aktuelles **Mehrspeichermodell** vorgestellt werden (vgl. unter anderem Kluwe 1992; Hussy 1993; Zimbardo 1995; Kintsch u. Ericsson 1996; Parkin 1996, Anderson 1996) und an einer typischen Schulsituation erläutert werden.

Beispiel:

> Sie erhalten von einem ihrer Lehrer einen mehrseitigen Fachtext zum Lesen als Hausaufgabe. Der Lehrer kündigt an, dass er in der nächsten Stunde die Grundaussagen des Textes abfragen wird.

Welche Verarbeitungsschritte laufen nun ab, bis die Grundaussage erfasst, behalten und somit wieder erinnerbar ist?
Viele Mehrspeichermodelle gehen davon aus, dass unser Gedächtnis aus drei Speichern besteht, die jeweils unterschiedliche Aufgaben erfüllen:
- das **Langzeitgedächtnis,** das unser gesamtes Wissen enthält und dauerhaft speichert;
- das **Arbeits- und Kurzzeitgedächtnis,** in dem unsere momentanen kognitiven Aktivitäten stattfinden, und in dem wir uns kurzfristig etwas merken können;
- das **sensorische Register,** das bei der Wahrnehmung eines Umweltreizes eine Rolle spielt.

Die Informationen werden dabei in jedem Speicher auf spezifische Weise verschlüsselt (enkodiert) und verarbeitet. Diese Verarbeitung und die Weiterleitung von Informationen erfolgt teilweise **automatisch** (d. h. ohne bewusste Kontrolle), teilweise **kontrolliert** (bewusst gesteuert). Letztere werden Kontrollprozesse genannt.

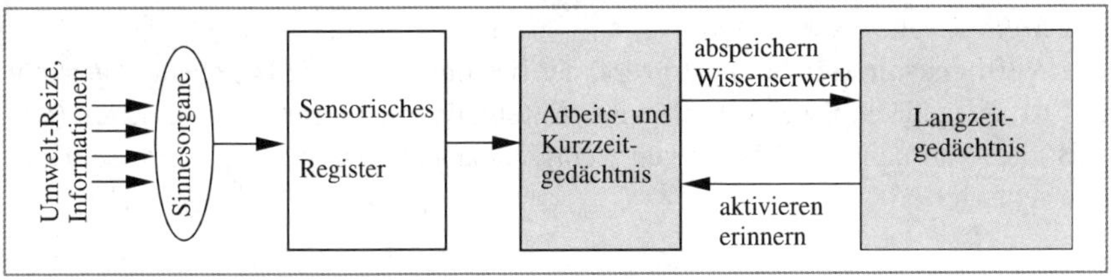

Abb. 6: Schema eines Mehrspeichermodells des Gedächtnisses

Das Sensorische Register

Wenn unser Schüler sich an seinen Text setzt und zu lesen beginnt, ist der erste Verarbeitungsschritt die Aufnahme der Informationen durch die Sinnesorgane. Die Sinnesdaten gelangen von dort in das sensorische Register, wo sie für sehr kurze Zeit festgehalten werden. Man geht davon aus, dass es für jede Sinnesqualität ein eigenes Register gibt. Am besten untersucht sind die *visuellen* und *auditiven Register.* Als **Speicherdauer** für das visuelle Register werden in der Regel 0,5 sec, für das auditive Register werden 1–2 sec angegeben. Nach dieser Zeit ist die eingegangene Information verfallen, wenn sie nicht weiterverarbeitet wird. Die Information ist dabei noch „roh", das heißt noch nicht in seiner Bedeutung erkannt und eingeordnet. Die ständig eingehenden und flüchtigen Sinnesinformationen werden sozusagen kurz festgehalten, damit sie im nächsten Speicher analysiert und wiedererkannt werden können. Die **Kapazität** dieser Speicher gilt als sehr hoch, d. h. es kann gleichzeitig eine große Anzahl an Informationen aufgenommen werden.
Heute geht man davon aus, dass das sensorische Register kein eigener, vom Arbeits- und Kurzzeitgedächtnis getrennter Speicher ist, sondern eine frühe Stufe der Informationsverarbeitung mit fließenden Übergängen zum Arbeitsgedächtnis.

Das Arbeits- und das Kurzzeitgedächtnis

Als **Arbeitsgedächtnis** wird derjenige Speicher bezeichnet, in dem sich unsere gesamten momentanen kognitiven Aktivitäten abspielen: das Klassifizieren, Denken, Planen, Grübeln, das Bemühen um Erinnerung, Vorstellungen etc. Diese Aktivitäten laufen teilweise bewusst und kontrolliert ab, teilweise sind sie automatisch, unbewusst und ohne unsere Kontrolle. Die **Kapazität** des Arbeitsgedächtnisses ist begrenzt, sodass wir nicht unendlich viele kognitive Aktivitäten gleichzeitig durchführen können.

Die Rolle der Aufmerksamkeit
Die **Aufmerksamkeit** ist ein Prozess, der bestimmt, wie die begrenzte Kapazität des Arbeitsgedächtnisses verteilt wird. Automatisierte kognitive Aktivitäten (wie z. B. die Wahrnehmung) benötigen wenig Kapazität, höhere Denkprozesse dagegen sehr viel.

Beispiel:

> Unser Schüler muss nun die im sensorischen Register kurz festgehaltenen visuellen Reize analysieren, ordnen und in ihrer Bedeutung verstehen. Beim Lesen eines Textes müssen also zuerst die Buchstaben unterschieden, zu Worten zusammengesetzt und in ihrem Sinn erfasst werden. Das sind diejenigen Prozesse, die wir bei der Wahrnehmung (vgl. Kap. 2.2) beschrieben haben. Sie vollziehen sich weitgehend automatisch, ohne dass wir uns allzu sehr darum bemühen müssen. Um jedoch den Sinn des gesamten Textes zu erfassen, muss der Schüler die gelesenen Sätze in Gedanken zu einer Kernaussage zusammenfassen. Er macht sich vielleicht zwischendurch eigene Gedanken zum gelesenen Sachverhalt. Solche Prozesse laufen überwiegend bewusst und kontrolliert ab. Eventuelle störende Geräusche muss die Aufmerksamkeit „herausfiltern", um die Verarbeitung des Lerntextes nicht zu beeinträchtigen.

Das Kurzzeitgedächtnis
Ein Teil des Arbeitsgedächtnisses ist das **Kurzzeitgedächtnis** (KZG). Es dient dazu, sich bestimmte Informationen für kurze Zeit (**Speicherdauer** nur wenige Sekunden) zu merken. Wir könnten nämlich keinen Satz verstehen, wenn wir jedes Wort sofort wieder vergessen würden; wir könnten kein Problem lösen, wenn jeder Gedanke sofort verfliegen würde. Dies können Sie selbst gut an sich beobachten, wenn Sie die Rechenaufgabe 23×17 im Kopf auszurechnen versuchen. Sie müssen sich ganz kurz Zwischenergebnisse merken, die sie jedoch dann wieder vergessen. Baddeley (1990, zit. nach Parkin 1996 und Anderson 1996) hat dabei Belege gesammelt, dass wir ein KZG für **Sprache** (artikulatorische Schleife) und eines für **Vorstellungsbilder** (bildlich-räumlicher Notizblock) besitzen. Diese Speicher für das kurzfristige Behalten haben ebenfalls eine begrenzte Kapazität. Früher ging man davon aus, dass sich der Mensch für wenige Sekunden ca. 7 ($\pm$ 2) Informationseinheiten merken kann. Dies gilt jedoch nur für kurze Informationen (z. B. Zahlen). Bei komplexeren Einheiten wie längeren Begriffen sind es jedoch weniger.

Von G. A. Miller stammt ein klassisches Experiment der Psychologie, das man leicht selbst durchführen kann. Lesen Sie nun zügig die unten angegebene Zahlenreihe durch. Decken Sie dann die Zahlenreihe sofort ab und versuchen Sie, möglichst viele Zahlen in der richtigen Reihenfolge aus der Erinnerung aufzuschreiben: 5 3 9 4 2 1 3 7 6 9 5 8.
Sie werden bei sich und den meisten anderen Personen feststellen, dass etwa 7 (± 2) Zahlen behalten werden können. Sie können dieses Experiment auch mit einer Reihe von zufälligen Buchstaben oder unzusammenhängenden, kurzen Wörtern mit ähnlichem Ergebnis durchführen. Miller nannte dies die **magische Sieben** (Miller 1956, zit. nach Zimbardo 1995). Sie werden jedoch feststellen, dass bei längeren Begriffen (z. B. Südafrika, Griechenland, Afghanistan, etc.) nur ca. 3 Begriffe behalten werden (vgl. Anderson 1996).
Der Mensch besitzt jedoch die Möglichkeit, die Kapazität und Behaltensdauer des KZG durch Kontrollprozesse zu erhöhen:

„Chunking"
Das englische Wort „chunk" bedeutet Klumpen. Durch Zusammenfassung von Informationen („Klumpenbildung") kann die Kapazität indirekt erhöht werden: Bildet man nämlich zweistellige Zahlen (53, 94, 21, 37, 69, 58) reduziert man die Informationsmenge auf 6 Einheiten, was die Grenze des KZG nicht mehr überschreitet.

Beispiel:

> Dies machen wir uns beim Lesen eines Textes zunutze. Wenn wir einen Satz oder Abschnitt gelesen haben, bilden wir eine Kernaussage als „chunk", der uns dann hilft, den Zusammenhang des Textes nicht zu vergessen. Würden wir versuchen, uns sämtliche Wörter zu merken, wären wir spätestens bei sieben Wörtern an unserer Kapazitätsgrenze angelangt.

Erhaltendes Wiederholen
Die Informationen im Kurzzeitgedächtnis verfallen nach wenigen Sekunden bzw. werden von neu eintreffenden Informationen aus dem Speicher geschoben. Dies lässt sich jedoch verhindern, wenn man sich die Informationen ununterbrochen in Gedanken vorsagt. Damit werden die Informationen immer wieder in das KZG eingespeist. Diese Form des mechanischen Wiederholens führt jedoch *nicht* zu einem dauerhaften Behalten im Langzeitgedächtnis (siehe unten).

Das KZG ist somit einem Rohr vergleichbar, in das bis zu 7 Kugeln („chunks") hineinpassen.

Werden vorne neue Informationen in den Speicher geschoben, fallen die ältesten Einheiten aus dem Speicher und gehen verloren, sofern sie nicht erneut durch Wiederholen dem KZG zugeführt werden (Abb. 7).

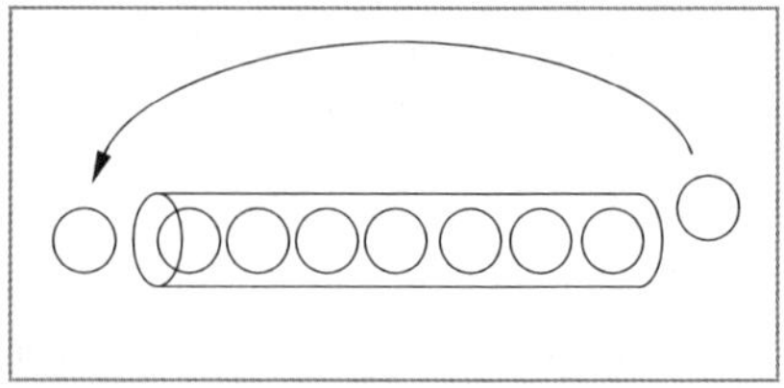

Abb. 7: Erhaltendes Wiederholen

Beispiel:

> Diese Technik benutzen wir, wenn uns jemand eine Telefonnummer sagt. Durch ständiges Wiederholen erhalten wir die Information im KZG und bewahren sie vor dem Vergessen. Stört uns jedoch ein anderer dabei, indem er uns z. B. anspricht, entfällt uns die Nummer sofort, da sie durch neue Informationen „verdrängt" wird.

Zusammenfassend lässt sich das Arbeitsgedächtnis mit einer „Werkstatt" vergleichen, in der Informationen verarbeitet werden (erkennen, denken etc.). Das Kurzzeitgedächtnis wäre dann ein „Nebenraum", in dem sich eine begrenzte Zahl von Informationen für wenige Sekunden aufbewahren lässt, damit man sie für den nächsten Arbeitsschritt wieder zur Verfügung hat (vgl. Abb. 8).

visuelles KZG ↔ **zentrale Verarbeitungseinheit des Arbeitsgedächtnisses** ↔ sprachliches KZG

bewusste, kontrollierte Prozesse;
benötigen viel Aufmerksamkeit.

unbewusste, automatische Prozesse;
benötigen wenig Aufmerksamkeit

Abb. 8: Modell des Arbeitsgedächtnisses

Das Langzeitgedächtnis

Das Langzeitgedächtnis (LZG) ist ein riesiger Speicher, der unser gesamtes Wissen enthält. Man geht davon aus, dass die **Speicherkapazität** unendlich groß ist und die einmal abgespeicherten Informationen nicht mehr verloren gehen **(Speicherdauer).** Die Inhalte des Langzeitgedächtnisses sind *passiv.* Wollen wir mit unserem Wissen arbeiten bzw. uns an etwas erinnern, müssen wir dieses Wissen *aktivieren,* d. h. ins *Arbeitsgedächtnis* holen. Das LZG hat somit die Funktion, Wissen dauerhaft zu behalten und für unsere kognitiven Aktivitäten (Wahrnehmung, Denken etc.) und unser Handeln bereitzustellen.

Das Langzeitgedächtnis als hierarchisches Netzwerk
Man geht davon aus, dass das Wissen im Langzeitgedächtnis in Form eines riesigen Netzwerkes gespeichert ist. Die Wissenselemente (Knoten des Netzes) sind durch zahlreiche Assoziationen verbunden. Zudem ist unser Wissen hierarchisch, d. h. nach Ober- und Unterbegriffen, geordnet. Wird nun ein Wissenselement aktiviert (z. B. durch einen Wahrnehmungsreiz: Elefant im Zoo, oder einen Gedanken an den nächsten Afrikaurlaub), können damit verbundene Elemente sehr leicht mitaktiviert werden (ist ein Wildtier, groß, grau etc.).

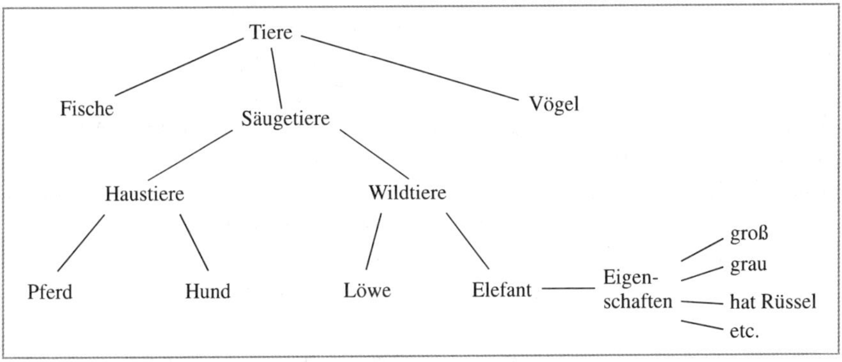

Abb. 9: Das Langzeitgedächtnis als hierarchisches Netzwerk

Neben der Analogie des Netzwerkes findet man auch den Vergleich mit einer riesigen Bibliothek. Sie ist nach Wissenschaften und Literaturgattungen geordnet, wiederum unterteilt in zahlreiche Teilgebiete, dann in Werke und Bände, die einzelne Kapitel enthalten. Zudem enthält jedes Buch unzählige Querverweise auf andere Bücher, Disziplinen und Wissensgebiete.

Der Informationsfluss zwischen Langzeit- und Arbeitsgedächtnis

Verschiedene Prozesse steuern den Informationsfluss zwischen Arbeits- und Langzeitgedächtnis.

Beim **Wiedererkennen** wird die von den Sinnesorganen eingehende Information mit unserem Wissen, z. B. über das Aussehen von Gegenständen, verglichen und so dem wahrgenommenen Gegenstand eine Bedeutung zugeordnet.

Erinnern ist derjenige Prozess, bei dem Informationen aus dem Langzeitgedächtnis aktiviert und ins Arbeitsgedächtnis transportiert werden. Dies geschieht manchmal unwillkürlich und ohne Mühe, oft jedoch unter erheblicher Anstrengung. Erinnerung ist häufig eine gedankliche Rekonstruktion vergangener Ereignisse, die mit Fehlern behaftet ist (beispielsweise sind Zeugenberichte in der Regel unzuverlässig).

Vergessen kann auf zwei Prozessen beruhen: Eine Möglichkeit ist, dass wir eine Information nicht erfolgreich abgespeichert haben. Die Abspeicherung einer Information im LZG benötigt Zeit; wird dieser Prozess gestört (z. B. durch eine Gehirnerschütterung oder durch andere Informationen), kann keine dauerhafte Gedächtnisspur gebildet werden. Die andere Möglichkeit ist ein Versagen des Informationsabrufes: Wir haben zwar die Information gespeichert, „finden" sie jedoch nicht mehr im LZG (Versagen der Erinnerung).

Wissenserwerb wird der Prozess genannt, bei dem Wissen aus dem Arbeitsgedächtnis in das Langzeitgedächtnis dauerhaft abgespeichert wird. Viele persönlich bedeutsame Ereignisse können wir sehr leicht abspeichern. Abstraktes Wissen (z. B. Schulwissen) benötigt jedoch sehr viel Mühe, um es dauerhaft zu behalten. Wir müssen uns mit den Informationen gedanklich auseinandersetzen, sie intensiv verarbeiten und mit unserem Vorwissen verknüpfen.

Dieser Vorgang wird auch als **elaborierendes Wiederholen** bezeichnet – im Gegensatz zum erhaltenden Wiederholen (vgl. dazu Kap. 2.7).

	Sensorisches Register	**Arbeits-/Kurzzeitgedächtnis**	**Langzeitgedächtnis**
Funktion	kurzes Festhalten der Sinnesreize zur Weiterverarbeitung	kurzzeitiges Behalten von Informationen, Raum für sämtliche kognitive Aktivitäten	dauerhaftes Behalten von Wissen; Bereitstellung von Wissen für das Arbeitsgedächtnis

	Sensorisches Register	Arbeits-/Kurzzeitgedächtnis	Langzeitgedächtnis
Enkodierung (Verarbeitungsform)	„rohe“ Sinnesdaten, noch ohne Bedeutung	sprachlich, visuell, bedeutungshaltig	bedeutungshaltig, sprachlich, bildlich, abstrakt (vgl. Kap. 2.3.2)
Speicherkapazität	sehr hoch	begrenzte Kapazität, bis zu 7 (±2) Einheiten für das KZG	(vermutlich) unbegrenzte Kapazität
Speicherdauer	weniger als 1 sec	solange die zu verarbeitende Information aktiviert ist; wenige sec im KZG	(vermutlich) dauerhaft

Tab. 2: Zusammenfassender Vergleich der einzelnen Gedächtnisspeicher

2.3.2 Wissen: Der Inhalt des Gedächtnisses

Bereits zu Beginn des Abschnitts wurde Wissen als Inhalt des Gedächtnisses definiert. Im Alltag verbinden wir jedoch damit häufig nur Schul- oder Allgemeinwissen. Die Psychologie versteht erheblich mehr darunter.

Grundsätzlich lassen sich beim Wissen zwei Arten unterscheiden:
- Wissen über Sachverhalte, d. h. Faktenwissen (= Wissen, dass) bzw. **deklaratives** Wissen; es bezieht sich auf Namen, Zahlen, Fakten, Begriffe und Sachzusammenhänge.
- Wissen über Vorgehensweisen (Wissen, wie) bzw. **prozedurales** Wissen; es bezieht sich auf Strategien, Techniken, Ausführungsgewohnheiten (vgl. Anderson 1996).

Beispiele für das prozedurale Wissen sind Fertigkeiten und Handlungsprogramme wie gehen, Fahrrad fahren, Skifahren, mit zehn Fingern tippen können, aber auch kognitive Fertigkeiten wie Lern- und Denkstrategien (vgl. Kap. 2.4 und 2.7). Prozedurales Wissen ist überwiegend nicht bewusstseinsfähig. So können wir in der Regel nur unzureichend und sehr grob angeben, wie wir eine Bewegung ausführen oder wie wir denken.

Das deklarative Wissen ist in vielen Fällen erinnerbar: Wir wissen, wann wir Geburtstag haben, wo wir überall in Urlaub waren, wie die Gesichter unserer Bekannten aussehen, was ein Auto, eine Stadt oder der Kommunismus ist. Das deklarative Wissen lässt sich noch einmal unterteilen in **episodische** und **semantische** Informationen.

Episodisches Wissen enthält autobiografische Informationen, die mit einer Erfahrung oder einem Erlebnis verbunden sind, wie beispielsweise eine Erinnerung an den letzten Urlaub oder an ein trauriges Ereignis. Episodisches Wissen ist somit immer eine erlebte Szene mit all ihren Komponenten: Wahrnehmungen, Gefühle, Gedanken und Verhaltensweisen.

Das semantische Wissen stellt eher unser „Lexikon" dar. Es umfasst das Wissen über die Bedeutung von Begriffen und sachliches Wissen über Zusammenhänge in der Welt (z. B. Merkmale eines Gegenstandes, abstrakte politische Zusammenhänge etc.). Es ist somit losgelöst von persönlichen Erfahrungen. Beides, episodisches und semantisches Wissen, kann dabei aus objektiver Sicht verzerrt oder falsch sein. Folgende Abbildung fasst die Arten des Wissens noch einmal zusammen.

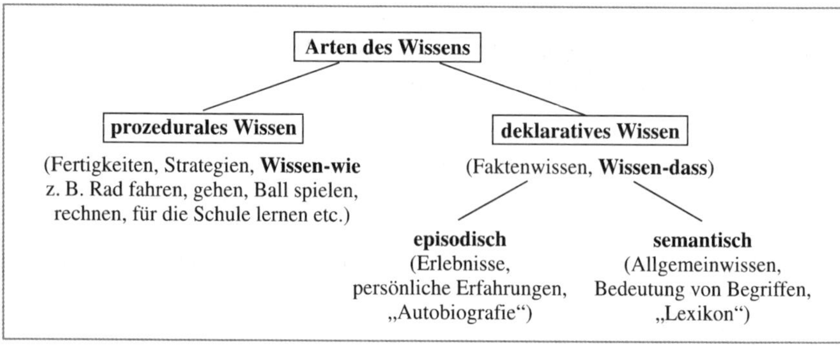

Abb. 10: Arten des Wissens

2.4 Denken

2.4.1 Begriffsbestimmung

Unter Denken versteht man – nach Hussy (1993) – nicht beobachtbare, geistige (kognitive) Prozesse, die

- **zielgerichtet**, d. h. auf eine Lösung ausgerichtet sind;
- bei denen **Informationen** in unserem Gehirn **neu verknüpft** bzw. **geordnet** werden. Diese Neuverknüpfung ist mit der Lösung gleichzusetzen und kann dabei Schritt für Schritt erarbeitet oder durch einen Vorgang der Einsicht (Aha-Erlebnis) gefunden werden;
- Denken geht dabei über das *alleinige* Wahrnehmen, Abspeichern oder Erinnern von Informationen hinaus, auch wenn diese Prozesse für das Denken notwendig sind. Was wir durch Denken erschaffen, ist somit *mehr* als das, was wir wahrnehmen oder bereits wissen.

Beispiel:

> Ein Schüler muss für die Fachoberschule ein Referat erstellen (Ziel). Er benutzt folgende Informationen, um eine Lösung herbeizuführen: Sein Wissen aus der Realschule, wie Referate zu halten sind; seine Vermutungen über die Erwartungen des neuen Lehrers; sein Vorwissen zum Thema und zur Literaturbeschaffung etc. Diese Informationen kombiniert er nun und „bastelt" daraus Schritt für Schritt seine Lösung zusammen (Neuverknüpfung von Informationen). Er kann dabei sein Wissen nicht unverändert anwenden, sondern muss es so umformen, dass es der Aufgabenstellung angemessen ist.

Die Denkpsychologie beschäftigt sich heute überwiegend mit dem schlussfolgernden Denken und dem Problemlösen. Kreatives (schöpferisches) Denken wird dabei in der Regel als Sonderform des Problemlösens abgehandelt (vgl. Hussy 1993).

2.4.2 Formen des Denkens

Schlussfolgerndes Denken

Es lassen sich mindestens drei verschiedene Arten von Schlussfolgerungen unterscheiden: deduktives, induktives und analoges Schließen (vgl. z. B. Lüer und Spada 1992, van der Meer 1995, Anderson 1996, Reither 1996).

Deduktives Schließen
Hierunter versteht man das rein logische Ableiten einer Aussage aus mindestens zwei vorgegebenen Voraussetzungen nach folgendem Muster:

Voraussetzung 1:	Alle Menschen sind sterblich
Voraussetzung 2:	Susi ist ein Mensch
Schlussfolgerung:	Susi ist sterblich

Für viele Denksportaufgaben und für die Mathematik werden solche deduktiven Schlüsse benötigt. Aber auch im Alltag ziehen wir zahlreiche logische Schlussfolgerungen, die jedoch häufig fehlerhaft sind. Beispielsweise ist eine Schlussfolgerung falsch, wenn wir bereits von falschen Voraussetzungen ausgehen (z. B. alle alten Menschen sind störrisch; folglich werde ich „logisch" ableiten, dass der 80-jährige Herr Meier ebenso störrisch sein wird). Zudem hat sich herausgestellt, dass wir gerne das als logisch ansehen, was unseren Alltagserfahrungen entspricht.

Induktives Schließen
Darunter versteht man die Schlussfolgerung von Einzelbeobachtungen bzw. -erfahrungen auf eine allgemein gültige Aussage. Beispielsweise macht jemand in einem Land Urlaub, in dem ihm sein Auto gestohlen und er einige Male beim Einkauf übers Ohr gehauen wurde. Wenn diese Person zu Hause erzählt, die dortigen Menschen seien alle Diebe und Betrüger, dann hat er eine induktive Schlussfolgerung getroffen. In der Regel läuft induktives Schließen nach folgendem Schema ab:

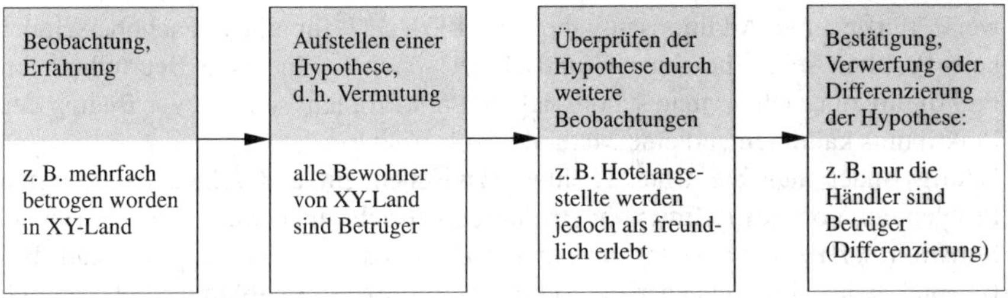

Abb. 11: Ablauf induktiven Denkens

Beim induktiven Denken ist zu beachten, dass die Schlussfolgerung immer nur mit einer gewissen Wahrscheinlichkeit gilt (im Gegensatz zur deduktiven Folgerung, die bei richtigen Voraussetzungen sicher richtig ist). Typische Fehler wären eben Über-Verallgemeinerungen wie in unserem Beispiel. Übrigens funktioniert die Bildung von Begriffen durch induktives Schließen. Wird ein Kind von einer Wespe gestochen, wird es verallgemeinern, dass alle Insekten, die gelb-schwarz sind, stechen können (vgl. Lüer und Spada 1992).

Analoges Schließen

Unter einer Analogie versteht man eine Ähnlichkeit zwischen zwei Sachverhalten. Demzufolge ist ein Analogieschluss eine Schlussfolgerung von einem Sachverhalt auf einen ähnlichen. Beispielsweise könnte ein Ingenieur, der Fahrzeuge so konstruieren soll, dass es möglichst zu keinen Schädelbrüchen kommt, zuerst mit rohen Eiern experimentieren. Das Ei wäre eine Analogie für den Schädel (vgl. Reither 1996). Eine Analogie für unser Langzeitgedächtnis wäre eine Bibliothek (vgl. Kap. 2.3.1). Daraus lässt sich die Schlussfolgerung für menschliches Lernen ziehen, dass Informationen geordnet werden müssen, damit man sie wieder findet (d. h. erinnern kann). Analogien sind jedoch immer nur teilweise richtig, sodass die Gefahr besteht, falsche Schlüsse aus Analogien zu ziehen.

Problemlösen

Was ist ein Problem?

Das Problemlösen ist ein komplexer Denkvorgang, der aus mehreren Komponenten besteht. Von einem Problem spricht man dann, wenn eine Person „… ein Ziel erreichen möchte, aber zunächst nicht über die Methoden dazu verfügt“ (Dörner 1995, S. 295). Ob etwas für eine Person ein Problem ist oder nicht, hängt somit davon ab, ob sie in ihrem Gedächtnis einen Lösungsweg parat hat. Beispiels-

weise dürfte eine Additionsaufgabe wie 135 + 427 für einen Fachoberschüler kein Problem sein (für einen Grundschüler schon!). Eine gute Beurteilung im Praktikum zu erhalten, mag schon viel eher ein Problem sein, da vor Beginn des Praktikums kaum jemand eine Methode dafür besitzt.
Häufig findet man die Unterscheidung zwischen gut und schlecht definierten Problemen. Von **gut definierten Problemen** spricht man, wenn die momentane Situation der Person und der angestrebte Zielzustand genau bestimmt sind. Ein Beispiel wäre das Schachspiel. **Schlecht definierte Probleme** sind dadurch gekennzeichnet, dass entweder Ausgangssituation oder Zielzustand oder sogar beide relativ unklar sind. Man ist nur irgendwie unzufrieden, ohne dass es einen konkreten Anhaltspunkt gibt (Ausgangszustand) und weiß auch nicht genau, was man denn eigentlich will (Zielzustand) bzw. was zu einer Besserung beiträgt (Methode). Dies gilt z. B. für zwischenmenschliche Probleme. Gut definierte Probleme müssen jedoch nicht leichter sein als schlecht definierte.

Der Vorgang des Problemlösens
Beim Lösen von Problemen müssen verschiedene Schritte durchlaufen werden, wobei bei jedem Schritt Denkfehler auftreten können (vgl. Dörner 1989):

- **Definition des Zieles:** Ich muss mir erst Klarheit verschaffen, was ich eigentlich will. Das Versäumnis, klare Ziele (und Teilziele) zu definieren, macht den Problemlöseprozess von Beginn an schwierig.
- **Analyse der Ausgangssituation:** Hier besteht beispielsweise die Gefahr, dass man entweder zu viel analysiert (man verzettelt sich und kommt nicht zur Lösung) oder zu wenig (man übersieht wichtige Zusammenhänge). Bei vielen Problemen benötigt man für diesen Schritt entsprechendes Vorwissen zum Problemgebiet.
- **Analyse von Entwicklungstendenzen:** Im Alltag bin ich in der Regel in einer Situation, die sich von selbst verändert. Ich darf also nicht nur meine momentane Lage betrachten, sondern muss Entwicklungstrends berücksichtigen (bemühen sich z. B. andere Personen um mein Problem?). Dieser Schritt wird leicht übersehen.
- **Planung, Entscheidung und Durchführung von Aktionen:** Typische Fehler wären hier unkoordinierte Aktionen, die sich gegenseitig hemmen, oder das Festhalten an gewohnten, aber unpassenden Lösungsschemata.
- **Überprüfung und Bewertung der Lösung:** Bei diesem Schritt sollte man die Bereitschaft zeigen, sich Misserfolge einzugestehen und von neuem zu beginnen.

Strategien des Problemlösens

Während der gerade beschriebenen Prozesse benutzen wir mehr oder weniger allgemeine Strategien, die uns beim Lösen helfen. Es handelt sich meist um Faustregeln, die wir für nützlich halten, und mit denen wir gute Erfahrungen gemacht haben. Solche Strategien wären beispielsweise (vgl. z. B. Mandl, Friedrich u. Hron 1986):

- **„brain storming“:** Bei dieser Technik sammelt man sämtliche Assoziationen zu einer Problemstellung, auch wenn sie unsinnig erscheinen. Das erweitert möglicherweise die Problemsicht, hilft Ziele zu konkretisieren oder gibt Anstöße für ungewöhnliche Lösungen (gut in Gruppen geeignet).
- **Analogien bilden:** Diese bereits beschriebene Denkform kann bewusst eingesetzt werden, um eine Lösungsfindung zu erleichtern.
- **Lautes Denken:** Diese Technik fördert die Problemanalyse und dient der Selbstkontrolle des eigenen Denkprozesses.
- **Mittel-Ziel-Analyse:** Das ist eine sehr allgemeine Technik, die den Problemlösevorgang strukturiert:
  - Vergleich von Ausgangs- und Zielzustand.
  - Hindernisse, die einen vom Zielzustand trennen, auflisten und nach Wichtigkeit ordnen.
  - Wichtigstes Hindernis auswählen und eine Aktion bestimmen, die das Hindernis beseitigt.
  - Kann die Aktion nicht durchgeführt werden, setzt man sich das Ziel, die Rahmenbedingungen so zu ändern, dass die geplante Aktion durchgeführt werden kann. Auf diese Weise werden sämtliche Hindernisse Schritt für Schritt beseitigt.

Die Bedeutung von Gedächtnis und Wissen für das Problemlösen

Problemlösen ist ohne Gedächtnis und Wissen nicht möglich. Dabei wird die grundlegende Unterscheidung zwischen einem Speicher, der unser Wissen enthält (Langzeitgedächtnis), und einem Speicher, in dem die Denkprozesse stattfinden (Arbeits- und Kurzzeitgedächtnis), aufgegriffen. Im Arbeits- und Kurzzeitgedächtnis werden die Problemlösungen erarbeitet. Deshalb werden sie in der Denkpsychologie als **Problemlösestruktur** oder **Exekutive** bezeichnet. Auch wenn wir bei einem Problem keinen Lösungsweg abgespeichert haben, nutzen wir doch aus unserem Langzeitgedächtnis die eben beschriebenen Strategien sowie Informationen über das Problem (z. B. Analogien oder Wissen über Zusammenhänge im Problemgebiet).

Damit wird deutlich, dass Probleme ohne Sachwissen nur selten gelöst werden können. Haben wir dann im Arbeitsgedächtnis eine Lösung geschaffen, speichern wir sie im Langzeitgedächtnis einschließlich einer Bewertung ab. Wir können den gelernten Lösungsweg nun beispielsweise als Analogie für ein ähnliches Problem verwenden.

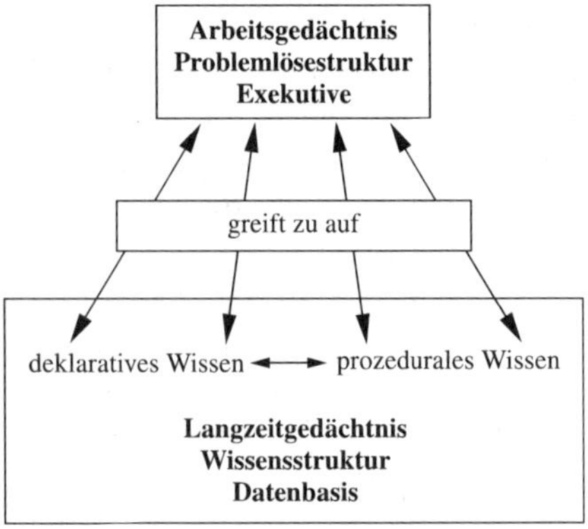

Abb. 12: Das Zusammenspiel der kognitiven Strukturen beim Problemlöseprozess

Kreatives Denken

Beim kreativen, schöpferischen (auch: produktiven) Denken handelt es sich um einen Spezialfall des Problemlöseprozesses. Kreativität ist heute ein weit verbreitetes Schlagwort, das zudem in unserer Gesellschaft sehr hoch bewertet wird. Die meisten Autoren sprechen dann von einem kreativen Denkprozess, wenn entweder ein **Produkt** oder der **Lösungsweg** (das Verfahren) zu einem bekannten Produkt **neuartig** sind (vgl. Brodbeck 1995, Cropley 1995).

Beispiel:

> Die Erfindung des Automobils oder die Fertigstellung einer Plastik durch einen Künstler sind in jedem Fall kreativ, da hier durch Denken neuartige Produkte entstanden sind.
> Die Entwicklung der Traumdeutung als psychotherapeutische Technik oder die Idee, durch Atomspaltung Energie zu gewinnen, sind neuartige und damit kreative Lösungswege (Verfahrensweisen).

Neben der Neuartigkeit betonen manche Autoren, dass man nur dann von Kreativität sprechen sollte, wenn die erbrachten Leistungen z. B. **nützlich, gesellschaftlich bedeutsam** und **ethisch vertretbar** sind. Damit soll verhindert werden, dass jede „Spinnerei" als kreativ bezeichnet werden muss (vgl. Brander, Kompa u. Pelzer 1989, Cropley 1995).

Kreatives Problemlösen wird häufig in Zusammenhang mit dem Begriff des **divergenten Denkens** gebracht. Darunter versteht man einen Denkprozess, bei dem möglichst viele und möglichst verschiedene Lösungsmöglichkeiten und Assoziationen zu einer Problemstellung entwickelt werden. Der Gegensatz dazu wäre das **konvergente Denken,** bei dem eine Problemstellung so bearbeitet wird, dass durch logische Schlüsse eine möglichst ideale Lösung hervorgebracht wird (Guilford 1967, zit. nach Amelang u. Bartussek 1994). Die folgende Abbildung soll den Unterschied verdeutlichen.

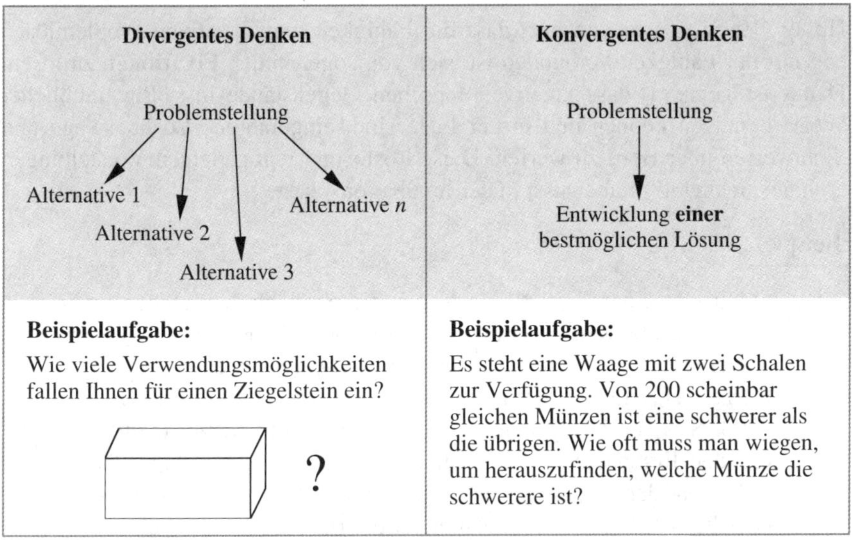

Abb. 13: Divergentes und konvergentes Denken

Wie im folgenden Prozessmodell deutlich wird, ist divergentes Denken eine notwendige Bedingung des kreativen Problemlösens, reicht jedoch allein nicht aus. Beispielsweise für die Erfindung des Automobils waren sowohl divergente als auch konvergente Denkprozesse nötig.

Der Prozess des kreativen Problemlösens

Auf Wallas (1926, zit. n. Brander, Kompa u. Pelzer 1989; vgl. auch Cropley 1995) geht folgendes Phasenschema zurück:

- **Vorbereitung:** Hier setzt man sich mit der Problemstellung auseinander, analysiert seine Ausgangslage, setzt sich Ziele, entwickelt Hypothesen.

- **Inkubation:** In dieser Phase legt man das Problem beiseite und beschäftigt sich mit anderen Dingen. Durch unbewusste Denkprozesse wird jedoch die Lösung vorbereitet.
- **Illumination:** Plötzlich hat man das Gefühl, der Lösung ganz nahe zu sein, oder man hat die Lösung direkt vor Augen. Viele Wissenschaftler (z. B. Einstein) berichten, dass sie Problemlösungen wie durch eine Eingebung plötzlich vor sich sahen.
- **Verifikation:** Schließlich wird die Lösung ausgearbeitet und überprüft.

Hussy (1993) geht davon aus, dass die Fähigkeit zum kreativen Problemlösen eng mit der Fähigkeit verbunden ist, sich von sogenannten **Fixationen** zu lösen. Damit ist gemeint, dass kreative Menschen Gegenstände in völlig unüblicher Weise benutzen können und in der Lage sind, eingefahrene Lösungswege und Sichtweisen über Bord zu werfen. Diese Loslösung von gängigen Vorstellungen ereignet sich häufig unbewusst in der Inkubationsphase.

Beispiel :

> „Man gibt einer Person eine Kerze, ein Streichholzbriefchen und eine Schachtel Reißnägel und fordert sie auf, die Kerze so an einer hölzernen Tür zu befestigen, dass man Licht zum Lesen hat. Die Kerze muss richtig brennen“ (Weisberg 1989, zit. nach Hussy 1993, S. 121). Die gängige Lösung ist nun, die Kerze irgendwie mit den Reißnägeln an der Tür zu befestigen. Nur wenige lösen sich von der Fixation, dass die Reißnagelschachtel „nur“ ein Behälter ist. Die kreative Lösung ist die Befestigung der Schachtel an der Tür, wodurch eine Plattform für die Kerze entsteht.

Kreative Lösungen können durch **produktive Pausen** bei der gedanklichen Arbeit gefördert werden, da wir in ihnen solche Fixationen überwinden können (z. B. vergessen wir eingefahrene Lösungswege). In diesen Pausen werden dann unbewusste Prozesse positiv wirksam, die neue Assoziationen schaffen – z. B. Schachtel ist nicht nur ein Behälter, sondern auch eine Plattform **(Inkubationsphase).** Die Lösungen fallen uns dann scheinbar plötzlich ein **(Illumination).** In Wirklichkeit gehen kreative Lösungen jedoch auf zahlreiche gedankliche Prozesse, auf geistige Flexibilität und ein breites Wissen, das viele Assoziationen ermöglicht, zurück.

2.5 Emotion und Motivation

2.5.1 Merkmale und Komponenten von Emotionen

Emotionen sind ein derart „geheimnisvolles“ Phänomen, dass sie kaum mit einer Definition zu erfassen sind. Deshalb wird häufig versucht, den Begriff anhand mehrerer Merkmale und Komponenten zu umschreiben – wobei nicht jedes Merkmal und jede Komponente immer gegeben sein muss (vgl. z. B. Lantermann 1983, Schmidt-Atzert 1996, Schneider 1992, Ulich 1995, Ulich u. Mayring 1992).

Emotionen sind aktuelle Zustände

Emotionen sind das momentane Aufleben und Abklingen eines bestimmten Zustandes (z. B. Ärger, Freude, Angst, Hoffnung) mit einem bestimmten zeitlichen Verlauf. Sie beziehen sich immer auf ein Ereignis (in der Realität oder der Vorstellung). Emotionen im engeren Sinn müssen **abgegrenzt** werden von Stimmungen und Gefühlsneigungen (vgl. Tab. 3).

(Grund-)Stimmungen	**Emotionen als aktuelle Zustände**	*Gefühlsneigungen*
längerfristiger diffuser emotionaler Hintergrund unseres Erlebens; z. B. depressive oder optimistische Grund-Stimmung	auf ein Ereignis oder Objekt bezogen; relativ kurzfristiger Verlauf mit Aufleben und Abklingen; z. B. momentanes Gefühl der Angst vor einer bestimmten Prüfung, des Ärgers über einen Misserfolg, der Freude über ein Geschenk	relativ stabile Persönlichkeitsmerkmale; z. B. schließt man bei einer Person aus der Beobachtung von häufigen Angstzuständen in verschiedenen Situationen auf ein Persönlichkeitsmerkmal Ängstlichkeit („Angstneigung“)

Tab. 3: Emotion als aktueller Zustand, Stimmung und Gefühlsneigung

Die folgenden Merkmale und Komponenten beziehen sich nur auf **Emotionen als aktuelle Zustände.**

Emotionen sind Ausdruck von Ich-Beteiligung

Emotionen machen unsere Interessen, Bedürfnisse, Ziele und Werte deutlich. In ihnen erleben wir **„Betroffenheit“** und **„Berührtsein“** im positiven wie im negativen Sinn. Emotionen sind das Gegenteil von Gleichgültigkeit. Beispielsweise löst die schlechte Note einer fremden Person bei uns kaum Ärger aus – im Gegensatz zu einer eigenen schlechten Note; oder wenn jemand Friedfertigkeit einen hohen Wert beimisst, wird er bei Gewalt Abscheu verspüren – im Gegensatz zu einer Person, für die Friedfertigkeit keinen Wert hat.

Emotionen sind Widerfahrnisse

Emotionen „widerfahren“ uns, d. h. sie erscheinen meist wie von selbst und wir erleben uns den Emotionen eher ausgeliefert. Wir können nicht einfach „beschließen“, keine Angst zu haben oder fröhlich zu sein.

Emotionen lassen sich in drei Komponenten zerlegen

Es handelt sich um Veränderungen im subjektiven Erleben, in physiologischen Vorgängen und im offenen Verhalten.

- **Subjektives Erleben (Gefühl):** Darunter ist das persönliche Empfinden der Emotion gemeint (Gefühl der Freude, des Glücks, des Stolzes, der Angst etc.). Das Gefühl ist somit nur **eine** Komponente der Emotion. Häufig (jedoch nicht immer) können wir das Gefühl mit einem Wort benennen. Noch einmal sei hier betont, dass Emotionen auch ohne bewusstes Erleben auftreten können – beispielsweise wenn eine Person seine Emotion nicht wahrhaben will oder etwas anderes seine Aufmerksamkeit in hohem Maße beansprucht.
- **Physiologische Veränderungen:** Die meisten Emotionen gehen mit bestimmten messbaren physiologischen Veränderungen einher, wie z. B. der Herzfrequenz, des Blutdrucks, der Schweißdrüsenaktivität, hormonellen Veränderungen. Diese Veränderungen werden vom autonomen (vegetativen) Nervensystem gesteuert. Bis heute ist jedoch noch nicht geklärt, ob bei allen Emotionen die gleichen physiologischen Veränderungen auftreten, oder ob bei jeder Emotion andere Reaktionsmuster auftreten.
- **Verhalten:** Zum Verhalten, das mit Emotionen in Verbindung steht, gehören Mimik, Stimme und Körperbewegungen. Am häufigsten untersucht wurde der Gesichtsausdruck (Mimik). Er erfolgt unwillkürlich, auch wenn er in gewissem Maße willentlich beeinflusst werden kann. Die Mimik zumindest einiger

grundlegender Emotionen scheint angeboren zu sein, da in ganz unterschiedlichen Kulturen das gleiche Ausdrucksverhalten beobachtet wurde. Diese grundlegenden Emotionen sind Freude, Trauer, Wut, Furcht, Überraschung, Ekel und Verachtung (vgl. Zimbardo 1995). Häufig zeigt unser Gesichtsausdruck jedoch gemischte Emotionen. Beispielsweise freuen wir uns, dass eine Freundin zu Besuch kommt und ärgern uns gleichzeitig ein bisschen, dass sie sich nicht angemeldet hat. In Experimenten konnte ebenso gezeigt werden, dass Emotionen an der Stimme und an bestimmten Körperbewegungen relativ gut erkannt werden können.

Die drei beschriebenen Komponenten beeinflussen sich gegenseitig, sodass eine Veränderung bei einer Komponente mit Veränderungen der anderen Komponenten einhergeht. Beispielsweise können wir durch Beeinflussung unserer Mimik das subjektive Erleben von Trauer oder Ärger abschwächen. Die Wahrnehmung von physiologischen Veränderungen (z. B. Erhöhung des Blutdrucks) kann wiederum unser subjektives Erleben verstärken. Durch Entspannungstechniken können wir dagegen unsere körperliche Erregung vermindern.

2.5.2 Freude und Glück als Beispiele angenehmer Emotionen

Komponenten und Bedingungen von Freude und Glück

Freude und Gefühle von Glück gelten als sehr ähnliche Emotionen, da beide extrem positiv erlebt werden und mit Vitalität, Wachheit, positivem Selbstwertgefühl, Entspanntheit sowie mit einer erlebten „Nähe“ zum Gefühlsobjekt einhergehen. Glück wird dabei als etwas ruhiger und harmonischer als Freude beschrieben (**subjektive Komponente,** Gefühl). **Physiologisch** gesehen erhöht sich bei Freude die Herzfrequenz und die Gesichtsmuskelaktivität, die Atmung wird unregelmäßiger. Die Veränderungen bei Glück sind unspezifisch. Lächeln und Lachen sind das typische **Ausdrucksverhalten** bei Freude und Glück (vgl. Tunner 1983, Mayring 1991, Ulich u. Mayring 1992).
Als besonders typische Auslöser von Freude und Glück werden in Umfragen Erfolg und zwischenmenschliche Beziehungen genannt (vgl. Schmidt-Atzert 1996).

Auswirkungen von Freude und Glück auf das Erleben und Verhalten

Dies kann hier nur an Beispielen demonstriert werden, wobei bei einigen Experimenten nur sehr allgemein von positiven Gefühlen gesprochen wird (vgl. Schmidt-Atzert 1996). Zudem ist die Abgrenzung zu Stimmungen als Hintergrund des Erlebens nicht immer klar zu treffen (vgl. Abele 1996):

- *Auswirkungen auf die Wahrnehmung:* In Experimenten konnte festgestellt werden, dass Personen in einem positiven Gefühlszustand beim Lesen eines Textes die angenehmen Informationen länger betrachteten als z. B. traurige Versuchspersonen.
- *Auswirkungen auf das Gedächtnis:* Grundsätzlich können wir uns an Ereignisse besser erinnern, wenn wir in dem gleichen emotionalen Zustand sind, den wir während des Ereignisses hatten **(zustandsabhängiges Erinnern).** Wenn eine Person in einem fröhlichen Gefühlszustand für eine Prüfung lernt und sich während der Prüfung in einem ängstlichen Zustand befindet, wird ihre Gedächtnisleistung für die „froh gelernten“ Fakten geringer sein.
- *Auswirkungen auf das Denken:* Ein besonders interessantes Ergebnis ist der fördernde Einfluss positiver Gefühlszustände auf das kreative Denken. So konnte gezeigt werden, dass das Kerzenproblem (vgl. Kap. 2.4, S. 52) von gut gelaunten Versuchspersonen weit häufiger gelöst wurde als von Personen in neutralem oder negativem Gefühlszustand.
- *Auswirkungen auf hilfreiches Verhalten:* Kinder erhielten für ein Experiment einen kleinen Geldbetrag. Ihnen wurde dann die Möglichkeit gegeben, in Abwesenheit des Versuchsleiters einen Teil des Geldes für einen guten Zweck in eine Spardose zu werfen. Diejenigen Kinder, die vorher in einen positiven Gefühlszustand versetzt wurden, spendeten wesentlich mehr als die anderen Kinder.

2.5.3 Angst als Beispiel für eine unangenehme Emotion

Diese Emotion gehört wohl zu den besterforschten in der Psychologie. Angst ist ein Phänomen, das jeder zu seinem Leidwesen kennt, und das bei manchen Menschen die Normalitätsgrenze überschreitet (vgl. auch GRUNDWISSEN PÄDAGOGIK, Kap. 5). Angst als aktueller Zustand weist die selben Merkmale wie jede andere Emotion auf und lässt sich folgendermaßen beschreiben.

Komponenten und Bedingungen von Angst

Physiologisch sind mehr oder weniger alle Anzeichen von Erregung des autonomen Nervensystems zu beobachten: Anstieg von Blutdruck und Herzfrequenz, feuchte Hände, schnellere Atmung etc. Zum typischen **Verhalten** bei Angst gehört z. B. eine starre Körperhaltung, weit aufgerissene Augen, gebrochene Stimme sowie Flucht bzw. Vermeidung. Das **subjektive Erleben** ist zum einen gekennzeichnet durch die Wahrnehmung der eigenen körperlichen Erregung (Aufgeregtheit: z. B. „mir schlägt das Herz bis zum Halse“) und zum anderen durch das Feststellen von unwillkürlich auftretenden Gedanken über sich selbst (Besorgnis: z. B. „das schaffe ich ja nie, am liebsten würde ich davonlaufen“) (vgl. Schwarzer 1993).

Ausgelöst werden kann Angst durch jede Situation, die als bedrohlich oder gefährlich eingeschätzt wird. Die Bedrohung kann sich dabei auf die körperliche Unversehrtheit (z. B. Angst vor einer Krankheit, vor Unfällen, vor Gewalt) oder auf das Selbstkonzept (Angst vor Versagen, vor Bloßstellung) beziehen. Was konkret bei einer Person Angst auslöst, ist individuell verschieden.

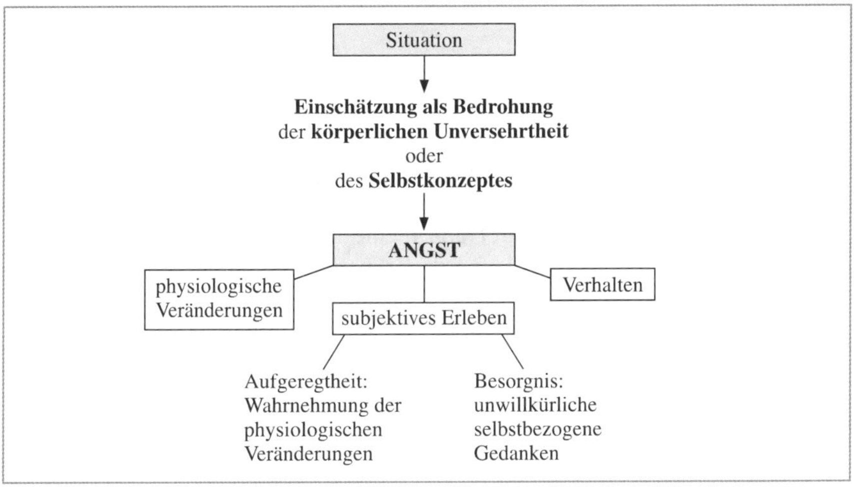

Abb. 14: Bedingungen und Komponenten der Angst

Angst und Leistung

Gerade in der Schule werden Schülerinnen und Schülern regelmäßig Leistungen abverlangt, die angstauslösend sein können. Ein „black-out" in einer wichtigen Prüfung gehört zum Schlimmsten, was einem passieren kann. Aber hat Angst tatsächlich einen derart verheerenden Einfluss auf die Leistung? Untersuchungen haben ergeben, dass nur ein schwacher bis mittelhoher negativer Zusammenhang zwischen Angst und Leistung besteht. Damit ist gemeint, dass im Durchschnitt der Versuchspersonen die Prüfungsleistungen umso geringer waren, je höher die Angst war. Die Leistungsunterschiede waren jedoch weitaus geringer als die Unterschiede in der Angst. Der Einfluss der Angst auf die Leistung kann mehrere Ursachen haben (vgl. Schwarzer 1993, Schnabel 1996).

Angst während der Prüfungssituation
Die sogenannte Aufmerksamkeitshypothese geht davon aus, dass Personen, die in einer Prüfungssituation Angst empfinden, ihre Aufmerksamkeit nicht voll auf die zu lösende Aufgabe richten können. Sie beschäftigen sich während der Prüfung sehr stark mit der eigenen Person (Besorgnis-Komponente) und mit irrelevanten Gedanken.

Beispiel:

> Jonas bekommt die Klassenarbeit vorgelegt. Er beginnt die erste Frage zu lesen. Dabei schießen ihm ständig Gedanken durch den Kopf wie „das ist aber schwer; mein Nachbar hat schon zu schreiben angefangen; der Lehrer und meine Eltern werden enttäuscht von mir sein, wenn ich keine drei schaffe; es kommt genau das dran, was ich nicht so gelernt habe; ich bin ein Versager …" Diese Gedanken verfolgen ihn während der ganzen Prüfung.

Da die Kapazität des Arbeitsgedächtnisses begrenzt ist, bleibt sozusagen weniger „Raum" für die Bearbeitung der eigentlichen Aufgaben, was natürlich die Leistung verringert (vgl. Schwarzer 1993; Schnabel 1996).

Angst und Lernen
Andere Hypothesen gehen davon aus, dass Angst bereits die Lernvorgänge vor der Prüfung beeinflusst. Hier sind – vereinfacht dargestellt – zwei Möglichkeiten denkbar: Zum einen führt die Angst beim Lernen zu einem oberflächlichen Einprägen des Lernstoffes oder sogar dazu, ihn ganz zu meiden. Personen mit Angst vor einer Prüfung wären dadurch schlechter vorbereitet als weniger

ängstliche. Eine andere mögliche Folge von Angst wäre dagegen, sich besonders intensiv vorzubereiten, um die Angst vor dem Versagen zu minimieren. Meist sind jedoch beide Tendenzen vorhanden, wobei das konkrete Verhalten des Lerners von der Angstintensität und von der Persönlichkeit des Lerners abhängig ist (vgl. Hofer u. a. 1986).

2.5.4 Motive und Motivation

Motivation

Der Begriff „Motivation" dient der Erklärung von Verhalten und Handeln. Er zeigt auf, warum jemand ein bestimmtes Verhalten wählt oder meidet und warum er es aufgibt oder weiterführt. Die Psychologie versteht unter Motivation eine „aktivierende Ausrichtung des momentanen Lebensvollzugs auf einen positiven Zielzustand" (Rheinberg 1995, S. 13). Diese Definition enthält mehrere Komponenten:

- Motivation ist ein momentaner, aktueller Zustand;
- sie aktiviert unser Verhalten mehr oder weniger intensiv (d. h. wir verspüren einen Wunsch oder Drang, etwas zu tun);
- Motivation gibt unserem Verhalten eine Richtung, ein Ziel und
- hält unser Verhalten über einen Zeitraum aufrecht (auch gegen Widerstände, z. B. wenn wir lernen, obwohl das Wetter zum Baden gehen einlädt) (vgl. Schmalt u. Heckhausen 1992; Krapp 1993).

Ein Teil unseres Verhaltens wird sehr stark durch physiologische Bedürfnissysteme motiviert wie z. B. Hunger, Durst, Schlafbedürfnis oder z. T. Sexualität. Zahlreiche Verhaltensweisen und Handlungen (z. B. in die Schule gehen, Auto fahren, Sport treiben, Fernsehen) geschehen jedoch ohne ein körperliches Bedürfnis. Hier spielen gelernte Bedürfnisse **(= Motive)** eine Rolle (siehe unten). Eine vor allem in der pädagogischen Psychologie bedeutende Unterscheidung ist die zwischen **intrinsischer** und **extrinsischer** Motivation (vgl. Deci u. Ryan 1993, Schiefele u. Schreyer 1994). Unter **intrinsischer Motivation** versteht man den Drang oder Wunsch, ein Verhalten um seiner selbst willen auszuführen. Wenn eine Person intrinsisch motiviert ist, reizt sie nur die Handlung an sich und sonst nichts. **Extrinsische Motivation** bezeichnet den Wunsch, ein Verhalten auszuführen, um ein bestimmtes Ziel zu erreichen, das mit dem Verhalten nichts zu tun hat. Das Verhalten ist nur ein Instrument für einen Zweck.

Beispiel:

> Wenn Maria Snowboard fährt, weil sich dabei ein Gefühl des Genusses und der Freude einstellt, ist das Verhalten intrinsisch motiviert. Es geschieht nur um des Fahrens willen. Würde sie dasselbe tun, um dann Anerkennung von ihren Freunden zu erhalten, wäre sie extrinsisch motiviert.

Natürlich gibt es in der Realität fließende Übergänge zwischen intrinsischer und extrinsischer Motivation.

Motive

Im Alltag wird der Begriff „Motiv" in zahlreichen Zusammenhängen verwendet (vom Fotomotiv bis zum musikalischen Motiv). In der Psychologie hat er jedoch eine sehr spezielle Bedeutung. Es wurde bereits erwähnt, dass in der Psychologie Motive eine Art erlernter Bedürfnisse sind. Es handelt sich

- um relativ stabile, überdauernde Neigungen (im Gegensatz zur Motivation als momentanen Zustand),
- um bestimmte Arten von Handlungszielen hoch zu bewerten (z. B. Leistung, Macht, sozialer Kontakt, Helfen etc.) und
- folglich um Situationen im Sinne der angestrebten Ziele wahrzunehmen. (vgl. Schmalt u. Heckhausen 1992; Rheinberg 1995).

2.5.5 Leistungsmotiv und Leistungsmotivation

Der besterforschte Motivationsbereich (vor allem von Heinz Heckhausen, 1926–1989) ist die Leistungsmotivation mit dem dazugehörigen Leistungsmotiv.
Unter **Leistungsmotivation** versteht man das momentane Bestreben,

- die eigene Tüchtigkeit zu steigern oder möglichst hochzuhalten
- und zwar in solchen Tätigkeiten, bei denen es einen verbindlichen Gütemaßstab gibt (also eine „Messlatte"),
- sodass die Ausführung gelingen oder misslingen kann (Heckhausen, zit. nach Rheinberg 1995).

Einer leistungsmotivierten Person geht es also darum, eine Aufgabe zu bewältigen, um ihre eigene Tüchtigkeit, ihre Fähigkeiten zu testen.

Beispiel:

> Renate schreibt eine Klassenarbeit. Sie strengt sich bis zum äußersten an (hohe Motivation), um eine gute Note zu bekommen (verbindlicher Gütemaßstab ist die 2, die sie erreichen will). Dabei strengt sie sich nicht deswegen an, um Anerkennung zu bekommen oder einen Numerus clausus zu übertreffen. Ihr geht es allein um die Erprobung ihrer Tüchtigkeit.

Wie entsteht nun diese hohe Motivation? Die „klassische" Motivationspsychologie geht von einem Modell aus, bei der das **Motiv** (als Persönlichkeitsmerkmal) und **Anreize in der Situation** zusammenwirken. Es ist davon auszugehen, dass Renate aus unserem Beispiel ein hohes Leistungsmotiv besitzt. Das heißt, es ist für sie grundsätzlich ein äußerst positiv bewertetes Ziel, ihre eigene Tüchtigkeit an Aufgaben zu erproben. Dieses „Bedürfnis" entsteht jedoch nicht von selbst (wie z. B. Müdigkeit) – es benötigt Anreize aus der Umwelt, z. B. schulische Prüfungen, Sportveranstaltungen, Wettkampfspiele etc. (vgl. Abb. 15). Würde sich Renate im Urlaub am Strand befinden, würde ihr Leistungsmotiv die meiste Zeit „vor sich hinschlummern" (außer, sie findet jemanden zum Beach-Volleyball). Eine Person mit einem gering ausgeprägten Leistungsmotiv würde Prüfungs- und Wettkampfsituationen dagegen kaum motivierend finden.

Motivation entsteht nur, wenn sowohl ein Motiv als auch Anreize in der Situation vorhanden sind.

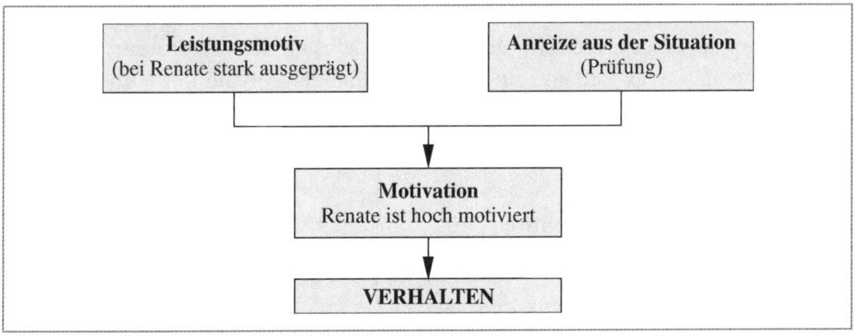

Abb. 15: Das Zusammenspiel von Motiv, Situation, Motivation am Beispiel der Leistungsmotivation

2.6 Die Ganzheitlichkeit des menschlichen Erlebens, Verhaltens und Handelns

Bisher wurden die grundlegenden psychischen Vorgänge der Wahrnehmung, des Gedächtnisses, des Denkens, der Motivation und Emotion getrennt betrachtet. In Wirklichkeit bildet unser psychisches Geschehen jedoch eine Einheit, in der sich die genannten Prozesse ständig wechselseitig beeinflussen. **Kognition, Emotion** und **Motivation** kommen beim Menschen nie unabhängig voneinander vor. Dies soll an einem Fallbeispiel erläutert werden, wobei nur exemplarisch einige mögliche Wechselwirkungen dargestellt werden:

Beispiel:

> Thomas muss sich bei einer Praktikumsstelle – einem Kinderhort – vorstellen. Er kennt diesen Hort, da er ihn als Kind selbst besuchte, und freut sich sehr auf das Praktikum. Als er das Gebäude betritt, werden in ihm sofort einige Kindheitserinnerungen wach. Es sind vor allem angenehme Gefühle, die er damit verbindet. Auf diese Weise positiv gestimmt, betritt er das Zimmer der Leiterin und begrüßt sie freundlich und selbstbewusst. Dort wird er in ein intensives Bewerbungsgespräch verwickelt. Zu Beginn versucht die Leiterin herauszufinden, warum Thomas den sozialen Bereich gewählt hat. Nach kurzer Überlegung erzählt er, dass er grundsätzlich anderen Menschen gerne helfe und auch, dass er sich beweisen will, hier erfolgreich zu sein. Er sei ganz begierig, endlich das Praktikum anfangen zu können. Es folgt ein längeres Gespräch über seine Person und über die Praktikumsstelle. Danach wird Thomas von der Leiterin gebeten, am nächsten Tag anzurufen. Sie brauche etwas Bedenkzeit, um zu entscheiden, ob sie ihn aufnehmen wird. Zu Hause erzählt Thomas stolz, wie gut alles gelaufen ist, und dass er sich sicher fühlt, die Stelle zu bekommen.

Wahrnehmung und Gedächtnis

Um etwas *wahrnehmen* und *erkennen* zu können, benötigen wir das *Gedächtnis*. Thomas erkennt den Hort als den „seinen“ wieder, da er das Aussehen, den Geruch etc. der Räumlichkeiten im Gedächtnis gespeichert hat. Diese Erinnerungen werden jedoch wiederum durch die Aufnahme äußerer Reize hervorgerufen und aktiviert (vgl. auch Kap. 2.2.4).

Wahrnehmung und Denken

Thomas überlegt kurz, was er auf die Frage der Leiterin nach seinen Gründen für das Praktikum antworten solle. In wenigen Sekunden muss er das *Problem lösen,* wie er sich darstellen soll. Dieser Denkprozess wird natürlich von seinen *Wahrnehmungen* beeinflusst (z. B. ob er bei der Leiterin einen freundlichen oder skeptischen Gesichtsausdruck sieht). Gleichzeitig beeinflusst das Denken die Wahrnehmung, indem Thomas solche Informationen sucht, die er für seine schnelle Entscheidung benötigt (er achtet besonders auf den Gesichtsausdruck der Leiterin; er „hört“ in sich hinein).

Wahrnehmung und Motivation

Aufgrund seiner hohen Motivation, hier das Praktikum gut abzuleisten, *nimmt* Thomas solche Informationen *wahr,* die seiner *Motivation* entsprechen. Thomas wird versuchen herauszufinden, welche Aufgaben auf ihn zukommen oder wie er hier den Kindern helfen kann. Je nachdem, was er erfährt, wird sich seine Motivation steigern („das ist genau die Stelle, die ich suchte“) oder sie wird sinken („hier kann ich nicht tun, was ich mir vorstelle“) (vgl. auch Kap 2.2.4).

Wahrnehmung und Emotion

Da Thomas mit *positiven Gefühlen* zum Vorstellungsgespräch geht, wird er die Situation klar wahrnehmen können und auch eher auf *positive Signale* achten. Durch die Wahrnehmung zahlreicher positiver Rückmeldungen von der Leiterin steigert sich noch seine Freude bezüglich des Praktikums und führt zum Gefühl „Hoffnung“, die Praktikumsstelle zu erhalten (vgl. auch Kap. 2.2.4).

Gedächtnis und Motivation

Die Motivation wird natürlich durch im Gedächtnis abgespeicherte Erfahrungen beeinflusst. So macht Thomas den Eindruck, dass er eine hohe *Leistungsmotivstärke* hat. Diese Haltung hat er im Laufe seines Lebens über zahlreiche *Erfahrungen* erworben. Gleichzeitig wird ihm aufgrund seiner hohen Motivation das Gespräch lange in Erinnerung bleiben, d. h. es wird im Langzeitgedächtnis (LZG) möglicherweise als besonderes Ereignis gespeichert.

Gedächtnis und Emotion

Da er sich im Gespräch gut fühlt, wird Thomas eher die positiven Informationen im Gedächtnis behalten. Zudem wirkt sich bei der *Erinnerung* der momentane *Gefühlszustand* aus. Wenn er beispielsweise traurig ist, wird er sich schlechter an das positiv verlaufene Gespräch erinnern als wenn er fröhlich ist. Andererseits beeinflusst das Gedächtnis die Emotionen, indem durch Erinnerung – hier an die Kindheit – bestimmte Gefühle hervorgerufen werden können. Gefühle sind sozusagen im Gedächtnis gespeichert (vgl. auch Kap. 2.5.2).

Gedächtnis und Denken

Wie bereits in Kap. 2.4.2 ausgeführt wurde, findet Denken im Arbeitsgedächtnis statt und bedarf des Wissens aus dem Langzeitgedächtnis (hier: Thomas weiß, wie er andere Menschen beeindrucken kann). Sein erfolgreiches Ergebnis speichert er dann im Langzeitgedächtnis wieder ab.

Denken und Motivation

Denkprozesse steuern in erheblichem Maß die Motivation. So hat sich Thomas sicherlich Gedanken gemacht, wo er Praktikum machen will und ist zu der Lösung gekommen, dass es seinen Fähigkeiten und Motiven entspricht. Aus diesem *Denkprozess* entspringt seine *Motivation*. Dies führt wiederum dazu, dass er sich intensiver mit dem Praktikum und dem Vorstellungsgespräch auseinandersetzt und sich besser vorbereitet als eine unmotivierte Person.

Denken und Emotion

Aufgrund der begrenzten Kapazität der Aufmerksamkeit können *intensive Gefühle* unseren *Denkprozess* beeinträchtigen. Sowohl große Euphorie als auch Angst lenken unsere Aufmerksamkeit von der Aufgabe ab, was die Lösungsqualität (hier z. B. die Führung des Gesprächs) beeinträchtigt. Andererseits können auch Denkprozesse unsere Emotionen und Gefühle beeinflussen. Thomas beispielsweise *bewertet* die Lösung des Problems „Vorstellungsgespräch" als gelungen und *empfindet* Stolz und Selbstsicherheit (vgl. auch Kap. 2.5.2).

Motivation und Emotion

Motivation und Emotion werden häufig als zwei Seiten einer Medaille beschrieben. Gefühle (hier z. B. Hoffnung auf eine erfolgreiche Vorstellung) motivieren Thomas. Gleichzeitig geht *jeder motivationale Zustand* mit *Gefühlen* einher. Thomas Motivation während des Gesprächs könnte abwechselnd auch von Angst vor Misserfolg oder einem Gefühl der Erschöpfung gegen Ende des Gesprächs begleitet sein.

2.7 Lern- und Studiertechniken

2.7.1 Besonderheiten menschlichen Lernens

Jahrelang haben behavioristische Theorien das Lernen bei Tieren und bei Menschen gleichgesetzt. Lernen wurde als durch Umweltreize hervorgerufene Verhaltensänderung betrachtet – und somit als **fremdgesteuert** (vgl. PÄDAGOGIK GRUNDWISSEN, Kap. 2.2). Im Zuge der kognitiven Wende erkannte man jedoch, dass Menschen nicht in dem Maße von der Umwelt abhängig sind, sondern ihr Lernen **selbst steuern** können.

Lernende können sich selbst Ziele setzen, sie planen ihre Lernaktivitäten selbst, sie verarbeiten Informationen aus der Umwelt selbstständig und bilden durch *Denken* neues *Wissen.* Dabei überwachen, bewerten und verstärken sie ständig ihre Lernaktivitäten und -fortschritte. Je ausgeprägter die beschriebenen Merkmale vorhanden sind, desto eher wird das Lernen als selbstgesteuert bezeichnet (vgl. z. B. Aebli 1987; Prenzel 1993; Deitering 1995; Schiefele u. Pekrun 1996; Weinert 1996).

Sogenanntes **selbstgesteuertes Lernen** kann zum Beispiel sein:

Sich selbst Lernziele setzen

Im Idealfall kann eine Person selbst festlegen, was sie lernen will und was nicht. Dies ist in der Form jedoch fast nur im Freizeitbereich (Hobbys) anzutreffen (bei intrinsischer Motivation; vgl. Kap. 2.5.4). Aber selbst in Bildungsinstitutionen (Schule, Hochschule) oder im Arbeitsleben besteht für den Lernenden meist die Möglichkeit, individuelle Schwerpunkte zu setzen (z. B. Wahl von Kursen oder Fortbildungsveranstaltungen, selbstständige Formulierung eines Hausarbeitsthemas).

Das Lernen planen

Optimale Selbststeuerung ist gekennzeichnet durch freie Entscheidungen über Lernorte und Lernzeit, über langfristige Zeitplanung, über zu verwendende Hilfsmittel (Bücher, Zeitschriften, CD-ROM, Internet, Gespräche etc.) und über mögliche Lernpartner.

Informationen kognitiv verarbeiten

Dazu gehört der Einsatz von Techniken der tiefen Informationsverarbeitung, der Zusammenfassung und der Ordnung des Wissens (vgl. Kap. 2.7.2) sowie von Denkstrategien (vgl. Kap. 2.4.2). Das Beherrschen solcher Techniken und Strategien ist Voraussetzung für selbstgesteuertes Lernen.

Das Lernen überwachen, bewerten und verstärken

Der selbstständige Lerner muss darauf achten, dass er sich nicht ständig ablenken lässt, sondern bei seinen Studienaktivitäten bleibt (überwachen). Er muss seine Lernergebnisse und -fortschritte kontrollieren und bewerten. Er kann sich selbst verstärken bzw. Verstärker in Aussicht stellen.
Diese Merkmale machen deutlich, dass es keine Selbststeuerung in Reinkultur gibt, da bei jedem Lernprozess *Umweltbedingungen* eine mehr oder weniger große Rolle spielen (Anerkennung durch Andere, äußere Arbeitsbedingungen, äußere Einflüsse auf die Lernzielbildung). So sind beispielsweise Lernprozesse im Zusammenhang mit einem Hobby (z. B. Snowboardfahren lernen, sich mit Lawinenkunde beschäftigen, sich über die Qualität verschiedener Bindungen informieren etc.) in hohem Maße selbstgesteuert. Stark fremdgesteuert dagegen wäre das Lernen unter Aufsicht der Eltern für eine Klassenarbeit in einem Fach, für das man kein Interesse hat.

2.7.2 Gedächtnispsychologische Hinweise zum Lernen und Studieren

Jedem ist sicher schon passiert, dass er etwas gelernt hat, in einer Prüfungssituation jedoch nicht mehr abrufen konnte. Der Grund dafür könnte sein, dass entweder die Speicherung des Wissens oder die Erinnerung nicht erfolgreich waren. Nun sollen einige **Lerntechniken** dargestellt und begründet sowie auf Gefahren von Lernhemmungen verwiesen werden.

Wiederholung des Lernmaterials

Eine einfache Methode ist die häufige Wiederholung des Lernmaterials. Seit Ebbinghaus (1885; zit. nach Anderson 1996) ist bekannt, dass gelerntes Material relativ schnell wieder vergessen wird. Wiederholtes Lernen bremst jedoch das Vergessen erheblich ab. Jeder hat z. B. eine Telefonnummer dadurch auswendig gelernt, dass er sie häufig gewählt hat. Dennoch ist die *alleinige* Anwendung des mehrfachen Wiederholens für ein langfristiges Behalten von komplexem Lernmaterial (z. B. Schulstoff) wenig effektiv. Sie hat ihre Funktion eher im Üben, Festigen und Auffrischen des Gelernten.
In einem Experiment von Pirolli und Anderson (1985, zit. nach Anderson 1996) mussten die Versuchspersonen (VP) mehrere Sätze von der Art „der Matrose ist im Park“ lernen. Zur Lernkontrolle wurde ihnen später eine Liste von Sätzen vorgelegt, die teils gelernte und teils neue Sätze enthielt. Die VP mussten nun so schnell wie möglich entscheiden, welche Sätze sie im Experiment gelernt hatten. Das Ergebnis zeigte, dass mit zunehmender Übungsdauer, die VP die richtigen Sätze immer schneller wiedererkennen konnten.

Die Anreicherung des Lernmaterials (Elaboration)

Damit der Lernstoff dauerhaft behalten wird, muss dieser mit unserem vorhandenen Wissen vielfältig verknüpft werden. Das erleichtert die Erinnerung, da das Gelernte sozusagen über verschiedene Wege im Langzeitgedächtnis erreicht und hervorgeholt werden kann (vgl. dazu Kap. 2.3: das LZG als Netzwerk; Erinnern als Rekonstruktion). Dieser Effekt wird durch **„Anreicherung“** (Elaboration) des Lernmaterials hervorgerufen (vgl. Friedrich u. Mandl 1992, van der Meer 1996).
Auf welche Weise kann nun das zu Lernende angereichert werden? Dazu gibt es einige **Memotechniken** (Merktechniken):

Beispiel: Schlüsselwort-Methode
Sie ist eine Hilfe beim *Vokabellernen* für eine Fremdsprache. Der Schüler muss zu dem zu lernenden Wort ein möglichst ähnlich klingendes deutsches Wort finden (Schlüsselwort). Ein Beispiel hierfür wäre „to compel“ (= nötigen, zwingen) – „Kumpel“. Dann muss eine *bildliche Vorstellung* geschaffen werden, die einen Zusammenhang zwischen dem Schlüsselwort „Kumpel“ und der Bedeutung von „to compel“ herstellt. Ein Kumpel von mir zwingt mich, ihm bei den Hausaufgaben zu helfen. Diese Technik hat sich als sehr wirksam erwiesen, v. a.

unter der Bedingung, dass die Schlüsselwörter vom Lehrer vorgegeben werden und der Schüler sich die Szene wirklich bildlich vorstellt (vgl. z. B. Metzig u. Schuster 1993).

Beispiel: Methode der Orte (Locitechnik)

Angeblich wurde diese Technik bereits ca. 500 v. Chr. vom griechischen Dichter Simonides erfunden. Ihr Einsatzbereich ist das *Lernen von Begriffen* in einer bestimmten Reihenfolge (z. B. Gliederungspunkte bei einem freien Referat). Dazu muss man sich einen gut bekannten Weg mit seinen typischen Stationen bildlich vorstellen. Beispielsweise könnte dies der Schulweg sein: Start: eigene Haustür – Station 1: Kirche, die ich passiere – Station 2: Bus-Station mit einem Wartehäuschen – Station 3: Kaufhaus an der Ausstiegsstelle etc. Die Begriffe werden nun in der richtigen Reihenfolge den Stationen zugeordnet – und zwar wiederum als bildliche Vorstellung. Bei einem Referat über die Französische Revolution stelle ich mir vor, dass in meinem Haus die Nationalversammlung tagt – die Kirche ist die Bastille, die von den Parisern gestürmt wird – an der Bushaltestelle stehen geknechtete Bauern, die gerade von der Bauernbefreiung erfahren haben etc. (vgl. Anderson 1996; Metzig u. Schuster 1993). Als Orte können z. B. auch Gegenstände im Klassenzimmer gewählt werden (Tür, Pinwand, Fenster, Kartenständer). Dann hat man bei der Präsentation seines Referates sogar die Orte vor sich.

Anreicherung beim Durcharbeiten von Texten

Das Elaborieren kann auch beim Bearbeiten von Texten sehr effektiv eingesetzt werden (vgl. Mandl, Friedrich u. Hron 1986, Metzig u. Schuster 1993). Dazu einige Möglichkeiten:

Bildhafte Vorstellungen können eingesetzt werden, indem man die Inhalte des Textes gedanklich in einen *„Film"* übersetzt. Beispielsweise könnte ich mir bildlich vorstellen, wie die Erregungsübertragung zwischen zwei Nervenzellen abläuft oder ich konstruiere in Gedanken einen Spielfilm, der den Ablauf der Französischen Revolution darstellt. Dabei sind möglichst konkrete, lebhafte und gefühlsgeladene Bilder von Vorteil. Abstrakte Sachverhalte werden leichter behalten, wenn wir sie mit einem konkreten Gegenstand symbolisieren (z. B. Freiheit – Freiheitsstatue).

In Zusammenhang mit bildhaften Vorstellungen können auch **Analogien** verwendet werden (vgl. Kap. 2.4.2). Beispielsweise lässt sich das menschliche Gedächtnis bzw. der Wissenserwerb als Fabrik vorstellen, in der Wissen verarbeitet und zusammengebaut wird.

Gerade im Pädagogik- und Psychologie-Unterricht lassen sich die Lerninhalte mit **persönlichen Erfahrungen** (auch aus dem Praktikum) anreichern. Wer Kommunikationsstörungen nach Watzlawick selbst erlebt hat und sich dessen bewusst macht, wird sich die Theorie leichter merken können.
Schließlich sollen noch die **kritische Auseinandersetzung** mit dem Lernstoff (Gegenargumente zu einer Position, zu einer Theorie finden, unlogische Zusammenhänge aufspüren) und das **Finden von Anwendungen** genannt werden (z. B. wie kann ich die Erkenntnisse der sozial-kognitiven Theorie in meinem Praktikum nutzen?).

Organisation des Wissens

Darunter versteht man die Ordnung der Informationen nach Ober- und Unterpunkten sowie die Herstellung von Verbindungen zwischen den Informationsteilen. Dies hat den Vorteil, dass Gelerntes leichter in unserem „hierarchischen Wissensnetzwerk" gefunden werden kann. Die Oberbegriffe dienen uns nämlich als Schlüsselreize, über die wir dann Einzelinformationen rekonstruieren können. Eine Organisation des Wissens kann z. B. über Textgliederungen, Tabellen, verschiedenste Arten von Diagrammen oder über „Mind-Maps" („Gedankenkarte") erfolgen. Folgende Abbildungen sollen einige Beispiele demonstrieren.

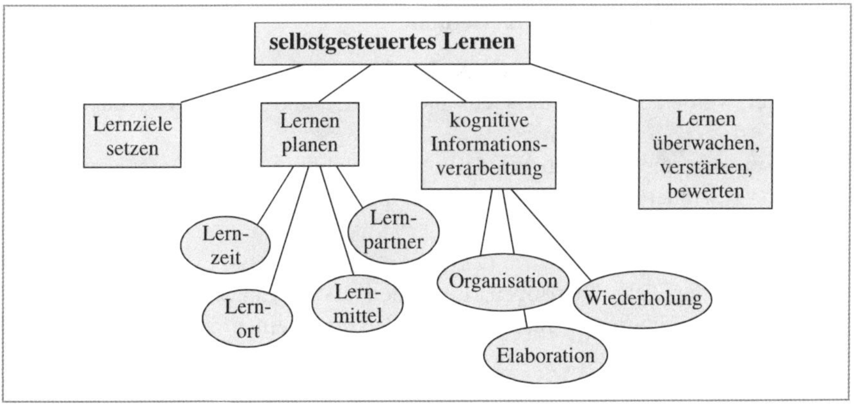

Abb. 16: Beispiel für ein Baumdiagramm (auch: hierarchischer Abrufplan)

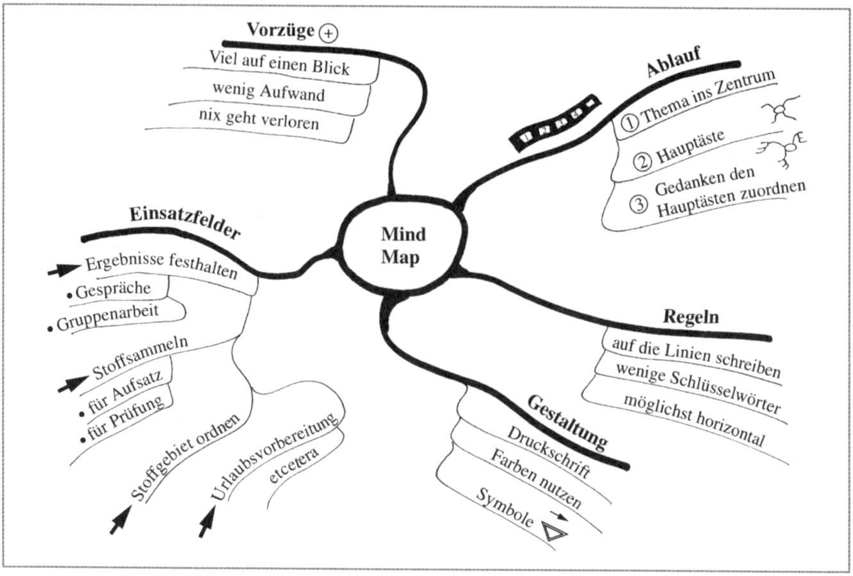

Abb. 17: Beispiel für ein „mind-map" (modifiziert nach Lipp 1994)

Effektives Lesen mit der PQ4R-Methode

PQ4R ist das Kürzel für eine Methode, bei der in sechs Schritten Texte so durchgearbeitet werden können, dass ein möglichst langfristiges Behalten gewährleistet wird.
Bei dieser Strategie kommen Wiederholung, Elaboration und Organisation zum Einsatz (vgl. Anderson 1996, van der Meer 1996).

1. Schritt: Überfliegen des Textes („Preview")
Zuerst wird der Text überflogen, um einen ersten Eindruck vom Thema zu erhalten. Dabei überprüft man, welche Textteile einen zusammengehörigen Teilabschnitt bilden. Dies schafft bereits eine erste Ordnung der Informationen. Dann werden Abschnitt für Abschnitt die Schritte 2–5 durchgearbeitet.

2. Schritt: Fragen („Questions")
Nun werden zum Absatz solche Fragen gestellt, die vom Text beantwortet werden. Das gelingt häufig recht leicht durch Umformulieren der Teilüberschriften. Fragen zu stellen erleichtert dem Leser, die wichtigen Informationen herauszufiltern. Zudem stellt dies einen ersten Bezug zum Vorwissen her.

3. Schritt: Lesen („Read“)
Der Abschnitt wird durchgelesen, wobei man die gestellten Fragen zu beantworten versucht.

4. Schritt: Nachdenken („Reflect“)
Man versucht den Inhalt zu verstehen und „anzureichern“ (elaborieren), indem man Beispiele sucht, Bezüge zum Vorwissen herstellt etc. Gleichzeitig wird die Organisation des Wissens gefördert.

5. Schritt: Wiedergeben („Recite“)
Der Leser beantwortet nun die Fragen aus der Erinnerung und liest diejenigen Abschnitte noch einmal durch, die er nicht mehr gewusst hat.

6. Schritt: Rückblick („Review“)
Abschließend geht man das ganze Kapitel in Gedanken durch und vergegenwärtigt sich die wichtigsten Informationen. Dabei soll wieder auf die Fragen Bezug genommen werden.

Lernhemmungen aus gedächtnispsychologischer Sicht

Trotz Anwendung effektiver Lern- und Studiertechniken kann das Behalten von Wissen misslingen. Das ist zum Beispiel der Fall, wenn es zu **Interferenzen** kommt, z. B. wenn sich in unserem Gedächtnis Informationen gegenseitig stören. Wenn ein Schüler beispielsweise zuerst Mathematik lernt und dann sofort einige Physik-Formeln paukt, kann es passieren, dass eines der beiden Lerngebiete nur unzureichend behalten wird. Man unterscheidet dabei die **proaktive** von der **retroaktiven Lernhemmung** (vgl. Abb. 19). Im ersten Fall stört ein zuerst gelernter Inhalt den Erwerb eines danach gelernten Stoffes. Im zweiten Fall stört der später gelernte Inhalt das Behalten des zuerst gelernten. Je ähnlicher die Lerninhalte und je kürzer die Pausen dazwischen sind, desto stärker ist die Interferenz (vgl. Metzig u. Schuster 1993).

proaktive Hemmung	retroaktive Hemmung
Stoffgebiet A wird gelernt Stoffgebiet B wird danach gelernt ⇓ Stoffgebiet **A** **stört/hemmt** Behalten von Stoffgebiet **B**	Stoffgebiet A wird gelernt Stoffgebiet B wird danach gelernt ⇓ Stoffgebiet **B** **stört/hemmt** Behalten von Stoffgebiet **A**

Abb. 18: Proaktive und retroaktive Hemmung

Für den Lernenden bedeutet dies, zwischen unterschiedlichen Lerngebieten ausreichende **Pausen** einzulegen – vor allem, wenn sich die Lerngebiete ähneln! Dabei soll in dieser Pause die Aufnahme neuer Informationen eher vermieden werden (z. B. durch Zeitung lesen). Günstige Maßnahmen während der Pause sind Entspannungsübungen, Spaziergänge, leichte sportliche Aktivitäten oder Routinetätigkeiten (Rasieren, Abspülen, Zimmer aufräumen etc.). Bei Tätigkeiten, die Kreativität erfordern, kann eine Pause zudem das Entstehen einer Lösung fördern (produktive Pause, vgl. Kap. 2.4.2.).

Exkurs: Neue Methoden des Lernens

Wenn man eine Buchhandlung durchstreift, findet man unzählige Bücher, die neue und bessere Methoden des Lernens und Behaltens anpreisen. Gehirnjogging, Suggestopädie, NLP (Neurolinguistisches Programmieren) oder Edu-Kinesiologie sind nur einige wenige Beispiele. Sie begründen ihr Programm häufig mit neurowissenschaftlichen Ergebnissen: Unser Großhirn besteht nämlich aus zwei Hälften (der rechten und der linken Hemisphäre), die durch einen Nervenstrang verbunden sind (vgl. Abb. 20). Man hat dabei festgestellt, dass jede der beiden **Gehirnhälften** eine **Spezialisierung** aufweist: Die linke Gehirnhälfte eignet sich besonders für die Verarbeitung sprachlicher, logischer und abstrakter Informationen, die rechte Hälfte für bildhaft-räumliche, ganzheitliche Informationsverarbeitung. Bei gesunden Menschen arbeiten beide Gehirnhälften zusammen und stehen in ständiger Interaktion. Viele Vertreter dieser neuen Methoden gehen von der (spekulativen) Hypothese aus, dass in unserer westlichen Kultur die linke Hälfte dominiert und die rechte Hälfte vernachlässigt wird (vgl. z. B. Decker 1995; kritisch: Metzig u. Schuster 1993; Springer u. Deutsch 1996). Deshalb muss durch Einsatz von Bildern, Musik, Entspannungs-, Atem- und Bewegungsübungen die rechte Gehirnhälfte aktiviert und die Zusammenarbeit mit der linken Hälfte gefördert werden. In der Suggestopädie wird z. B. beim

Sprachenlernen Musik mit einem bestimmten Rhythmus (v. a. Barockmusik) eingesetzt, um das Gehirn in einen entspannten, aufnahmefähigen Zustand zu versetzen. Oder beim Brain-Gym soll der Lernende zwischendurch Übungen durchführen, um beide Gehirnhälften zu aktivieren (z. B. mit der Hand eine „liegende Acht“ vor seinem Gesicht in die Luft zu zeichnen).

2.7.3 Motivationspsychologische Hinweise zum Lernen und Studieren

Wie häufig fühlen wir uns unmotiviert und lustlos, wenn es um das Lernen und Studieren geht. Aber genauso wie Techniken zum Wissenserwerb können Techniken zur Selbstmotivation eingesetzt werden – oder zumindest Bedingungen geschaffen werden, die uns nicht demotivieren. Motivationale Prozesse sind während des gesamten selbstgesteuerten Lernens wirksam (bei der Zielsetzung und Planung, bei der Durchführung sowie bei der Überwachung, Bewertung und Verstärkung des Lernens). Aus Platzgründen kann nur eine Auswahl an Maßnahmen zur Selbstmotivierung erläutert werden.

Bezug zu Interessen und Motiven

Von Interessen geleitetes Lernen bereitet uns in der Regel wenig Mühe bzw. wir gehen die Mühen gerne ein (intrinsische Motivation). In Ausbildungseinrichtungen werden uns Lerninhalte jedoch häufig vorgesetzt. Dabei können wir uns motivieren, indem wir nach Verbindungen zu bereits bestehenden Interessen suchen.

Beispiel:

> Erkenntnisse der Physik können auf bestimmte Sportarten angewendet werden (Biomechanik, physikalische Gesetzmäßigkeiten von Sportgeräten etc.), Lerngebiete der Biologie können mit aktuellen Fragen des Umweltschutzes, der Gentechnik oder ähnlichem verbunden werden.

Finden wir keinen ausreichenden Bezug zu individuellen Interessen, können wir uns überlegen, welche **Motive** durch das Lernen angesprochen werden. Personen mit einem ausgeprägten Leistungsmotiv können das Lernen als Herausforderung ihrer Tüchtigkeit wahrnehmen, anschlussmotivierte Personen in Lernpartnerschaften ihr Kontaktbedürfnis befriedigen.

Realistische Zielsetzung

Lernende sollen sich weder zu hohe noch zu niedrige Ziele setzen. In beiden Fällen bringt man sich um das motivierende Gefühl des Stolzes über die eigene Leistung. Bei zu leichten Aufgaben muss man sich eingestehen, dass das jeder geschafft hätte, bei zu schweren ist der Misserfolg programmiert. Deshalb sollen Lernende ihr Anspruchsniveau so setzen, dass zwar gute Aussichten auf Erfolg bestehen, der jedoch nur durch eine gewisse Portion Anstrengung erreichbar ist („Prinzip der Passung"; vgl. Metzig u. Schuster 1993; Hofer u. a. 1986).

Zeitplanung

Je umfangreicher die Prüfung ist, desto notwendiger ist das Aufstellen eines Arbeitsplans. Dazu muss das Lernpensum in Teil- und Zwischenziele eingeteilt werden. Wichtig ist dabei, dass die Ziele realistisch zu erreichen sind (ausreichende Pausen, „Zeitpuffer" für Unvorhergesehenes etc.; siehe auch oben). Neben langfristigen Arbeitsplänen (z. B. für die Monate vor dem Abitur) müssen Wochen- und Tagespläne erstellt werden. Kurzfristige Pläne sollten dabei möglichst genau eingehalten werden, während längerfristige Pläne flexibel sein dürfen (mit manchen Lerngebieten ist man z. B. schneller fertig). Wichtig ist dabei, dass der Plan zügig erstellt wird und nicht mehr geplant als gearbeitet wird. Schließlich sollten die Pläne sichtbar am Arbeitsplatz aufgehängt und ihre Einhaltung regelmäßig kontrolliert werden.

Arbeitsplatzgestaltung

Da wir uns beim Lernen von zahlreichen ablenkenden Einflüssen abschotten müssen, benötigen wir dafür einen günstigen Arbeitsplatz. Er sollte aus einem ausreichend großen Schreibtisch bestehen, auf dem sich nur die momentan benötigten Materialien befinden. Comics, Computerspiele oder sonstige „interessantere" Anregungen dürfen auf keinen Fall erreichbar sein. Der Raum sollte ausreichend belüftet, der Stuhl nicht zu bequem sein. Auf jeden Fall muss der Lernort vom „Entspannungsort" getrennt sein (z. B. nicht in der Küche oder im Bett lernen). Alle diese Maßnahmen dienen der Steuerung der Aufmerksamkeit, die unsere begrenzte kognitive Kapazität verteilt (vgl. Kap. 2.3).

Motivierende Aktivitäten

Als Lerner sollte man solche Lernaktivitäten wählen, die man ausreichend beherrscht, mit denen man gute Erfahrungen gemacht hat und die einem Spaß machen. Ein Computer-Freak wird sich nach einer geeigneten Lern-Software umsehen (oder gar selbst eine erstellen!), wer gerne zeichnet, kann für sich den Lernstoff zu Comics verarbeiten o. Ä.

Überwachen, Bewerten und Verstärken

Während des Lernens muss man dafür sorgen, dass man nicht ständig abgelenkt wird. Dazu benötigt man einmal bestimmte äußere Bedingungen (Arbeitsplatz, Ruhe etc.), aber auch eine gewisse Konzentration auf das Lernen. Dies lässt sich z. B. durch **lautes Denken** fördern. Dabei spricht der Lernende laut aus, was ihm gerade durch den Kopf geht, z. B. lautes Lesen, eigene Zusammenfassungen, Beispiele, kritische Fragen. Das verhindert, dass die Gedanken beim Lernen abschweifen und intensiviert die Auseinandersetzung mit den Lerninhalten (vgl. den Abschnitt zu „Elaboration").
Bei der Bewertung des Lernverhaltens und der Lernergebnisse muss darauf geachtet werden, dass der **Erfolg** deutlich **sicht- und messbar** gemacht wird. Beispielsweise kann der Lernende ein Arbeitsheft führen, in dem er seine Lernaktivitäten und -ergebnisse protokolliert (vgl. Beck u. a. 1995).

Beispiel (eines Lernprotokolls):

Mo, 15. 5. 97
14 – 16 Uhr: habe mich nur einmal ablenken lassen (5 min) habe meinen Hefteintrag mehrfach laut durchgelesen und eine Schemazeichnung erstellt; kann das Mehrspeichermodell vollständig aufsagen, beim Ausformulieren in Sätzen habe ich Schwierigkeiten

Wichtig ist, dass man sich nicht überwiegend mit anderen vergleicht, sondern auf Fortschritte im Vergleich zu früheren Leistungen achtet. Es ist nachgewiesen, dass dies eine sehr motivationsfördernde Technik ist (vgl. z. B. Rheinberg 1996). Hilfreich ist zudem die Sichtweise, sich selbst für seine Leistungen verantwortlich zu fühlen. Das Gegenteil wäre, dass man Glück, Pech oder den Lehrer verantwortlich macht. Nur wenn ich meine Leistung als Ergebnis meiner Anstrengung betrachte, werde ich mich in Zukunft wieder anstrengen. Schließlich muss ich mich nach der Bewertung meiner Leistungen **selbst verstärken.** Dazu kann ich mich loben, mir einen Biergartenbesuch oder eine CD gönnen. Erfolg sollte nicht als etwas Selbstverständliches, sondern als etwas Bemerkenswertes gesehen werden!

2.8 Zusammenfassung

Die Allgemeine Psychologie beschäftigt sich vorwiegend mit den Themen Kognition, Emotion und Motivation.

Kognition umfasst alle Vorgänge und Ergebnisse der menschlichen Informationsverarbeitung, wie Wahrnehmung, Aufmerksamkeit, Gedächtnis, Wissen und Denken.

Wahrnehmung ist die Aufnahme von Informationen ins Gehirn. Sie ist ein aktiver, selektiver, konstruktiver und interpretierender Prozess. Der Wahrnehmungsprozess lässt sich in sensorische Prozesse, die Wahrnehmung im engeren Sinn und in Klassifikationsprozesse aufteilen. Bei der Wahrnehmung werden verschiedene Gestaltgesetze wirksam. Die Subjektivität der Wahrnehmung zeigt sich an Einflüssen des Vorwissens, des Kontextes, von Bedürfnissen und Gefühlen sowie Persönlichkeitsmerkmalen. Zudem ist die Wahrnehmung sozialen Einflüssen ausgesetzt. Auch für die Personwahrnehmung lassen sich zahlreiche Wahrnehmungsverzerrungen aufzeigen. Dazu gehören der Effekt des ersten und letzten Eindrucks, der Halo-Effekt, Kontrasteffekte oder der Einfluss von Stereotypen.

Das Gedächtnis umfasst alle Prozesse des Behaltens, des Erinnerns und des Wiedererkennens. Man unterscheidet dabei in der Regel zwischen verschiedenen Gedächtnisspeichern: dem sensorischen Register, dem Arbeits- bzw. Kurzzeitgedächtnis sowie dem Langzeitgedächtnis. Das sensorische Register spielt bei der Wahrnehmung eine Rolle, hat eine sehr kurze Speicherdauer und eine hohe Kapazität. Im Arbeits- und Kurzzeitgedächtnis sind alle momentan aktivierten Informationen enthalten. Seine Kapazität ist begrenzt, die Speicherdauer ist vorübergehend. Chunking und erhaltendes Wiederholen sind wichtige Prozesse im Arbeits- und Kurzzeitgedächtnis. Das Langzeitgedächtnis ist ein dauerhafter Informationsspeicher. Er ist netzwerkartig und hierarchisch organisiert. Wissenserwerb ist das Abspeichern im Langzeitgedächtnis und erfordert elaborierendes Wiederholen. Erinnern und Wiedererkennen beinhalten die Aktivierung von Informationen aus dem Langzeitgedächtnis.

Wissen wird als Inhalt und Ergebnis der Gedächtnisprozesse bezeichnet. Man unterscheidet prozedurales (Strategien, Fertigkeiten: Wissen, wie) von deklarativem (Faktenwissen: Wissen, dass) Wissen. Deklaratives Wissen wird wiederum in episodisches und semantisches Wissen eingeteilt.

Denkvorgänge sind kognitive, zielgerichtete Prozesse, die über das Wahrnehmen, abspeichern oder erinnern hinausgehen, indem vorhandene Informationen neu verknüpft werden. Man unterscheidet dabei verschiedene Formen des Denkens: Schlussfolgerndes Denken lässt sich in deduktives, induktives und analoges Schließen unterteilen. Problemlösen gilt als komplexe Form des Denkens, bei der ein Zielzustand nicht unmittelbar erreicht werden kann, da kein Lösungsweg im Gedächtnis abgespeichert ist. Menschen wenden dabei verschiedene Strategien an, um zum Ziel zu gelangen. Wird eine Lösung gefunden, speichert man sie im Langzeitgedächtnis ab. Kreativ wird eine Problemlösung genannt, wenn das Produkt oder ein Lösungsweg neuartig sind.

Emotionen sind aktuelle Zustände, die Ausdruck unserer Ich-Beteiligung sind, in denen wir uns als eher passiv wahrnehmen, und die sich aus einem subjektiven Erleben, physiologischen Veränderungen und spezifischen Verhaltensweisen zusammensetzen. Freude und Glück wurden als Beispiele angenehmer Emotionen, Angst als Beispiel einer unangenehmen Emotion dargestellt.

Motivation wurde definiert als aktueller Zustand, der aktivierend, zielorientierend und Verhalten aufrechterhaltend ist. Der Motivationszustand hängt sowohl von erlernten Bedürfnissen **(Motiven)** als auch von situativen Faktoren ab. Insbesondere die Leistungsmotivation wurde in der Psychologie intensiv erforscht.

Kognition, Emotion und Motivation werden zwar in der Wissenschaft getrennt behandelt, bilden jedoch im Menschen ein ganzheitliches Geschehen, mit zahlreichen Verbindungen und ständigen Wechselwirkungen.

Kognitionspsychologische und motivationspsychologische Erkenntnisse können sehr gut zur Verbesserung des eigenen Lernens und Studierens genutzt werden. Eine wichtige Fähigkeit in unserer Gesellschaft ist das selbstgesteuerte Lernen. Dazu gehört, sich selbst Lernziele zu setzen, sein Lernen zu planen, kognitive Strategien anzuwenden, sein Lernen zu überwachen, zu bewerten und zu verstärken.

Effektiver Wissenserwerb beinhaltet die Wiederholung, Elaboration und Organisation des Lernstoffes. Proaktive und retroaktive Hemmungen sind zu beachtende Gefahren beim Wissenserwerb.

Durch Bezug zu vorhandenen Interessen und Motiven, realistische Zielsetzung, vernünftige Zeitplanung und Arbeitsplatzgestaltung, durch Überwachung und Bewertung des Lernens sowie durch Selbstverstärkung können motivationspsychologisch günstige Bedingungen geschaffen werden.

Aufgaben

3. Erläutern Sie an einem selbstgewählten Beispiel den Einfluss von Gefühlen auf die Wahrnehmung.
4. Beschreiben Sie die wechselseitige Beeinflussung von Angst und Denken.
5. Sie wollen eine Reise durch die Sahara selbst organisieren. Begründen Sie, inwiefern hier ein Problem vorliegt, und zeigen Sie auf, welche Arten des Wissens Sie zur Lösung des Problems benötigen.
6. Erläutern Sie den zentralen Unterschied zwischen den Begriffen „Motiv“ und „Motivation“.

3 Stress und kritische Lebensereignisse

3.1 Begriffsbestimmungen

3.1.1 Stress und Angst

„Stress“ ist ein viel gebrauchter Begriff. Wir müssen zwischen dem Stressreiz (Stress-Stimulus) und der Stress-Reaktion unterscheiden:

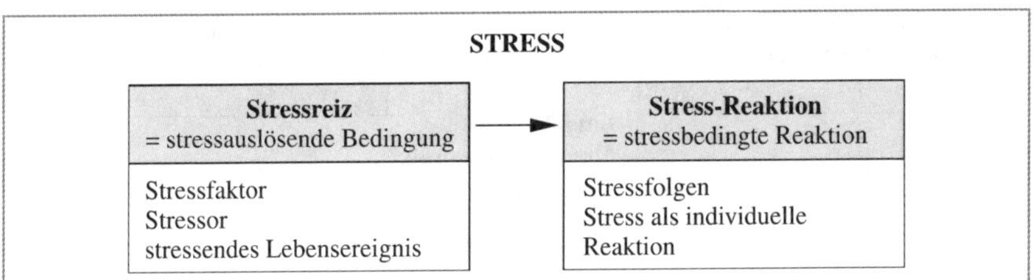

Abb. 1: Stress als Stressreiz und Stressreaktion

Stress ist ein Geschehen, das kognitiv beschrieben werden kann. Deshalb spielen Bewertungen von Ereignissen eine wichtige Rolle. Das Phänomen „Stress“ soll anhand des folgenden Stressmodells erläutert werden (vgl. Ulich 1995 sowie Krohne 1996 und Benesch 1995).

Abb. 2: Basis eines Stressmodells der Kognitionspsychologie

Stress wird durch ein Missverhältnis/Ungleichgewicht zwischen der Person und ihrer Umwelt ausgelöst. Dabei sind subjektive Einschätzungs- bzw. Bewertungsprozesse und persönliche Fähigkeiten zur Bewältigung der Situation entscheidend. Stress tritt dann ein, wenn ein Missverhältnis/Ungleichgewicht zwischen den wahrgenommenen Anforderungen der eigenen Person und/oder der Umwelt sowie der subjektiven Einschätzung der eigenen Fähigkeiten entsteht; damit ist die erfolgreiche Bewältigung der Situation/des Problems aus der Sicht des Betroffenen gefährdet. Die Folgen des Missverhältnisses werden von der Person als Bedrohung empfunden. Bewertet nun eine Person eine Situation als bedrohlich, entsteht Angst (vgl. Lazarus, zit. n. Krone 1996, S. 246 f.; vgl. Kap. 2.5.3).
Lazarus unterscheidet klar zwischen Stress-Stimuli und Stress-Reaktionen. Angst ist demnach eine mögliche Reaktion auf unterschiedliche Stress-Stimuli.
Angst ist ein negatives Gefühl und weist folgende Merkmale auf (vgl. GRUNDWISSEN PÄDAGOGIK, S. 77 und S. 237):

- sie kann sich subjektiv-verbal äußern („Ich habe Angst, dass ich die Prüfung nicht schaffe"),
- im Verhalten (der Prüfung einfach fernbleiben) und/oder
- durch körperliche Erregungszustände (Zittern) zum Ausdruck kommen.

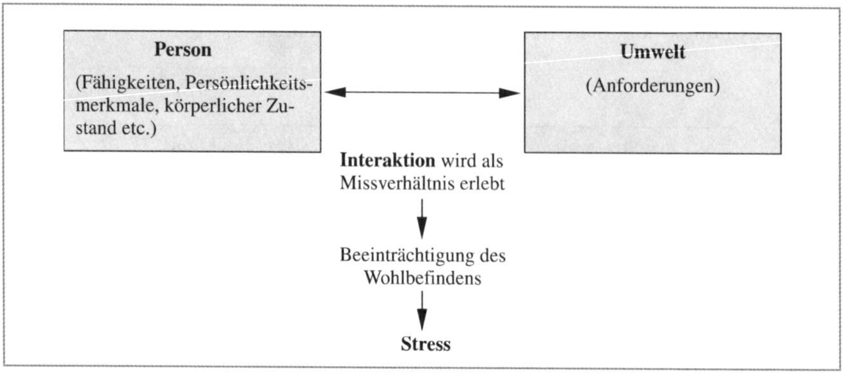

Abb. 3: Zusammenhang von Person-Umwelt-Interaktion und Stress

Nachfolgende Merkmale kennzeichnen **Stress** als vorübergehende oder langfristige **emotionale Belastung:**

- Es besteht eine Disharmonie zwischen Person und Umwelt.
- Es wird ein Ungleichgewicht zwischen Umweltanforderungen und den eigenen Fähigkeiten und Ressourcen erlebt.
- Die Anforderungen beziehen sich auf etwas Bedeutsames.

- Subjektive Bewertungsprozesse/Einschätzungen lösen beim Betroffenen eine Beeinträchtigung seines Wohlbefindens aus (bio-psycho-sozialer Spannungszustand); er fühlt sich bedroht.
- Das Ungleichgewicht erfordert eine Aktivierung der Ressourcen (S. 88 ff.).
- Das Gefühl, der Sache nicht ganz hilflos ausgeliefert zu sein und Selbstkontrolle ausüben zu können, ist im Prinzip noch erhalten. Das Erleben von Kontrolle ist nicht nur ein kognitives, sondern vor allem ein emotionales Phänomen („Ich habe das Gefühl, dass ich die Sache steuern kann.“)
- Ziel- und Zukunftsorientierung sind trotz der Gefährdung noch gegeben.
- Stress wird zunächst nur in einem Handlungsbereich erlebt; er ist auf wenige Probleme beschränkt.
- Negative Gefühle (insbesondere Angst) sind eine mögliche Reaktion auf Stressoren.

Solange keine Lösung des genannten Missverhältnisses erreicht wird, hält das Stresserleben und damit das Gefühl der Angst an. Der Betroffene befindet sich in einem Konflikt, bis er eine Möglichkeit findet, die Bedrohung zu beseitigen.
Möglichkeiten zur Beseitigung des Gefühls der Bedrohung bietet die Anwendung von **Bewältigungsstrategien,** sogenannte **Coping-Strategien** (Lazarus spricht hier von Angstverarbeitung – vgl. Krone 1996). Sie werden unter Punkt 3.4 ausführlich dargestellt.
Kritische Lebensereignisse können als potenzielle Stressoren betrachtet werden und Stress verursachen.

3.1.2 Kritische Lebensereignisse

Historische und individuelle Lebensereignisse können den eigenen, vielleicht bis zu diesem Zeitpunkt geradlinig verlaufenen Lebensweg von heute auf morgen jäh unterbrechen. Kriege, Umweltkatastrophen, der plötzliche Tod eines guten Freundes, eine unvorhergesehene Krankheit, ein Unfall, werfen uns aus der Bahn. Während Stress als bereichsspezifisch gilt, stellen Ereignisse wie diese aufgrund folgender Merkmale häufig unsere gesamte Existenz in Frage:
Kritische Lebensereignisse (vgl. Filipp 1990):
- sind nicht vorhersehbar;
- haben einen hohen Wirkungsgrad, d. h. sie wirken sich auf verschiedene Lebensbereiche aus;
- sind nicht normativ, d. h. sie treten zum falschen Zeitpunkt ein und stellen nicht altersnormierte Ereignisse dar;

- sind in der Regel nicht kontrollierbar, d. h. sie entziehen sich unseren Einflussmöglichkeiten;
- bedrohen unser Selbstwertgefühl, d. h. sie stellen den Wert einer Person in Frage und werden deshalb als Bedrohung erlebt;
- sind affektgeladen, d. h. sie sind von großer emotionaler Bedeutung;
- erzeugen Disharmonie und Spannung;
- erfordern eine Neuanpassung bzw. Wiederanpassung an die veränderte Lebenssituation,
- stellen eine Ablösung dar, da sie mit persönlichen Zielen und Plänen in Konflikt treten.

Die Scheidung der Eltern beispielsweise ist für ein Kind ein kritisches Lebensereignis. Es fühlt sich alleingelassen, der Situation hilflos ausgeliefert. Oft kommt das Gefühl, als Kind versagt zu haben, erschwerend hinzu. Ein Absinken der Leistungen in der Schule, materielle Einbußen, der Verlust von Freundschaften (aufgrund eines Wohnungswechsels) und die berufstätig gewordene Mutter, (für die die Scheidung ebenfalls ein kritisches Lebensereignis darstellt und die somit oft nicht in der Lage sein dürfte, ihrem Kind zu helfen) verändern von heute auf morgen die bisher vertraute Lebenswelt des Kindes und verlangen einen Neubeginn.
Die krankheitserzeugende (pathogene) Wirkung belastender Ereignisse wächst mit ihrer Unvorhersehbarkeit und Unkontrollierbarkeit. Das heißt, wenn kritische Lebensereignisse plötzlich auftreten und die Person ihr Verhalten nicht kontrollieren kann, dann ist die Wahrscheinlichkeit groß, dass Krankheiten die Folge sind. Ist das kritische Lebensereignis hingegen irgendwie vorhersehbar und kann die Person ihr Verhalten kontrollieren, dann ist die Wahrscheinlichkeit einer Erkrankung gering.
Der Tod des Lebensgefährten ist oft schwerer zu bewältigen, wenn er plötzlich eintritt und sich das Ereignis somit jeglicher Kontrolle entzieht (keine Zeit sich auszusprechen, sich auf das „Danach" auch nur im Geringsten vorbereiten zu können, sich Bewältigungsstrategien zurechtzulegen etc.).
Selbstvorwürfe im Zusammenhang mit dem Verlust des Arbeitsplatzes oder der Trennung vom Partner können demnach durchaus positive Auswirkungen auf die Verarbeitung und Bewältigung des Ereignisses haben. Mitverantwortlichkeit für den Verlust bzw. die Trennung bedeutet in diesem Falle Kontrollierbarkeit, das Gefühl, auf den Eintritt des Ereignisses Einfluss genommen zu haben. Die Bedrohung, die von diesem Ereignis ausgeht, nimmt ab, und somit das Stressempfinden, die Angst.

3.2 Stressmodell

3.2.1 Darstellung des Modells

Ulich entwickelte aus dem Grundkonzept von Lazarus ein Prozessmodell, welches den Verlauf des Stresserlebens sowie der Bewältigungsanstrengungen darstellt.

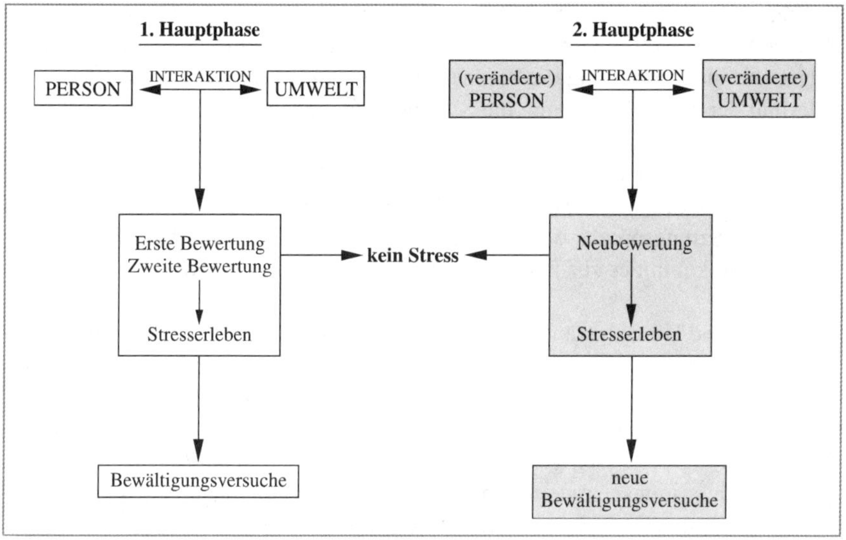

Abb. 4: Prozessmodell des Stresserlebens und Stressbewältigens (modifiziert nach Ulich 1995, S. 202)

Wie und ob eine Person Stress erlebt, ist u. a. abhängig von:
- ihren individuell ausgeprägten Eigenschaften (z. B. hohe/niedrige Belastbarkeit/Bewältigungskompetenzen);
- ihrer Erwartung hinsichtlich der Beeinflussbarkeit von Situationen (= Kontrollerwartung);
- ihren Anforderungen an sich selbst (d. h. an die eigene Person);
- ihrer Bereitschaft, persönliches Versagen zuzugeben (= Kausalattribuierung).

Wenn wir eingangs von Stress als einem erlebten Missverhältnis zwischen der Person und den Anforderungen der Umwelt gesprochen haben, so müssen wir an dieser Stelle den Begriff **„Anforderung“** erläutern. All die Stressoren (potenziell oder real) und Situationsfaktoren (beeinflussbar oder nicht beeinflussbar) seitens der Umwelt werden als Anforderungen an die Person bezeichnet.

Kognitive Stressmodelle betonen, dass Stress von der **subjektiven Bewertung** einer Person abhängt. Nach Lazarus bezieht sich dann ein erster Bewertungsprozess darauf, ob die Situation einen Verlust oder einen Schaden für die Person darstellt, ob sie bedrohlich oder herausfordernd ist („Fühle ich mich bedroht? Schadet mir die Situation?").

Ein zweiter Bewertungsprozess bezieht sich auf die Möglichkeit mit der erlebten Belastungs-Situation fertig zu werden („Traue ich es mir zu? Schaffe ich es? Verfüge ich über die notwendigen Hilfsmittel? Kann ich die vorhandenen Ressourcen sinnvoll nutzen?"). Wird der Stressor als bedrohlich erlebt, entsteht Angst und die Beurteilung der eigenen Ressourcen kann negativ ausfallen. Wird aufgrund der ersten Bewertung die Situation als nicht bedrohlich eingestuft bzw. schätzt die Person im Rahmen des zweiten Bewertungsprozesses ihre Chancen der Bewältigung hoch ein, so entsteht kein Stress (abgesehen von dem kurzfristigen Stresserleben während der beiden Bewertungsprozesse). Verlaufen die beiden Bewertungsprozesse jedoch nicht zufrieden stellend und die Person erlebt Stress, dann kommt es zur Planung und Ausführung von Bewältigungsversuchen (vgl. 3.3).

Da Person und Umwelt ständig interagieren, haben nahezu alle Bewältigungsversuche, unabhängig davon, ob diese eher auf die Umwelt oder die eigene Person gerichtet sind, Veränderungen der Person und/oder der Umwelt zur Folge.

Bei der Neubewertung werden wieder dieselben Fragen wie bei den ersten beiden Bewertungsprozessen gestellt. Dieser Vorgang der Neueinschätzung kommt durchaus nicht immer zu dem Schluss, dass die Veränderungen der Person und/oder Umwelt stressreduzierend bzw. stressbeseitigend sind.

Sollte letzteres jedoch der Fall sein, ist damit ein **Gleichgewicht** zwischen Anforderungen und individuellen Handlungsmöglichkeiten erreicht, und die Person erlebt die Situation als Herausforderung (= **Eu-Stress,** im Gegensatz zu **Distress,** nach Selye). Wird aufgrund von unangemessenen Bewältigungsversuchen die Situation als noch belastender eingestuft, dann wird der gesamte Prozess des Bewertens, Verarbeitens, Planens und Handelns noch einmal in Gang gesetzt.

3.2.2 Anwendung des Modells

Stellen wir uns folgende Szene aus dem Schulalltag vor:
Franz und Conny (beide Schüler einer 11. Klasse FOS) treffen sich im Schulhaus.

Franz: Hey Conny, bleib doch mal stehen –

Conny: Du ich hab wirklich keine Zeit, ich bin total im Stress – ich muss noch schnell in der Bibliothek etwas nachschauen, hoffentlich ist das Buch auch da.

Franz: Schreibt ihr heute Klassenarbeit?

Conny: Nein, aber morgen.
Um das Buch muss ich mich aber jetzt noch kümmern, denn heute nachmittag muss ich meinen Praktikumsbericht noch schreiben, der ist seit langem überfällig. Irgendwie steig ich überhaupt nicht mehr durch.

Franz: Bei mir kommt zur Zeit auch alles zusammen.

Conny: Das Schlimme ist, dass die Note wahnsinnig wichtig für mich ist. Ich muss damit meine Mathe 5 ausgleichen. Aber das ist leichter gesagt als getan. Immer wenn es drauf ankommt, hab ich einen totalen Black-out und meine Eltern erwarten doch, dass ich es schaffe.

Franz: Hör bloß auf, an Mathe darf ich gar nicht denken. Muss erst mal sehn, wie's im Praktikum weitergeht. Der Leiterin kann ich überhaupt nichts recht machen, vielleicht weil ich der erste männliche Praktikant bin. Ich find das alles total bescheuert. Mir gehn diese Dinge dauernd durch den Kopf, sogar nachts. Außerdem hat die Birgit mit mir Schluss gemacht, weil ich mich ihrer Meinung nach zu wenig um sie gekümmert hab. Ich fühl mich dem Ganzen total ausgeliefert. Irgendwie hab ich das Gefühl, dass ich das alles nicht mehr pack.

Conny: Du, ich muss weiter, aber ich mach dir einen Vorschlag; hättest du …, oh Moment, da ist die Uschi. Du Uschi, hast du dich schon nach dem Buch umgesehen, das uns die Bayer für die Klassenarbeit empfohlen hat?

Uschi: Die Klassenarbeit morgen stresst mich Null, das läuft schon, außerdem kommt ja noch eine. In der ersten Arbeit hab ich ja einen Zweier; außerdem hab ich in Psycho immer gut mitgeschrieben.

Offensichtlich geht es hier um Stress bei Schülern/Schülerinnen.

Wir sehen, dass Schüler auf gleiche schulische Anforderungen/Stressoren unterschiedlich reagieren.

Übertragen wir das Stressmodell auf die dargestellte Szene, so ergeben sich folgende Schaubilder (vgl. Abb. 5 und 6):

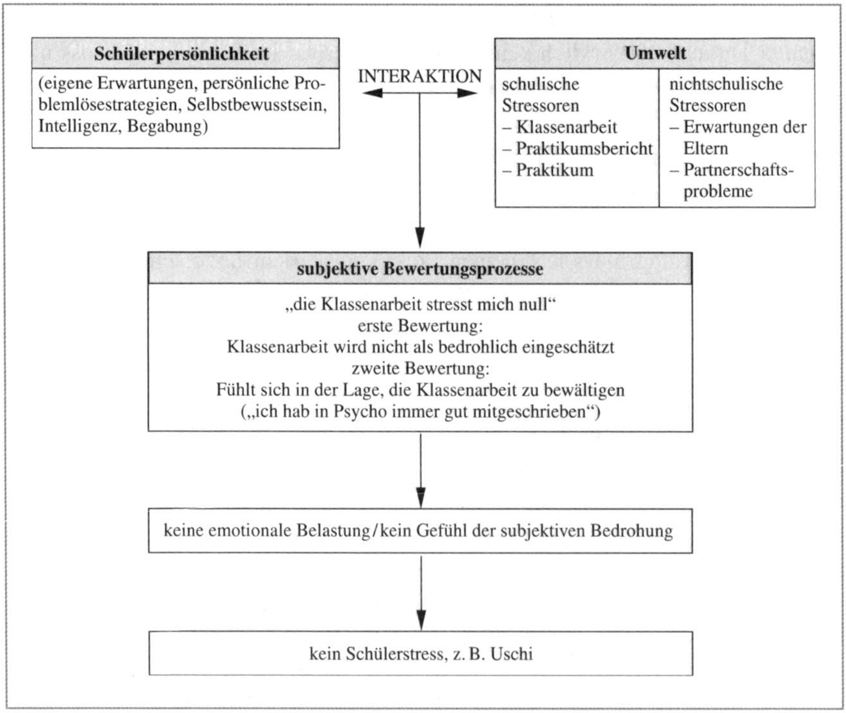

Abb. 5: Anwendung des Stressmodells auf Uschi

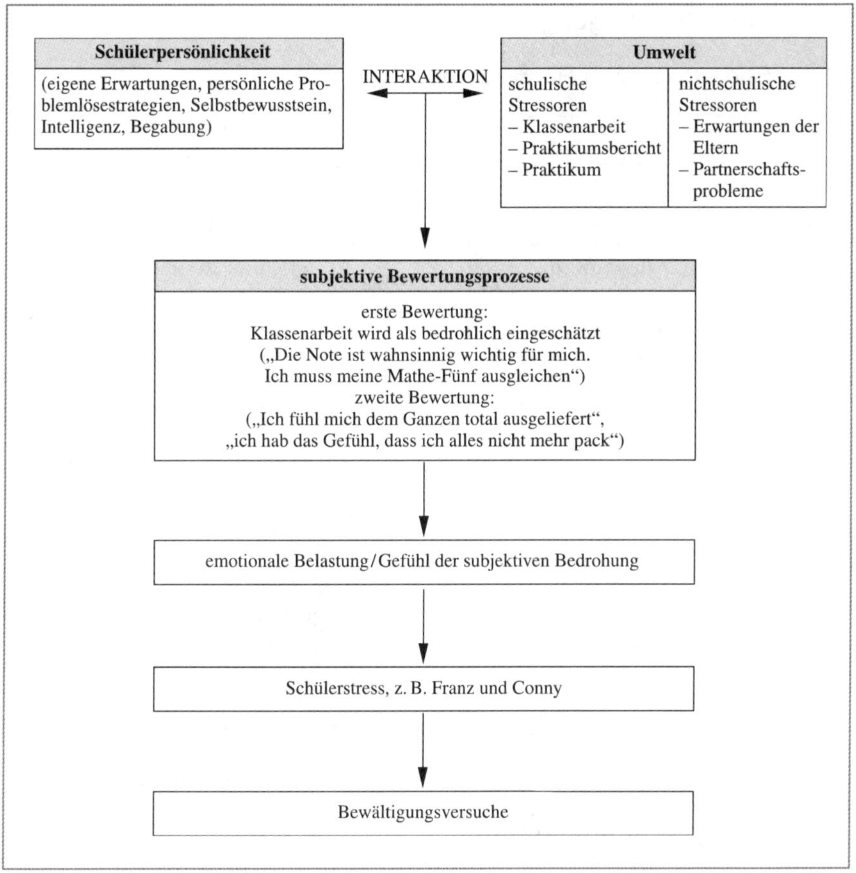

Abb. 6: Anwendung des Stressmodells auf Conny und Franz

Nun stellt sich die Frage, wie Conny und Franz mit „ihrem Stress“ umgehen, d. h. welche Versuche sie unternehmen, den Stress zu bewältigen.

3.3 Stressbewältigung

3.3.1 Bedeutung von Ressourcen

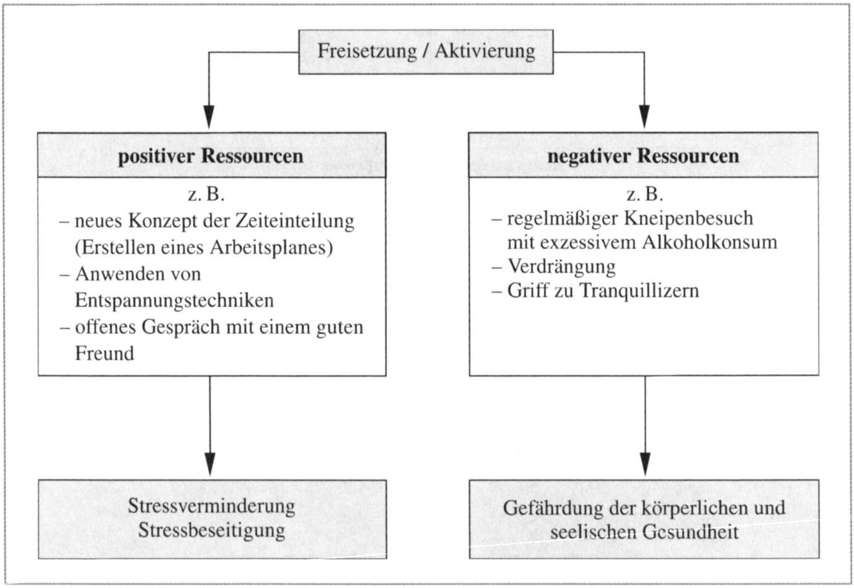

Abb. 7: Die Bedeutung positiver und negativer Ressourcen bei der Stressbewältigung

Scheitert der Versuch, über die Freisetzung **positiver Ressourcen** (z. B. persönlicher oder sozialer Art) zu einem Gleichgewicht zwischen Anforderungen der Umwelt und persönlichen Fähigkeiten zu kommen (= Unvermögen der Anpassung), dann führt dies zu einer Verformung der Persönlichkeit. Diese kann eine andauernde Beeinträchtigung darstellen und langfristig die körperliche und seelische Gesundheit gefährden.

Erst wenn der Mensch über positive Ressourcen verfügt und sie freisetzen bzw. aktivieren kann, ist er in der Lage, Bewältigungsstrategien zu entwickeln. **Bewältigungsstrategien (Coping-Strategien)** besitzen zwei Grundfunktionen:
- die Situation verändern und damit das Problem lösen;
- negative emotionale Zustände verändern (z. B. Ängste verringern), sich dabei selbst aktiv positiv steuern.

Effektive Bewältigungsformen sollten beide Funktionen erfüllen, d. h. sowohl direkte Aktionen als auch eine Regulation negativer Emotionen auslösen. Es besteht jedoch die Gefahr der Fehlanpassung, wenn die gewählten Bewältigungsstrategien unvereinbar sind.
Im Idealfall geht man davon aus, dass problemlösende Handlungen automatisch eine Verminderung emotionalen Unbehagens bewirken (Linderung). Lazarus u. a. (1978) haben **vier Bewältigungsformen** herausgearbeitet, von denen jede sowohl problemlösende als auch emotionsregulierende Funktionen erfüllt. Jede kann auf die eigene Person und/oder auf die Umwelt gerichtet sein und sich auf augenblickliche oder vergangene Ereignisse (Schädigung/Verlust) sowie auf zukünftige Ereignisse (Bedrohung oder Herausforderung) beziehen.

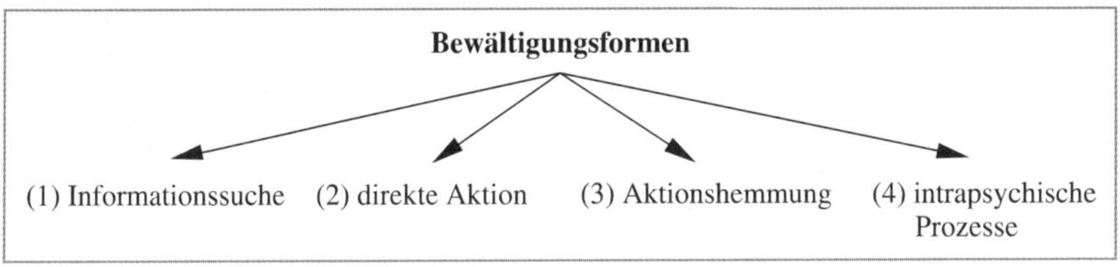

Beispiele :

1. Conny sucht nach Informationen über mögliche Prüfungsaufgaben;
   Franz sucht nach Informationen, ob ein Wechsel der Praktikumsstelle möglich ist;
2. Conny bleibt der Klassenarbeit fern;
   Franz sucht ein Gespräch mit der Leiterin;
3. Conny verzichtet auf das Buch, um nicht den gesamten Lernstoff durchlesen zu müssen;
   Franz sieht von einer Auseinandersetzung mit der Leiterin ab, um sich nicht neuem Ärger auszusetzen;
4. Conny entschließt sich, die Klasse zu wiederholen; dadurch verringern sich ihre negativen Emotionen. Außerdem ist sie der Ansicht, dass sie durch die Wiederholung einen besseren Notendurchschnitt erzielt und somit eher zu einem Studienplatz kommen kann;
   Franz sieht die Trennung von Birgit als Chance, nun seinen Hobbies ohne schlechtes Gewissen nachgehen zu können.

1. Informationssuche

Die gezielte Suche nach Informationen hat problemlösende Funktion, aber auch den Effekt, dass das Wohlbefinden einer Person gesteigert wird, wenn sie aufgrund der gewonnenen Informationen bereits getroffene Entscheidungen rechtfertigen kann. Informationssuche bedeutet also sowohl sich eine Auskunft einzuholen, als auch die Merkmale einer stressreichen Situation selbstständig herauszufiltern; beide ermöglichen es der Person, die richtigen Problemlösestrategien auszuwählen. Man darf jedoch nicht vergessen, dass Mehrdeutigkeit bzw. Ungewissheit in bestimmten Situationen stressreduzierend sein können. Wenn sich eine Situation (z. B. schwere Krankheit) nicht verändern lässt, kann der Zustand der Ungewissheit durchaus dazu beitragen, Hoffnung und Optimismus aufrechtzuerhalten.

Das Vermeiden von Offenheit und Aufrichtigkeit bzw. das Zurückhalten von Informationen kann jedoch auch großen Schaden anrichten, dann nämlich, wenn es verhindert, dass sich der Betroffene mit seiner Situation offen auseinander setzt und somit wichtige, lebensverlängernde Handlungen unterlässt.

Dennoch gilt: Alles wissen zu wollen, ist nicht immer die beste Strategie!

2. Direkte Aktion

Unter direkte Aktionen fallen alle – ausgenommen kognitive – Aktivitäten, mit denen jemand stressvolle Situationen zu meistern versucht.

Beispiele: Ausleben von Ärger, Suche nach Revanche, Flucht, Selbstmord, Einnahme von Tabletten, Scheidung, Eingehen einer neuen Partnerschaft, Nachhilfeunterricht, Gründung einer Bürgerinitiative.

3. Aktionshemmung

Hier werden Handlungsimpulse unterdrückt, nach der Devise „dann kann ich wenigstens nichts falsch machen bzw. die Situation gar noch verschlimmern".

Da eine wirkungsvolle Bewältigung oftmals darauf aufbaut, dass zunächst schädliche Aktionen (z. B. Griff zu Drogen, Zuschlagen) unterlassen werden, gilt die Aktionshemmung als anerkannte Bewältigungsform.

4. Intrapsychische Bewältigungsformen

Alle kognitiven Prozesse, die der Regulation von Emotionen dienen, sind in die Kategorie der intrapsychischen Bewältigungsformen einzuordnen. Diese heterogene Kategorie umfasst Mechanismen der Selbsttäuschung, Abwehrmechanismen wie Verleugnung, Projektion, aber auch Vermeidung und Versuche, sich von einer Bedrohung zu distanzieren (wie im Falle von Isolierung und Intellektualisierung). All diese Prozesse vermitteln das Gefühl, die Bedrohung kontrollieren zu können. Sie steigern das emotionale Wohlbefinden einer Person und verringern die emotionale Belastung.

3.3.2 Stärkung individueller Ressourcen

Im Gegensatz zu Steinzeitmenschen können wir unser natürliches Flucht- bzw. Kampfverhalten als Reaktion auf unterschiedliche Stressoren (z. B. Bedrohung, Konflikt) nur noch selten richtig ausleben.
Im Zeitalter technologischer Revolutionen besteht daher in vielen Bereichen großer Bedarf an systematischen Stressbewältigungstechniken. Das Angebot gestaltet sich ebenso vielfältig wie die Bedürfnisse/Probleme des Einzelnen. Jugendliche verfügen über andere Ressourcen als alte Menschen, Männer verhalten sich häufig anders als Frauen, wenn es darum geht, Stressfolgen abzubauen und die persönliche Leistungsfähigkeit zu erhalten.
Im Gegensatz zu früheren Behauptungen steht die heutige Erkenntnis, dass Jugendliche ihren Problemen nicht unbedingt hilflos gegenüberstehen, sondern fähig sind, positive Ressourcen freizusetzen und aktiv auf ihre Umwelt Einfluss zu nehmen.

Stressmanagement ist eine individuelle Herausforderung!

Ziel von Stressbewältigungstechniken darf es jedoch nicht sein, eine Art Schonhaltung einzunehmen, d. h. Leistung und den damit verbundenen Druck zu verweigern.
Eine aktive und erfolgreiche Auseinandersetzung mit Stress setzt Folgendes voraus:
- Wissen, dass Stress individuell ist;
- Erkennen von Eigenverantwortung für persönlichen Stress und Stressbewältigung;
- Fähigkeit zu analysieren, was Stress im Alltag bedeutet;
- Wissen um die Bedeutung von Wechselwirkungsprozessen von Stressauslösern und persönlicher Bewertung;
- Wissen, welche Konsequenzen Stress haben kann (modifiziert nach Wagner-Link 1995).

Da, wie eben erwähnt, das Stresserleben nicht durch die einzelnen Stressoren, sondern die individuelle Bewertung verursacht und gesteuert wird, stellt Wagner-Link auch eine individuelle Stressanalyse in den Mittelpunkt ihres Stressbewältigungstrainings.

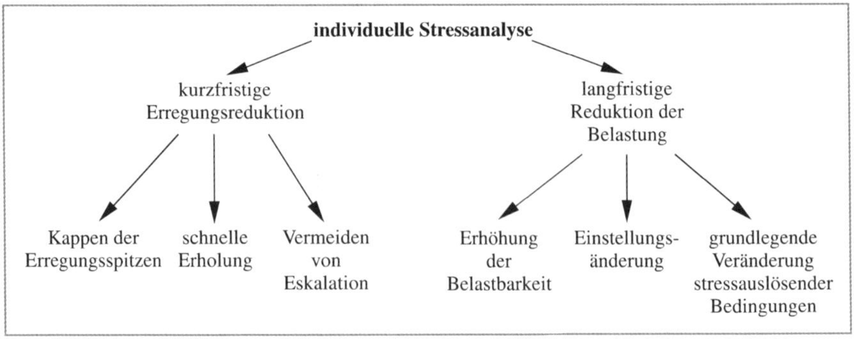

Unser Körper besitzt ein effektives Anti-Stress Programm, das in Form von komplexen Entspannungsreaktionen Stressfolgen verringern kann.
Was bedeutet Entspannung?
Stresslindernde Entspannung enthält eine mentale Komponente und eine passive Einstellungshaltung.

E	**Mentale Komponente**	z. B.
N		
T	(ein bewusstes Unterbrechen der	– Beobachtung des eigenen Atems
S	Gedankenflut; sich den Kopf freimachen)	– Wiederholung eines Wortes/
P		Mantras/Tons
A		– Ausführung einer rhythmischen,
N		muskulären Aktivität
N		
U	**Passive Haltung**	
N		
G	(gegenüber ablenkenden oder eindringenden Gedanken)	

Viele Formen der Entspannung z. B. Autogenes Training, Yoga, Jacobsons Entspannungsübungen, Lamaze-Atem-Methode bauen auf diesen beiden Elementen auf. Entspannungstechniken dieser Art verringern Angst, mobilisieren unser Immunsystem und führen zu einer erhöhten Aktivität von körpereigenen Killerzellen.

3.3.3 Die Bedeutung sozialer Netzwerke

Kontakte zu anderen Menschen können die Auseinandersetzung mit Belastungen allerart erleichtern und uns vor schädlichen Auswirkungen von Stress schützen. Andere Menschen können praktische Unterstützung geben, wenn einem die Arbeit über den Kopf wächst. Aber nicht nur das. Sein Herz ausschütten zu dürfen kann Erleichterung verschaffen und neuen Mut machen. Schließlich gelingt es uns im Zusammensein mit anderen häufig leichter, abzuschalten und „auf andere Gedanken zu kommen". Unter sozialer Unterstützung verstehen also viele: miteinander reden, aber auch sich auszusprechen, sich Probleme von der Seele reden. Die Tatsache, dass viele Menschen sich in Zweierbeziehungen einsam fühlen, macht deutlich, dass das Zusammensein mit anderen nicht unbedingt eine positive Auswirkung auf die seelische und körperliche Gesundheit hat. Entscheidend ist die Wertschätzung, die wir unserem Gesprächspartner entgegenbringen, d. h. ob er von uns respektiert und geachtet wird. Der Faktor der sozialen Unterstützung spielt insbesondere bei Jugendlichen eine große Rolle.

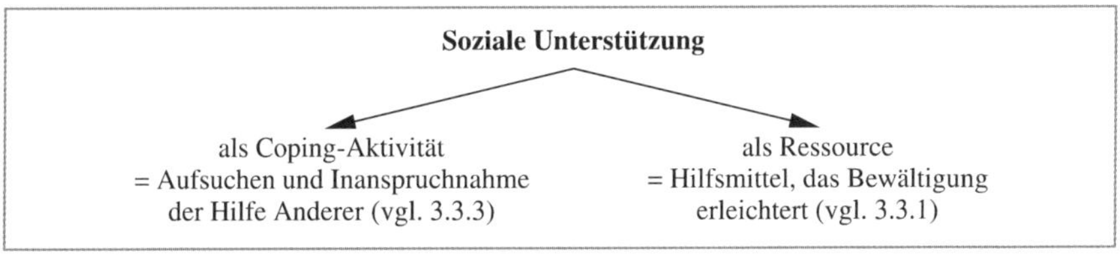

In der Stressforschung wird die Bedeutung der sozialen Unterstützung, des sogenannten sozialen Netzwerkes, anhand von unterschiedlichen Modellen diskutiert. Das sog. **Puffer-Modell** nimmt an, dass soziale Unterstützung in Form eines Puffers die Auswirkungen psychischer Belastungen/Stressoren abmildert.

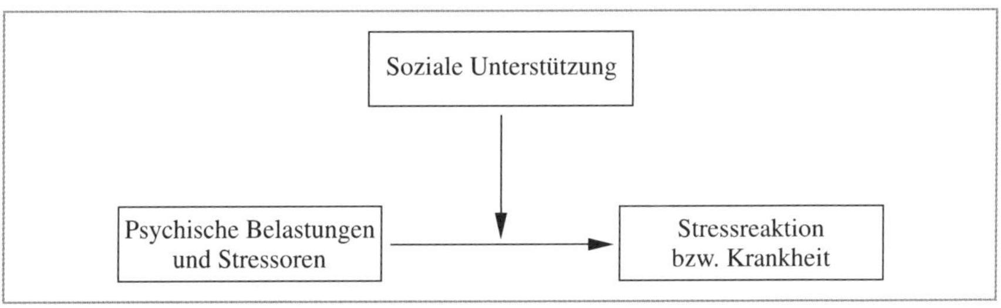

Abb. 8: Puffer-Modell

Die Art der *sozialen Unterstützung* ist nicht unerheblich. So trennt man zwischen:

- Selbstwertunterstützung (Lob, Ausdruck von Bewunderung, Anerkennung),
- informativer Unterstützung (Beratung, Bereitstellung von Informationen),
- instrumenteller Unterstützung (Angebote zur aktiven Hilfe: z. B. Geld/Wohnraum zur Verfügung stellen, Mithilfe bei der Krankenpflege),
- sozial-freundschaftlicher Unterstützung (Einladungen, Kontaktpflege, Gespräche/Zuhören),
- motivationaler Unterstützung (Ermutigung und Vermittlung von konkreten Zielvorstellungen).

Abschließend sei noch auf mögliche negative Aspekte in Zusammenhang mit dem **sozialen Netzwerk** hingewiesen. Freunde und Personen, die einem nahe stehen, können durchaus zur Vergrößerung der Sorgenlast beitragen, indem sie schlechte Ratgeber sind bzw. durch ihren negativen Einfluss an der Entstehung der emotionalen Belastung mitgewirkt haben.

3.4 Zusammenfassung

Stress entsteht, wenn aufgrund subjektiver Bewertungsprozesse ein Ungleichgewicht zwischen Umweltanforderungen und den eigenen Fähigkeiten und *Ressourcen* wahrgenommen wird. Erlebt eine Person dieses Ungleichgewicht als bedrohlich, reagiert sie mit Angst. Angst ist somit eine mögliche (Stress-)Reaktion auf unterschiedliche Stress-Stimuli.
Kritische Lebensereignisse sind potenzielle *Stressoren.* Sie gelten als bereichsunspezifisch, sind nicht vorhersehbar und entziehen sich weitgehend unserer Kontrolle. Dies erschwert ihre Bewältigung.
Ein Prozessmodell des Stresserlebens und Stressbewältigens ist von Ulich entwickelt worden. Bei kognitiven *Stressmodellen* spielen individuelle Bewertungsprozesse eine wichtige Rolle. Bewertungsprozesse entscheiden letztlich darüber, ob eine Situation als Herausforderung oder als *Bedrohung* wahrgenommen wird.
Bewältigungsstrategien („Coping"-Strategien) können erst entwickelt werden, wenn der Betroffene über positive Ressourcen verfügt. Lazarus verweist auf vier Bewältigungsformen: Informationssuche, direkte Aktion, Aktionshemmung und intrapsychische Bewältigungsformen. Da Stressoren in unserem Alltag immer vorhanden sind, muss der Einzelne bei der Stärkung seiner positiven Ressourcen ansetzen. Stressmanagement gilt demnach als individuelle Herausforderung. Es kommt darauf an, ein Gleichgewicht zwischen Anspannung und regenerierender

Entspannung, die unverzichtbarer Teil einer gesunden Lebensführung ist, zu schaffen. Das Verfügen über ein *soziales Netzwerk* kann dem Einzelnen im Umgang mit verschiedenen Stressoren helfen. Das *Puffer-Modell* basiert auf der Annahme, dass soziale Unterstützung im Sinne eines Puffers die Folgen von Stress-Reizen abschwächt.

Aufgaben

7. Eine FOS-Praktikantin kommt morgens zu ihrer Praktikumsstelle und erfährt, dass die Gruppenleiterin erkrankt ist. Diese hatte für diesen Tag ein größeres Projekt geplant. Nun erwartet man von der Praktikantin, dass sie die Sache in die Hand nimmt.

a) Wenden Sie das *Stressmodell* auf die eben geschilderte Situation an.

b) Zeigen Sie anhand von zwei Beispielen auf, wie Sie vorgehen würden, um den subjektiv erlebten *Stress* zu bewältigen.

4 Persönlichkeitspsychologie

4.1 Grundlagen der Persönlichkeitspsychologie

Stellen Sie sich vor, Sie werden nach zehn Jahren zu einem Klassentreffen ihrer ehemaligen Schule eingeladen. Welche Gedanken werden ihnen da wohl kommen? Was ist wohl aus Klaus K. geworden, dem *quirligen,* politisch interessierten Schüler, der sich zu den „Autonomen" zählte und manche mit seinen Ansichten nervte? Kommt vielleicht auch Sabine S., die „Kreative", die während des Unterrichts die schönsten Bilder malte und sonst sehr *still* war?

Wir haben alle Vorstellungen darüber, wie Menschen *sind,* d. h. welche Eigenschaften sie haben. Diese Zuordnungen, in der Wissenschaft „traits" genannt, meinen den überdauernden, **stabilen** Anteil der Persönlichkeit.

Wir wissen aber auch, dass Menschen sich *entwickeln* (jeder Einzelne ist gemeint, der intraindividuelle Aspekt). Diese **Veränderung in der Zeit** wird von vielen Autoren heute in der **Interaktion mit der Situation** gesehen (u. a. Pervin 1993).

Beim Klassentreffen erkennen wir manche Mitschüler sofort wieder, andere dagegen kaum. Entweder haben diese sich tatsächlich „verändert" oder aber wir kannten sie nur aus der Situation Schule, nicht aber privat. So hat Mogel (1985, S. 164) **Persönlichkeit** wie folgt definiert:

> *Was* verändert sich *wie* unter welchen Bedingungen, mit *welchen Wirkungen* und *was* bleibt *gleich?*

In der Persönlichkeitspsychologie wird aber nicht nur der einzelne Mensch untersucht, sondern es werden auch Menschen miteinander verglichen (*inter*individueller Aspekt). Die Forscher untersuchen:
- übereinstimmende Merkmale vieler Menschen (z. B. einer Kultur),
- übereinstimmende Merkmale einiger Menschen (z. B. von jungen Frauen),
- die Einzigartigkeit von Menschen (vergleichbar einem Daumenabdruck).

Dabei verfolgen sie das Ziel, Verhalten zu beschreiben, zu erklären, vorherzusagen und zu verändern bzw. zu beeinflussen (siehe auch Kapitel 1.3).
Die Persönlichkeitsforscher können dabei nur *Teilaspekte der Persönlichkeit* wie die kognitiven oder die triebhaften Vorgänge oder das Selbstbild usw. untersuchen. Welcher Aspekt jeweils erforscht wird, ist unter anderem abhängig vom *Menschenbild* des Forschers. Er ist ja selber eine Persönlichkeit mit bestimmten Vorlieben und Interessen. Außerdem spielt der sogenannte „Zeitgeist" in der Auswahl eine Rolle: Freud untersuchte z. B. in erster Linie triebhafte Vorgänge, da zu seiner Zeit die Triebe, vor allem die Sexualität, stark tabuisiert wurden. Rogers ist mit seiner Theorie der Selbstfindung sicher stark von der amerikanischen Kultur, vom Glauben an die Kraft des Menschen beeinflusst worden.
Die Persönlichkeitstheorie schlechthin gibt es also nicht. Alle Theorien erfassen unterschiedliche Bereiche der Persönlichkeit. Die Psychoanalyse gilt dabei trotz aller Schwächen – als eine umfassende Persönlichkeitstheorie.

4.2 Das Selbstkonzept als zentrales Persönlichkeitsmerkmal

4.2.1 Begriffsklärung

Beispiel:

Eva K. besucht die 12. Klasse an der FOS. Auf die Frage, wie sie sich selbst darstellen würde, antwortete sie: „Ich bin eine gute Wasserskifahrerin, darin haben mich meine Brüder sehr unterstützt. In der Schule bin ich eher mäßig. Meinem jetzigen Freund Jochen bin ich treu. In der Klasse bin ich eher zurückhaltend und gegenüber meinen Freundinnen ein Jasager, ich kann mich nicht durchsetzen. Im Praktikum war es gemischt: im Altenheim kam ich gut an, fühlte mich aber auch ausgenutzt. Im Kindergarten kam ich mir vor wie das 5. Rad am Wagen, also überflüssig. Ach ja, ich bin auch eine begeisterte Autofahrerin. Das ist fast schon eine Sucht. Und mit Geld kann ich leider nicht gut umgehen …"

Jedes einzelne Bild, das Eva von sich hat, berührt einen *Teil*bereich ihres Selbstbildes in der Schule und im privaten Leben. Wir verfügen also nicht über ein *einheitliches* Selbstkonzept, sondern über unterschiedliche Selbstbilder. Diese beeinflussen sich teilweise gegenseitig. Dabei hat jedes Bild natürlich eine unterschiedliche Bedeutung (siehe 4.2.3).

Das **Selbstkonzept** kann man als die Gesamtheit aller Urteile einer Person über sich definieren (Stahlberg 1985).

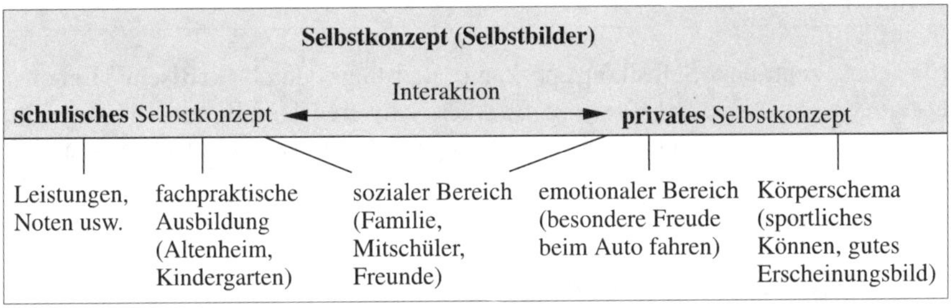

Abb. 1: Teilbereiche des Selbstkonzeptes am Beispiel der Fachoberschülerin Eva K.

Aus der ganz persönlichen Geschichte, das heißt aus allen gesammelten Erfahrungen mit sich selbst, entsteht das *Wissen* über sich selbst (sogenannte kognitive Komponente): Ich als gute Sportlerin, zuverlässige Freundin, mäßige Schülerin ... Mit dem Wissen eng verbunden sind die *Gefühle* (affektive Komponente).

4.2.2 Aufbau des Selbstkonzeptes

Wir können uns das Selbstkonzept hierarchisch gegliedert vorstellen: das heißt, es gibt **zentrale** und **weniger zentrale Selbstbilder.** Die zentralen sind *stabil* und relativ *schwer zu ändern,* die weniger zentralen, eher peripheren Selbstbilder sind *variabel* und *leicht zu ändern.*

Evas **zentrale Selbstbilder** sind:

zurückhaltend im Kontakt, sensibel im Gefühlsbereich	sportlich, gutes Körpergefühl	wenig Ausdauer bei Leistung	leicht begeisterungsfähig	fährt sehr gerne Auto („fast schon eine Sucht“)

Evas eher **periphere Selbstbilder** sind:

treue Freundin von Jochen (dieses Bild wandelte sich nach dem Unfall in ein zentrales)	mittelmäßige Schülerin, momentan leistungsbereit	gutes Praktikum im Altenheim, eher mäßiges im Krankenhaus	zeitweiliges verschwenderisches Umgehen mit Geld

Ein eher zentrales Selbstkonzept kann allerdings durch **kritische Lebensereignisse** (vgl. Kap. 3.1.2) wie z. B. einen schweren Unfall, den Eva K. erlitt, erschüttert werden. Solche Ereignisse zwingen Menschen zum Nachdenken über sich selbst.

4.2.3 Quellen des Selbstkonzeptes

Beispiel :

> „Eva ist sehr fleißig, sie übernimmt Aufgaben willig und ist dabei sehr selbstständig. Auch die Bewohner mögen sie sehr." (Altenpflegerin über Eva K.)
> Eva: „Ich hätte nie gedacht, dass ich eine solche Arbeit meistern könnte. Auch wenn die äußeren Umstände (Akustik, Gerüche, Streitereien zwischen dem Personal) manchmal nerven, die alten Leute sind so dankbar, mit denen bin ich gerne zusammen …"

Woher kommen die Informationen über die eigene Person?
Eva hat sich im Altenheim selbst beobachtet, sie hat ihre Empfindungen und Verhaltensweisen wahrgenommen und bewertet. Weiter hat sie Urteile der Pflegerinnen und der alten Menschen über sich gehört. Schließlich hat sie über Verhaltensweisen (sie wird alleine ins Zimmer geschickt, um eine schwierige Bewohnerin zu beruhigen) indirekt etwas über sich erfahren und sie hat sich verglichen mit anderen Praktikanten im Hause. Menschen formen ein Konzept ihres Selbst also aus drei Arten von Informationen:
- **Beobachtung des eigenen Verhaltens** (so sehe ich mich: persönliches Selbst);
- **Soziale Interaktion** mit anderen, insbesondere solchen Menschen, die einem wichtig sind (so sehen andere mich: soziales Selbst);

  - Eltern, Freunde, aber auch Vorgesetzte, die einen bewerten;
  - Handlungen anderer Menschen, die indirekt etwas über einen aussagen;
- **Vergleich mit anderen Menschen** (z. B. Aussehen, Fähigkeiten, Beliebtheit in einer Clique usw.).

Selbstkonzepte sind nicht statisch, sondern haben einen *dynamischen* Aspekt. Die **Entwicklung** und **Veränderung von Selbstkonzepten** ist ein langer Prozess.

Beispiel :

> Der Schriftsteller Martin Walser äußert sich zu einer dreißig Jahre alten Fernsehsendung, die er gestaltete: „Diese Emotionalität, die ich da ausdrückte, die ist mir heute peinlich. Da finde ich mich heute nicht mehr wieder. Wenn ich heute eine Einstellung zu etwas habe, dann hat auch die Gegeneinstellung in mir Platz. So begreife ich die Abneigung vieler Menschen, sich mit der deutschen Vergangenheit zu beschäftigen ... Gleichzeitig sehe ich den Zwang, sich mit ihr zu beschäftigen ..."
> (Auszüge aus einer Fernsehsendung am 24. 3. 1997)

Unser Wissen über uns beziehen wir von Kindheit an aus sozialer Interaktion und Kommunikation mit Eltern, Geschwistern, Freunden, Lehrern etc. Dabei sind wir aber nicht nur passive Empfänger solcher Mitteilungen, sondern *konstruieren durch unser Verhalten unser Selbstkonzept aktiv mit.* So stellen wir **Kontakt zu Personen** her, die uns in unserem Selbstkonzept **bestätigen** bzw. von denen wir glauben, dass sie es tun. Rückmeldungen, die unser Selbstkonzept **anzweifeln,** versuchen wir zu **widerlegen.** Auf Kritik an der eigenen Person reagieren wir empfindlich bzw. mit Abwehr.

Beispiel :

> So bedient man sich in den Firmen, Schulen u. ä. Einrichtungen eines außenstehenden Supervisors oder einer Supervisorin, wenn Probleme aufgearbeitet werden sollen. Dieser, meist ein Psychologe oder Sozialpädagoge, versucht die Beziehungen der Mitarbeiter untereinander zu klären. Er hat dabei besonders darauf zu achten, das Selbstkonzept des einzelnen nicht zu verletzen.

Selbstkonzepte sind *keineswegs* immer *positiv*. Man sucht auch nicht immer nach Informationen, die das Selbstkonzept verbessern. Es kann auch die Bestätigung eines negativen Selbstbildes erwartetet werden („ich bin nun mal schlecht in Mathematik“) oder eine positive Rückmeldung „abgewertet“ werden:

Beispiel :

> Eva bekommt im Altenheim ein sehr gutes Zeugnis ausgestellt. Auf die Frage der Lehrkraft, wie sie zu der Beurteilung steht, sagt sie: „Ich hab einfach alles brav getan, was die wollten und mich aus allen internen Streitereien herausgehalten. Klar, dass die Beurteilung dann gut ausfällt.

Eva hat sicher mehr „als einfach alles getan“. Aber sie braucht möglicherweise noch Zeit, ihre neue Rolle im Praktikum zu definieren. Dieses Erlernen einer neuen **Rolle,** wie es in der fachpraktischen Ausbildung ermöglicht wird, ist eine wichtige Quelle für das Selbstkonzept: z. B. ein Schüler in der Rolle des Erziehers oder eines Lehrers. Es gibt Untersuchungen darüber, dass eine **Rollenvielfalt** das *Wohlbefinden* und die *Gesundheit* des Menschen fördert (vgl. Thoits 1986, zitiert nach Sader und Weber 1996, S. 166). Rollen sind mit Privilegien und Ressourcen verbunden, d. h. ich habe Zugang zu bestimmten Institutionen, lerne neue Menschen kennen, erwerbe neue Fähigkeiten und neues Wissen. **Rollen** geben **Orientierung** und **Sicherheit,** sie **steigern** mein **Selbstwertgefühl.**

Mit jeder Rolle, die ich neu ausübe, treffe ich eine neue Feststellung über mich. Wenn ich mehrere Rollen inne habe, wird der Verlust, der durch den Wegfall einer Rolle entsteht, leichter ausgeglichen. Habe ich nur eine zentrale Rolle, z. B. in meiner Arbeit oder in der Schule, so entsteht beim Wegfall dieser Rolle eine große Lücke.

So äußerte sich eine Schülerin auf die Frage, was sie denn nach dem Abitur vorhabe: „Ich weiß gar nicht, was ich tun soll, am liebsten bliebe ich hier, da kenne ich mich aus …“

Es ist also eine wichtige erzieherische Aufgabe, ein **stabiles positives Selbstkonzept** beim Kind aufzubauen, um ihm die Identitätsfindung zu erleichtern. Dem Kind sollte es ermöglicht werden **verschiedene Rollen** auszuüben, um eigene Stärken und auch Schwächen zu erkennen und zu akzeptieren. Es sollte sich als *wertvolle* Person empfinden können.

4.3 Überblick über Persönlichkeitstheorien

Ziel der Persönlichkeitspsychologie ist es, die Persönlichkeit nach wissenschaftlichen Kriterien zu beschreiben, zu erklären, vorherzusagen und eventuell zu beeinflussen. Zur Bewältigung dieser Aufgaben sind verschiedene Theorien entwickelt worden. Wie schon erwähnt, gibt es bis heute keine *neuere* umfassende Persönlichkeitstheorie, d. h. eine Theorie, die alle wesentlichen Aspekte der Persönlichkeit umfasst.

Es werden Theorien dargestellt, die nach vier unterschiedlichen Richtungen eingeteilt sind:

Im Bereich *Psychoanalyse* werden neben den grundlegenden Erkenntnissen von Freud auch neuere Ergebnisse von Erikson, Mahler und Kohut dargestellt und diskutiert. Der *humanistische* Ansatz von Rogers findet heute wieder starke Beachtung in der Therapie und in der Beratung (sogenannte nicht-direktive Gesprächsführung) und wird deshalb ausführlich beschrieben.

Auf die Darstellung des kognitivistischen Ansatzes von Bandura wird hier verzichtet, da er ausführlich im Band GRUNDWISSEN PÄDAGOGIK (Kap. 2.4) dargestellt wird. Das gleiche gilt für die behavioristischen Theorien von Watson und Skinner, die allerdings – im Gegensatz zur Theorie Banduras – heute keine wesentliche Rolle mehr spielen.

Persönlichkeitstheorien

Psychoanalytische Ansätze	Humanistische Ansätze	Behavioristische Ansätze	Kognitivistische Ansätze
– Freud – Erikson – Mahler – Kohut	– Rogers – Maslow – Fromm	– Watson – Skinner – Mowrer	– Bandura – Mischel – Kanfer

Tab. 1: Überblick über Persönlichkeitstheorien

4.4 Psychoanalytische Persönlichkeitsauffassung

4.4.1 Grundlagen

Unter der Psychoanalyse verstehen wir sowohl eine Therapie als auch eine Theorie (siehe auch GRUNDWISSEN PÄDAGOGIK, S. 93).
Als *Theorie* umschreibt und erklärt sie sowohl Entwicklungs- als auch *Persönlichkeitsprozesse.* In diesem Kapitel soll die Persönlichkeitsstruktur nach Sigmund Freud erläutert werden. Den Entwicklungsaspekt soll hauptsächlich die Theorie des Psychoanalytikers Erikson verdeutlichen.
Die Theorie von Freud ist eng an seine Zeit gebunden. (Nähere Hinweise zu seiner Biografie siehe GRUNDWISSEN PÄDAGOGIK, S. 89 ff.) Es stellt sich deshalb die Frage, warum diese Theorie heute noch relevant sein soll: Sie hat ihren festen Platz sowohl in der Wissenschaft (Geschichte der Psychologie) als auch in unserer Kultur, in unserem täglichen Leben. Weiterhin ist die Psychoanalyse eine der wenigen *umfassenden* Theorien der Persönlichkeit. Interessant ist die Theorie auch deshalb, weil sie die *Dynamik* in der Psyche hervorhebt: die Verhaltensweise *einer Person* kann *auf einem oder verschiedenen* Motiven beruhen. So kann eine Person essen, weil sie Hunger hat, weil sie Sehnsucht nach Liebe hat oder weil sie sich bestrafen will (ich kann mich sowieso nicht leiden, da macht es nichts aus, wenn ich immer fetter werde). Außerdem können *verschiedene* Motive bei *verschiedenen Personen* zu *denselben* Verhaltensweisen führen. Zur Klärung, welches Motiv nun bei einer Person entscheidend ist, muss die individuelle Lebensgeschichte herangezogen werden. (Vgl. ferner Kap. 4.4.4).

4.4.2 Die Persönlichkeitstheorie von Freud

Der Mensch ist ein **triebhaftes** Wesen und wird von zwei Grundtrieben beherrscht: dem libidinösen, sexuellen und dem destruktiven, aggressiven Trieb. So spricht Freud von einem **Lebenstrieb** und einem **Todestrieb.**
Ziel aller Triebe ist immer Spannungsreduktion und Lustgewinn. Die Objekte können sich dabei individuell verändern. Ein Beispiel: Ein Schriftsteller kann seine Libido in Hingabe an Literatur abführen, ein Opernfan in Hingabe an die Musik …
Triebe können auch modifiziert auftreten: So kann Zärtlichkeit und Zuneigung als gehemmter Sexualtrieb, Ironie und Sarkasmus als gehemmter Aggressionstrieb erscheinen. Triebe können auch gemischt auftreten: So kann ein Chirurg aus

Liebe zum Menschen seinen Beruf gewählt haben. Gleichzeitig kann er aber seine Aggressionen abreagieren.
Da also derselbe Trieb auf verschiedene Art befriedigt werden und zudem noch mit anderen Trieben kombiniert werden kann, lassen sich mit dieser Theorie auch viele Persönlichkeitsunterschiede erklären.
Der Mensch kann natürlich auch seine ganze Kraft darauf verwenden, die Triebe *abzuwehren.* Auch das kostet Energie.
Das erste Persönlichkeitsmodell der verschiedenen Bewusstseinsebenen: *Wahrnehmungsbewusstsein, Vorbewusstsein und Unterbewusstsein* hat Freud in sein späteres sogenanntes **Instanzenmodell** eingebaut. Die Instanzen der Persönlichkeit sind das **Es,** das **Ich** und das **Über-Ich.**

Dabei wird das **Es** wie folgt beschrieben:
Als Träger des Energiepotenzials enthält es sexuelle und aggressive Triebe, will Spannung reduzieren und Energie entladen. Es herrscht das **Lustprinzip:** „Ich will *jetzt!*“ Hier gibt es keinen Aufschub, keine Hemmung, keinen Verstand, keine Logik und keine Moral.

Der Gegenspieler zum Es ist das **Über-Ich:**
Es enthält unsere Ideale und unser Gewissen. Es erzeugt Schuldgefühle und Angst vor Strafen bei Übertretungen. Es kann hart und fordernd sein, aber auch milde und nachsichtig. Es handelt nach dem **Moralitätsprinzip:** „Ich darf (nicht)“.

Zwischen diesen beiden Instanzen steht das **Ich:**
Seine Hauptaufgabe besteht darin, die Wünsche des Es mit den Forderungen des Über-Ich zu koordinieren. Dabei sollte das Ich im Einklang mit der Realität stehen, d. h. es sollte Handlungen in einer Umwelt auf ihre Brauchbarkeit bzw. Schädlichkeit hin untersuchen. Das Ich orientiert sich am **Realitätsprinzip.** Das heißt auch, dass es Triebbefriedigungen aufschiebt, Kompromisse eingeht, nachdenkt, Folgen abwägt und Spannungen ertragen kann. Das Ich ist also der *logisch-rationale Teil* der Persönlichkeit, der handeln muss.

Die Aussage, dass die Persönlichkeit eines Menschen mit den drei Instanzen beschrieben werden kann, hat selbstverständlich nur Modellcharakter. Wir haben nicht etwa drei kleine „Persönchen“ in uns, die uns abwechselnd Freude oder Angst bereiten, sondern unsere Eigenschaften und Handlungen können mithilfe der Instanzen eingeordnet und damit erklärt werden.
So gibt es Menschen, die *sehr pflichtbewusst, gesetzestreu, pünktlich und zuverlässig* sind, aber gleichzeitig ihre *Bedürfnisse unterdrücken.* Diesen Persönlichkeiten könnte man ein starkes Über-Ich, das das Es unterdrückt, zuschreiben. Dabei ist das Ich schwach. Einem Menschen hingegen, *der gewalttätig ist,* einem Triebtäter z. B. bescheinigen wir ein starkes Es, ein schwaches Über-Ich und ein

verkümmertes Ich. Unter **Ich-Stärke** verstehen wir also, dass dem Ich die ausgleichende Funktion zwischen Es und Über-Ich gelingt. Ich-Stärke meint die Vermittlung von Wahrnehmungen, Erinnerungen und Triebimpulsen in unserem bewussten Erleben (vgl. Nunberg 1959). Eine gelungene Sozialisation besteht also aus einem dauernden Einüben dieser ausgleichenden Funktion (vgl. Blanck/Blanck 1980).

Eine **Ich-Schwäche** ist für Freud gleichzusetzen mit der Unfähigkeit, einen solchen Ausgleich herbeizuführen. Gleichzeitig verbindet er die Ich-Schwäche mit dem Entstehen einer **Neurose.**

Neben der sexuellen Konstitution (d. h. der Stärke der Partialtriebe), die ererbt ist, spielt bei der Entstehung einer *Neurose* auch das infantile Erleben (d. h. Erlebnisse der Partialtriebe) eine Rolle. Auslöser für eine *Neurose* ist dann eine äußere Versagung, ein sogenanntes „traumatisches Ereignis". Das schwache Ich regrediert dann zu entsprechenden Fixierungsstellen (siehe GRUNDWISSEN PÄDAGOGIK, S. 102). Der ursprünglich *äußere* Konflikt wird zu einem *inneren* Konflikt, an dessen Ende das *neurotische* Symptom steht (Mertens 1992, S. 137).

Aber nicht jede Versagung führt zu einer Neurose. Ein starkes Ich verfügt nach Freud über Frustrationstoleranz, es kann Triebwünsche „neutralisieren" und es kann die Umwelt verändern, um seine Bedürfnisse befriedigen zu können (Ferenczi 1913).

Freud selber hat allerdings dem Ich keine so wichtige und eigenständige Funktion zukommen lassen wie später seine Tochter Anna (das Ich und die Abwehrmechanismen, 1936) und der Analytiker H. Hartmann sowie die Analytiker Sullivan, Klein, Balint, Kohut u. v. a. m. (siehe auch Kap. 4.4.4).

Das Ich kann nicht alle Aufgaben allein bewältigen. Die sogenannten **Abwehrmechanismen** helfen ihm bei der Auseinandersetzung mit der Umwelt. Diese sind grundsätzlich nicht krankhaft, sondern können das Ich schützen.

Beispiel:

> Ein Schüler sagt zu seinen Eltern: „Ich habe eine 5 geschrieben, aber Peter hat eine 6 geschrieben …"

Hier wird eine schlechte Eigenschaft, der man sich bewusst ist, auf einen anderen **projiziert.** Damit lenken wir von uns ab, relativieren unsere Schwäche.

Als *neurotisch* bezeichnet Freud einen Menschen, wenn er sich zunehmend seiner Schwächen *nicht* bewusst ist und diese nur noch bei *anderen* sucht oder wenn er sogar vorhandene Schwächen *verleugnet.*

Beispiel:

> Viele Alkoholabhängige behaupten von sich, keine „Trinker“ zu sein. Hinter der Äußerung: „Ich trinke ab und zu ein Gläschen …“ verbirgt sich oft ein täglicher Konsum mehrerer Flaschen Wein, meist mit ein paar Schnäpsen oder auch mit Bier „gemischt“.

Diese Verleugnung einer Tatsache geht bei starken Trinkern mit einem völligen Realitätsverlust einher. Die Trunksucht wird im wahrsten Sinne des Wortes „versteckt“: Um eine Konfrontation mit Familienangehörigen zu vermeiden, werden die Flaschen überall in der Wohnung gehortet, manchmal auch in „unverdächtige“ Gefäße umgefüllt (z. B. Schnaps in Wasserflaschen). Das wichtigste Ziel des Alkoholabhängigen ist es, sich nicht „erwischen zu lassen“, um sich eine Auseinandersetzung mit der Umwelt zu ersparen. Diese Art der Verleugnung ist ein Beispiel für eine gravierende Ich-*Schwäche.* (Das erste Ziel einer Therapie wäre dementsprechend, dass der Patient seine Sucht als Realität wahrnimmt.)
Außer der Klassifizierung „ich-schwach“ und „ich-stark“ kann man die Menschen einem **oralen, analen** und **ödipal-phallischen** Typ zuordnen (vgl. GRUNDWISSEN PÄDAGOGIK, S. 99: Entwicklungsphasen nach Freud).
Freud ging bekanntlich davon aus, dass die ersten sechs Lebensjahre eines Menschen entscheidend für die Persönlichkeitsentwicklung sind. Nach dieser Annahme können also Erfahrungen aus dieser Zeit einen Menschen formen. Der jeweilige Typ ist durch Fixierungen in der entsprechenden Triebentwicklung entstanden und lässt sich wie folgt charakterisieren:

Typus	Thema und Persönlichkeitseigenschaften
oral	*ich bekomme:* Die Person ist nur an sich selber interessiert (narzisstisch). Sie hat Riesenansprüche an andere, ist fordernd auf bescheidene oder aggressive Weise, benutzt andere für ihre Zwecke (entsprechende Neurosen sind Sucht oder Depression).
anal	*ich kontrolliere:* Machtkämpfe herrschen vor nach dem Motto: „Tu, was ich dir sage!“ oder: „Ich muss dir gehorchen!“ Entweder ist die Person beherrschend oder unterwürfig. Pedanterie, Geiz und Eigensinn sind typische Eigenschaften eines zwanghaften Charakters. (Als Neurose entsteht die sogenannte Zwangsneurose wie, z. B. der Waschzwang).

Typus	Thema und Persönlichkeitseigenschaften
phallisch-ödipal	*Ich* bin ein *Mann/Ich* bin eine *Frau:* Männer bestätigen hier ihre Männlichkeit durch sogenanntes „Macho“-Verhalten. Frauen treten verführerisch-kokett und naiv auf, sozusagen als „Weibchen“. Beide wollen ihr jeweiliges Vorbild: Vater oder Mutter übertreffen. (Als Neurosen treten Hysterie, aber auch Exhibitionismus und Voyeurismus auf).

4.4.3 Die Entwicklung der Persönlichkeit nach Erik H. Erikson

Erikson (1902–1994) ist ein führender Vertreter jener Psychoanalytiker, die das **„Ich“** in den Mittelpunkt stellen. Bei der Entwicklung berücksichtigt er außer den psycho**sexuellen** auch die psycho**sozialen** Gegebenheiten. Er hat den **Entwicklungsbegriff** auf die **gesamte Lebensspanne** ausgeweitet: Jedem Lebensabschnitt ordnet er spezielle eigene Probleme zu. Damit sind Konflikte des Jugendlichen oder des Erwachsenen keine „Aufgüsse“ frühkindlicher Störungen mehr, so wie Freud es sah, sondern sie haben ihre eigene Dynamik.

Im **ersten** Lebensjahr stellt Erikson das **Urvertrauen** bzw. das **Urmisstrauen** in den Mittelpunkt. Die – vorwiegend – mütterliche Bezugsperson bietet dem Kind normalerweise ein Sicherheitsgefühl. Sie stellt für das Kind eine Art Hilfs-Ich dar. Diese Sicherheit motiviert das Kind zur Erforschung der Umwelt und trägt zu einer positiven Erwartungshaltung bei. In einer feindseligen, angstbesetzten Umwelt kann dagegen eine negative Erwartungshaltung, also Pessimismus, entstehen In diesem Zusammenhang weisen Schultz-Henke (1951) und Riemann (1961) auf eine mögliche schizoide Persönlichkeitsentwicklung hin. Mit schizoid ist zum Beispiel gemeint: die Abwehr von gefühlsmäßig getragener Wahrnehmung, die Angst vor menschlicher Nähe, die Aufwertung kognitiver Ich-Funktionen gegenüber den Gefühlen usw. Diese Menschen geben sich sehr rational, wirken emotional „unterkühlt“ und haben oft Angst vor engen Bindungen.

Im **zweiten** und **dritten** Lebensjahr betont Erikson das Streben nach **Autonomie** bzw. das Erleben von **Scham** und **Zweifel.** Das Kind tendiert aufgrund seiner Entwicklungsschübe in der Motorik, Sprache, Intelligenz usw. nach Selbstständigkeit. Werden solche Versuche nicht akzeptiert und gefördert, entstehen beim Kind Zweifel an der eigenen Person, die sich zum Beispiel in übertriebener Anpassung ausdrücken können.

Im **vierten** und **fünften** Lebensjahr steht die Freude über die eigene Leistung, das Ergreifen von **Initiative** bzw. das **Schuldgefühl** im Mittelpunkt. Freude an der eigenen Leistung im Spiel, aktives Ausprobieren seiner Möglichkeiten sind wichtig. Dabei können sowohl Über- als auch Unterforderungen das Kind einengen. Es fühlt sich schuldig, da es dem Bild seiner Eltern nicht entspricht.

In der sogenannten Latenzzeit die sich **vom sechsten** Lebensjahr bis zur **Pubertät** hinzieht, bestimmen **Fleiß** bzw. **Unterlegenheit** weitgehend das Leben. Diese Zeit macht den größten Teil des sogenannten Schulalters aus, in dem Stolz über die eigene Leistung, über ein fertig gestelltes Produkt, eine große Rolle spielen. Als negative Erlebnisse können Minderwertigkeitsgefühle, die Unfähigkeit, eine Arbeit zu beenden bzw. sich auf eine Arbeit zu konzentrieren, auftauchen.

Besonders betonte Erikson die sogenannte **Adoleszens** (Jugendzeit), in der der Erwerb einer **Identität** bzw. einer **Rollendiffusion** vorherrscht. (Unter einer Rollendiffusion versteht man das Auseinanderfallen von Rollen, das hier im Sinne einer Widersprüchlichkeit unterschiedlicher Rollen verstanden werden kann). Der Aufbau einer Identität ist dabei mehr als die Summe von Kindheitsidentifikationen. Diese in der Kindheit gesammelten Ich-Werte sind eine Art *Basis* für eine Ich-Identität. Wichtig ist dabei das Gefühl der *Einheitlichkeit* und der *Kontinuität,* die der Jugendliche bei sich selber spürt und die andere bei ihm spüren. Die „anderen“, das sind Freunde, sogenannte Cliquen, alle Arten von Gemeinschaften, die für den Jugendlichen wichtig sind und ihm eine Orientierung bieten. Eine endgültige Identifikation entsteht erst am Ende der Adoleszens. Dieser Prozess verläuft nicht ohne Krisen. Diese Krisen, die manchmal einen totalen Rückzug der Jugendlichen herbeiführen können, dienen aber (im Gegensatz zu krankhaften Formen) der Ich-Erweiterung im Sinne von Grenzen erfahren, neue Möglichkeiten suchen etc. (D. Wyss 1991, S. 426). Sogar eine vorübergehende Intoleranz gegen andere sieht Erikson als „normal“ an, weil sie eine Art Abwehr gegen eine „Identitätsdiffusion“ zu werten ist. Unter *Diffusion* versteht er Probleme in der Befriedigung eigener Bedürfnisse und in der Anpassung an die Außenwelt. Damit ist gemeint, dass ein Mensch sein Leben nicht mit sich selber in Einklang bringen kann: „Ich kann es einfach nicht zu fassen kriegen, Mutter, Ich kann das Leben nirgends festhalten ...“ (Zitat aus dem „Tod eines Handlungsreisenden“ von A. Miller).

Die **drei Stadien des Erwachsenenlebens** grenzt Erikson wie folgt ab:

Intimität und **Distanzierung** gegen **Selbstbezogenheit:** Nachdem in der Jugendzeit die Sicherheit der eigenen Identität gewonnen wurde, kann jetzt eine neue Aufgabe, nämlich die der engen intimen Partnerschaft bewältigt werden. Ist die Identitätssuche noch nicht abgeschlossen, würde nach Auffassung von

Erikson eine intime Partnerschaft nur Probleme bringen. Mit der Suche nach Intimität geht eine gleichzeitige Distanzierung von bestimmten Einflüssen und Menschen vonstatten.

Generativität gegen **Stagnierung:** Unter Generativität versteht Erikson das Interesse an der Zeugung und Erziehung der Kinder, also der nächsten Generation. Dabei ist nicht allein die Tatsache entscheidend, Kinder zu haben. Stagnieren können auch Eltern, die in zwischenmenschlichen Beziehungen verarmen und sich am Ende nur noch selbst „verwöhnen".

Integrität gegen **Verzweiflung** und **Ekel:** Am Ende des Lebens sollte für jeden Menschen die Annahme seines Lebenslaufes und die Verantwortlichkeit für seine Lebensplanung stehen. Dazu gehört eine veränderte Beziehung zu den Eltern, frei von dem Wunsch, sie mögen anders gewesen sein als sie waren. Weiter sollte dem Menschen bewusst werden, durch welche Zufälligkeit er in diese Familie, diese Gesellschaft und diese Kultur hineingewachsen ist.
Verzweiflung kann auftreten, wenn man das Gefühl hat, alles falsch gemacht zu haben, wenn man das Leben neu beginnen will, aber die Zeit dafür abgelaufen ist.

4.4.4 Die Weiterentwicklung der Psychoanalyse

Die Ich-Psychologie

Vertreter der sogenannten Ich-*Psychologie* im „Anfangsstadium", wie Hartmann und Anna Freud, bescheinigen den Ich-Funktionen eine gewisse Eigenständigkeit und eine stärkere Bedeutung als es Freud getan hat. Spätere Ich-Psychologen, wie z. B. Sullivan und Vaillant, erweitern den Begriff des Ich. Vertreter wie Spitz und Mahler heben die *Objektbeziehung hervor*, das heißt, sie sehen den Menschen primär als soziales Wesen.
Mit Objekt ist in der Ich-Psychologie nicht mehr das Objekt im Sinne Freuds gemeint, das ausschließlich zur Triebbefriedigung dient (man spricht hier von einer sogenannten „one-body-psychology"). *Objekt* ist jetzt der *reagierende Partner*, der „geliebt, herbeigesehnt, gebraucht und gehasst wird, der auf vielfältige Weise ein Modell für Imitation und Identifikation darstellt ... an dessen Erwartungen sich das Kind anzupassen lernt, dessen Sichtweise es aufnimmt und sein Selbsterleben danach ausrichtet ..." (zit. nach Mertens 1992, S. 44).
Es geht hier also um eine *sehr komplexe Interaktion zwischen Menschen*, die vielfältige gegenseitige Erwartungen miteinschließt. Nach Freud ging es ausschließlich um eine libidinöse oder aggressive Besetzung des Objektes.

Das **Ich** hat in der modernen Psychoanalyse (Vaillant u. a.) umfassendere Aufgaben, es ist mehr als der Vermittler zwischen Über-Ich und Es, mehr als ein Anpassungsorgan zur Realität. Das Ich soll fähig sein, seine *eigenen* Bedürfnisse kennen zu lernen, zu akzeptieren und adäquat zu befriedigen. Es hat also – im Gegensatz zur Freud'schen Theorie – *eine eigenständige* Funktion. Während Freud außerdem vom Ich als dem fertigen, entwickelten Ich sprach, wendet sich die moderne Psychoanalyse verstärkt der Ich-*Entwicklung* zu.
Auch die **Abwehrmechanismen** haben eine andere Bedeutung bekommen. Noch bei Freud waren sie als eine Art psychische Notlösung verstanden und eher im Bereich des „neurotischen" angesiedelt. Heute werden bis zu vierzig verschiedene Abwehrmechanismen genannt, die als *lebenserhaltend und unverzichtbar gelten*: Vor allem **Sublimation** (zum Beispiel: sexuelle oder erotische Wünsche werden im Tanz befriedigt), **Altruismus** (eigene Bedürfnisse werden zurückgestellt zugunsten der Bedürfnisbefriedigung anderer, man „opfert" sich für jemanden auf) und **Humor** gelten als sogenannte **„reife"** Abwehrmechanismen. Mit Humor ist gemeint, über sich selbst und andere lachen zu können, ohne dabei sich oder andere zu verletzen. Als notwendige Abwehrmechanismen werden außerdem **Unterdrückung** (zum Beispiel eine Triebbefriedigung aufschieben) und **Vorwegnahme** genannt. Letztere meint eine gedankliche Vorbereitung auf drohende Konflikte, in dem zum Beispiel ein Vorstellungsgespräch oder eine Prüfungssituation durchgespielt wird. Außerdem wird die *Veränderung* von Abwehrmechanismen *im Laufe des ganzen Lebens* unterstrichen. Die Entwicklung der Persönlichkeit ist nach der Auffassung der Ich-Psychologen also keineswegs mit fünf Jahren abgeschlossen, wie Freud es gesehen hat.
Die Aufgabe der Abwehrmechanismen ist es, nicht nur libidinöse Impulse zu unterdrücken, sondern die ganze Bandbreite der Gefühle zu kontrollieren. M. Klein, Sullivan und Kernberg betonen, dass die Abwehrmechanismen auch die sozialen Beziehungsformen beeinflussen.

Die Bedeutung des Selbst und der Objektbeziehungen nach M. Mahler

Da die Bedeutung des Ich sich verändert hat, spricht Mahler nicht mehr von einem Ich, sondern von einem *Selbst*. (Eine erste Unterscheidung zwischen „Ich" und „Selbst" unternahm allerdings schon Hartmann 1950. Das „Selbst" sollte die Objektbeziehungen enthalten).
Die Entwicklung der Objektbeziehungen und des Selbst wird von Mahler nicht mehr *ausschließlich* im Sinne der Triebtheorie gesehen. Die Beziehung zu einem Objekt, also einem anderen Menschen ist nicht nur triebgesteuert sondern enthält darüber hinaus Erwartungen, Interpretationen und Bilder. Diese Erwartungen

spielen sich vorwiegend im nonverbalen Bereich ab. Mahler unterscheidet zwischen einer **Selbstrepräsentanz** (Selbstbild) und einer **Objektrepräsentanz** (Fremdbild: so stelle Ich mir den anderen vor). Diese Repräsentanzen sind nicht von Geburt an gegeben, sondern entwickeln sich in den ersten drei Lebensjahren wie folgt:
In den ersten Lebensmonaten, die Mahler als **symbiotische Phase** bezeichnet, hat das Kind noch kein eigenständiges Selbst. Vielmehr ist es mit dem Selbst der Mutter verbunden. Eine Unterscheidung zwischen dem Selbst (das bin ich) und dem Nicht-Selbst (das bist du) gibt es noch nicht.
Aus dieser Verschmelzung mit der Mutter beginnt das Kind sich langsam zu lösen. Zwischen dem 7. und 8. Lebensmonat beginnt das Kind zu erforschen, was Mutter ist und was nicht. Ist die Mutter nicht im Zimmer kann man einen Stimmungsabfall beobachten: die „symbiotisch mütterliche Hälfte“ (Mertens 1992) wird vermisst. Mithilfe sogenannter „Übergangsobjekte“ (zum Beispiel einer Schmusedecke) versucht das Kind, die Trennung von der Mutter – kurzfristig – zu ertragen.
Die Mutter spielt aber immer noch die Rolle eines Hilfs-Ich. Etwa ab 18 Monaten hat das Kind die affektive und kognitive Fähigkeit, sich als Person – getrennt von der Mutter – zu erleben. Es sieht sich nicht länger als ein Teil von ihr. Gefühlsmäßig wird das Objekt Mutter noch in „total gut“ und in „total böse“ aufgespalten.
Bis etwa zum dritten Lebensjahr lernt das Kind, gute und schlechte Erfahrungen mit dem Objekt Mutter zu vereinigen und diese in die Objektrepräsentanz einzubringen. Diese Erfahrungen sind wichtig für spätere Objektbeziehungen, da kein Mensch ausschließlich gut oder böse ist.
Die Unterscheidung zwischen Ich und Du, zwischen Selbst- und Objektrepräsentanz erfolgt etwa ab dem dritten Lebensjahr. Das Kind erkennt sein Eigenleben als getrennt vom Eigenleben des anderen. Sind Mutter und Vater zuverlässige, liebevolle Partner, kann das Kind auch ihre Abwesenheit ertragen. Mahler bezeichnet diesen Schritt als die **psychische Geburt** des Menschen.

Erzieherische Konsequenzen: Mahler stellt auf der Basis der *triebgesteuerten* Entwicklung die **Ausgestaltung des Selbst** und die der **Objektbeziehung** in den Vordergrund. Die Hauptaufgabe für *Eltern* ist es demnach, dem Kind die Entwicklung eines stabilen Selbst zu ermöglichen, das heißt, sein Autonomiestreben zu fördern und es gleichzeitig zu lieben *wie es ist.* Dabei sollen Eltern keine Erfüllungsgehilfen ihrer Kinder sein („ich bin doch immer für dich da“, oder: „Ich bin doch nur für dich da“) sondern sich auch mit *ihren* Wünschen und Bedürfnissen vom Kind abgrenzen.

Beispiel:

> Wenn Eltern abends fortgehen wollen, sagen sie häufig zu ihren noch munter spielenden Kindern: „Ihr seid jetzt müde, macht euch schon mal fertig fürs Bett …" Dabei sind die Kinder hellwach, die Eltern *wollen* nur, dass sie müde sind. Wichtig wäre es hier, den Kindern klar zu machen, dass die Eltern auch Wünsche haben und dass sie die Wünsche ihrer Kinder, noch etwas aufzubleiben, wahrnehmen. Eine Lösung wäre hier zum Beispiel, dass die Babysitterin den Kindern noch etwas vorliest.

Die Eltern sollen also ihr Kind als eine Person mit eigenen Wünschen und Bedürfnissen behandeln, gleichzeitig sollen aber auch die *kindlichen Allmachtsgefühle* (ich kann und beherrsche alles) *abgebaut* werden. Sie sollen einem **realistischen Selbstwertgefühl** (das kann ich schon) weichen.
Mahler und andere Neoanalytiker setzen also ganz neue Akzente, die einen deutlichen Einschnitt in der Psychoanalyse markieren. Sie heben die Bedeutung des Selbst und der Objektbeziehungen besonders hervor. Dabei bleibt allerdings die Abhängigkeit vom Triebgeschehen – wenn auch in abgeschwächter Form – bestehen.
Hervorzuheben sind auch ihre sorgfältigen empirischen Arbeiten (siehe auch Eagle 1988, S. 19 ff.).

Die Bedeutung der Objektbeziehungen und des Selbst nach Kohut

Erst in den späteren Werken des Psychoanalytikers **Kohut** (1987 †) wird die Triebtheorie durch eine Psychologie der Objektbeziehungen und des Selbst *ersetzt.* Er sieht *soziale Verhaltensweisen,* also Bindungen an ein Objekt, nicht mehr als einen Teil von triebhaften Vorgängen, sondern als lebenswichtige, *eigenständige* Eigenschaften. Der Umgang mit Objekten – mit anderen Menschen also – wird nicht mehr zweckbestimmt im Sinne der Trieberfüllung gesehen. Soziale Verhaltensweisen werden *nicht den* triebhaften Vorgängen untergeordnet in dem Sinne: „alles triebhafte ist primär und alles soziale ist sekundär".
Einen Hinweis auf seine These fand Kohut unter anderem in den berühmten Affenexperimenten von Harlow und Zimmermann 1959: Die Affenbabies wuchsen ohne ihre natürliche Mutter auf und hatten die Wahl zwischen einer weichen „Frottéemutter", die keine Nahrung spendete, und einer „Drahtmutter", die Nahrung spendete. Die kleinen Affen bevorzugten eindeutig die Frottéemutter und gingen nur kurz zur Drahtmutter, um zu trinken.

Harlow und Zimmermann folgerten daraus, dass die Suche nach *Sicherheit und Zuneigung* ein **autonomes** Bedürfnis ist, das genetische Grundlagen hat. Weitere Belege fand Kohut im sogenannten psychosozialen Zwergenwuchs (d. h. Kleinwüchsigkeit, die auf chronischen sozial-emotionalen Entbehrungen beruht) und in der Tatsache, dass Säuglinge den Saugvorgang unterbrechen, um sich einem interessanten Reiz zuzuwenden.
Die Hypothese von Kohut lautet dementsprechend:

Die Suche nach **Zuneigung** und damit nach Objektbeziehungen ist eine eigenständige **autonome Fähigkeit,** die **genetisch bedingt** ist.

Kohut ersetzt das Freud'sche Konfliktmodell (Es – Ich – Über-Ich) durch das *Selbst.* Ziel jeder Persönlichkeitsentwicklung ist das sogenannte **kohärente** (= zusammenhängende) **Selbst.** (Kohut hat diesen Ausdruck nicht näher erläutert, aber wir würden vielleicht von einem reifen, in sich stimmigen Selbst sprechen).
Bevor ein Selbst sich entwickeln kann, befindet sich der Mensch in einem Zustand des **„primären Narzissmus“** (siehe auch Mahler 1968). Unter Narzissmus versteht man eine Selbstbezogenheit, die mit echter Objektbeziehung unvereinbar ist. Narzissten sind Menschen, die in sich selbst verliebt sind (entsprechend der griechischen Sage). Auf dem Weg zum kohärenten Selbst erlebt der Mensch eine sogenannte „narzisstische Entwicklungslinie“ (Eagle 1988, S. 45) von primitiven, archaischen zu reifen Formen. Diese löst die „alte“ Phasenlehre von Freud ab.
Die früheste narzisstische Phase ist durch einen sogenannten **„Autoerotismus“** (Eagle) geprägt. Das Selbst besteht nur aus Fragmenten, den sogenannten Ich-Kernen. Kohut nimmt an, dass das Kind von Anfang an nach umfassender Vollkommenheit tendiert. Unvermeidliche Mängel in der Versorgung (zum Beispiel ein Warten auf die Flasche, die noch abgekühlt werden muss), stören diesen Prozess. Deshalb baut das Kind sich ein **archaisches „Größenselbst“** auf, um seine Unvollkommenheit zu verdecken. Gleichzeitig idealisiert es seine Eltern. So fühlt es sich mächtig. Über diesen Umweg soll sich langsam ein **„gesunder“ Narzissmus** in einer **reifen Form** entwickeln. (Eagle schlägt hier statt gesunder Narzissmus den Begriff der *Selbstachtung* vor). Dabei haben die Eltern eine sehr wichtige Aufgabe.

Erzieherische Konsequenzen: Kohut betont, dass die Eltern sich zur Idealisierung eignen sollten, indem sie als verlässliche Bezugspersonen fungieren. Da das Selbst des Kindes unvollkommen, *fragmentiert* ist, sieht es Objekte als „Selbstobjekte" an, das heißt, das Objekt dient zur Wahrung der Selbstkohärenz, zur Regulierung des Selbstwertgefühls und der Regulierung von Spannungen. Das Kind *benutzt* sozusagen Mutter oder Vater, um sein eigenes Selbst aufzubauen. Diese enge Bindung, normalerweise zwischen Mutter und Kind, sollte allmählich gelöst werden, damit das Kind die oben erwähnten Funktionen *selbst* ausüben kann. Die Eltern müssen also auch „loslassen" können, das heißt dem Kind einen Freiraum gewähren, indem sie ihm – altersgemäße – eigene Entscheidungen überlassen.

Eine wichtige Aufgabe in der Erziehung besteht also darin, dem Kind ein **gesundes Selbst** zu vermitteln: Dieses Selbst sollte folgende *Merkmale* haben:

- es sollte nicht zu stark mit einem idealisierten Selbstobjekt verknüpft sein,
- andere Menschen sollten als völlig getrennt erlebt werden,
- es sollte ruhig und entspannt zum Mittelpunkt und Koordinator von allen Strebungen werden können (nach Eagle 1988, S. 49 ff.).

Fehlende Zuwendung seitens der Eltern und mangelnder Stolz auf ihr Kind erzeugen narzisstische Verletzungen. Diese Verletzungen können einen drohenden Selbstverlust bedeuten, zu einer inneren Leere führen. Um dem entgegenzuwirken, kommt es zu Fixierungen auf bestimmte Triebziele. Diese Fixierungen dienen nach Kohut in erster Linie dem Aufbau des Selbst und erst in zweiter Linie der Triebbefriedigung (nach Elhardt 1994, S. 142 ff.).

Störungen in der Entwicklung des Selbst

Ein Stillstand in dieser normalen Entwicklung des Narzissmus bedeutet, dass der Mensch an das **archaische Größenselbst** und an das **Selbstobjekt fixiert** bleibt. Kohut beschreibt Menschen, die an das Selbstobjekt gebunden bleiben, als innerlich *„leer"*. Sie haben schwere Selbstwertprobleme und das Gefühl, ihr Leben sei „sinnlos". Diese massiven Persönlichkeitsstörungen kommen meist erst in der Analyse zutage. Vordergründig leiden die Patienten an Arbeitsstörungen, an sexuellen Perversionen oder auch Süchten. Sie benutzen – wie in der frühen Kindheit – andere Menschen, um ihr Selbstwertgefühl aufrechtzuerhalten. Das heißt andere Menschen werden zur Erledigung wichtiger Aufgaben herangezogen, so wie sich – im Normalbereich – ein Kleinkind von der Mutter füttern lässt.

Er spricht hier von einer „narzisstischen Persönlichkeitsstörung" und von **„primären Defekten des Selbst"** (Mertens 1992). Er interpretiert die oben erwähnten Störungen wie Süchte und andere als „*defensive* Techniken", d. h. als eine Form von Abwehr, Hindernisse auf dem Weg zum kohärenten Selbst zu überwinden. (Wir würden dies im Alltag vielleicht als eine Art Hilfeschrei werten).

Es gibt aber auch andere Möglichkeiten, diese Defekte des Selbst auszugleichen. So haben die sogenannten **kompensatorischen Techniken** wie Interesse, Produktivität oder Kreativität, die allen Menschen zur Verfügung stehen, eine günstigere Prognose. Kohut bezeichnet sie als reifungsbedingte Phänomene, die die frühen unzureichenden Erfahrungen ersetzen können. Der Mensch erhält dadurch eine zweite Chance, ein kohärentes Selbst zu entwickeln (siehe auch Mertens 1992).

Diese Entwicklungsgeschichte des *Selbst,* wie sie Kohut beschreibt, wird von einigen Forschern wie Mertens als der Einschnitt in der modernen Psychoanalyse gesehen: Das **Selbst** ist absolut **eigenständig** und gilt als übergeordnet, die **Triebe** und die **Abwehr** dagegen sind **untergeordnet.** Narzisstische Störungen erzeugen Triebkonflikte. Nach Freud war es genau *umgekehrt:* Triebkonflikte erzeugen narzisstische Störungen. Mit seiner Theorie verabschiedet sich Kohut also von der *Trieb*psychologie Freuds.

Trotzdem bleiben wesentliche *Gemeinsamkeiten* mit Freud bestehen:

Kohut verlangt – wie Freud – von seinen erwachsenen Patienten, verdrängte Erlebnisse zu reaktivieren. Auch er untersucht ihre „verschüttete" Lebensgeschichte. Waren es bei Freud sexuelle Erlebnisse, so sind es bei Kohut archaische Verschmelzungsbedürfnisse (Größenselbst) des Kleinkindes, die nicht befriedigt wurden und in der Analyse neu erlebt werden sollen. Ziel ist es, diese Wünsche durch reifere narzisstische Bedürfnisse wie zum Beispiel dem Bedürfnis nach Anerkennung zu ersetzen. Um ein neues Selbst aufzubauen, soll eine neue psychische Struktur angelegt werden (siehe auch Mertens 1992).

Was Kohut dabei genau unter dem „Selbst" versteht, wird leider nicht näher erläutert.

4.5 Die humanistische Persönlichkeitstheorie von Rogers

4.5.1 Grundlagen

Im Zentrum der Theorie von C. Rogers steht das **Individuum,** wie es sein Selbst und die Außenwelt wahrnimmt und welche Erfahrungen es macht. „Humanistisch" wird seine Theorie deshalb genannt, weil der Mensch im Mittelpunkt

steht und er als „von Natur aus gut“ bezeichnet wird. Rogers Theorie ist eng an seine Lebensgeschichte gebunden:
Er wuchs in einer strengen, religiösen Farmerfamilie in den USA auf. Achtung vor der Arbeit, ethische Moralvorstellungen, aber auch die Liebe zu wissenschaftlichem Vorgehen erlebte er in seiner Familie. Rogers (1902–1987) studierte Agrarwissenschaften, Theologie und Psychologie. Für seine psychologischen Theorien benutzte er als Ausgangsmaterial seine klinischen Fallstudien – ähnlich wie Freud. Ein wesentlicher Unterschied zu Freud war allerdings, dass er sich weitgehend der **bewussten Persönlichkeit** zuwandte und dass er um *objektive* Methoden sehr bemüht war.

4.5.2 Das Menschenbild von Rogers und seine Forschungsmethoden

Rogers geht davon aus, dass der Kern des Menschen positiv ist und er nach **Selbstverwirklichung** strebt. Damit weicht er vom theologischen Gedanken der Erbsünde ab und stellt sich gegen die Triebtheorie von Freud. Mit der Annahme eines Aggressionstriebes entwickelte Freud bekanntlich ein eher negatives Menschenbild, wenn er auch der Kultur und der Gesellschaft eine wichtige, aggressionshemmende Aufgabe zuschrieb.
Rogers ist sich der zerstörerischen Kraft eines Menschen durchaus bewusst, er will nichts „schönfärben“. Aber er ist der Meinung, dass ein hasserfüllter, aggressiver Mensch krank also neurotisch ist und geheilt werden kann. Diese Annahme beruht auf einer sorgfältigen Auswertung seiner klinischen Fallstudien.

4.5.3 Das Selbst in der Persönlichkeitstheorie von Rogers

Rogers geht von folgender Annahme aus: Jedes Individuum nimmt die Welt in einzigartiger Weise wahr, misst ihr eine bestimmte Bedeutung zu und reagiert auf die so wahrgenommene Umwelt. Obwohl diese Wahrnehmungen auch unbewusste Vorgänge miteinschließen, stellt Rogers die **bewussten Wahrnehmungen** in den Vordergrund.
Er ist weiter der Auffassung, dass der Mensch fähig ist, die Welt des „anderen“ mit den Augen des „anderen“ wahrzunehmen, sich also in den anderen einzufühlen. Diese Erkenntnis kann man als Ergebnis seiner therapeutischen Bemühungen ansehen.

Im Mittelpunkt seiner Theorie steht das **Selbst.** Es ist ein „organisiertes und beständiges … Wahrnehmungsmuster. Obwohl es sich verändert, behält es immer eine vorgegebene … integrierte und organisierte Qualität“ (zit. nach Pervin 1994, S. 198). Das Selbst ist quasi der gesammelte Erfahrungsschatz eines Individuums, und zwar in erster Linie der *bewusste* Teil der Erfahrungen. Unbewusste Anteile können zwar vorhanden sein, aber laut Rogers nicht objektiv untersucht werden. Das Selbst, das das Individuum gerne besitzen würde, nennt Rogers das **Idealselbst.** Wenn das eigentliche Selbst **(Realselbst)** und das Idealselbst sich zu weit voneinander entfernen, entsteht eine Störung.

Abb. 2: Realselbst und Idealselbst

Beispiel:

> Ein Klient von Rogers äußert sich folgendermaßen: „Ich verhalte mich nicht wie ich selbst, ich bin das gar nicht. Ich bin eine andere Person als die, die ich früher war … mache mir Sorgen um mich … Ich verstehe mich selbst nicht … Ich weiß nicht, was mit mir passiert …“
> Im Laufe der Therapie verändern sich seine Selbstaussagen: „Ich stelle fest, dass ich eine Person mit vielen unterschiedlichen Fähigkeiten bin. Ich habe keine Angst mehr davor … Ich kann die Tatsache akzeptieren, dass ich nicht immer recht habe.“ (Zit. nach Rogers 1947, in Pervin 1993, S. 200.)

4.5.4 Fähigkeiten, die zum Selbst führen

Es stellt sich die Frage, wie ein Mensch zu einem gesunden Selbst finden kann. Rogers betont, dass das **Erfahren von Gefühlen** eine wichtige Quelle ist. Wenn der Mensch offen für seine Erfahrungen aus seinem *Inneren ist,* kann er auch mit der Realität *außen* besser fertig werden. Seine inneren Erfahrungen sollen also mit den äußeren übereinstimmen; d. h. was er fühlt soll mit dem, was er erlebt, kongruent sein. Nur dann kann der Mensch auch die Erfahrungen *anderer* als gegeben akzeptieren.

Jeder sollte sich *annehmen, wie er ist.* Das heißt jedoch nicht, dass er auf der Stelle treten soll nach dem Motto: „Schuster, bleib’ bei deinen Leisten.“ Es geht

vielmehr um einen Persönlichkeitsprozess, der Veränderungen nicht nur einschließt, sondern sogar verlangt.
Kritiker könnten vermerken, dass das Akzeptieren und Herauslassen eigener Gefühle einen Menschen zu einem Triebtäter werden lassen könnte. Dem widerspricht Rogers: Er hat die Erfahrung gemacht, dass seine Klienten gelernt haben, auch negative Gefühle wie Angst, Ärger, Wut, oder Selbstmitleid zu äußern, ohne sich „schlecht" zu fühlen. Sie konnten ihre ursprünglich bedrohlichen, gefährlichen oder auch fremden Gefühle annehmen, weil sie als Person vollständig vom Therapeuten angenommen wurden. Es war also nicht notwendig, diese Gefühle auf andere Menschen „abzuladen".
Bei diesen Überlegungen lehnt sich Rogers stark an den Philosophen Kierkegaard an, der als Lebensziel angab „das Selbst zu sein, das man in Wahrheit ist" (zit. nach C. Rogers 1988, S. 167).
Auf dem Weg zu einem wahren Selbst nennt Rogers folgende **Grundqualitäten:**
- Offenheit gegenüber Erfahrungen,
- im jeweiligen Augenblick leben,
- wachsendes Vertrauen zum eigenen Organismus.

Unter einer **Offenheit gegenüber Erfahrungen** versteht er das Gegenteil einer Abwehrhaltung Wenn wir Erfahrungen abwehren, verzerren wir sie oder lassen sie erst gar nicht ins Bewusstsein kommen. Ein Hauptgrund dafür ist, dass diese Erfahrungen erheblich von unserem Selbstbild abweichen. Wir sollen uns also unseren Erfahrungen öffnen.
Im jeweiligen Augenblick leben heißt, dass jedes Erleben eigentlich neu ist. In jedem Moment kommen äußere und innere Reize so zusammen, wie sie nie zuvor vorhanden waren.
Aus diesen ständig neuen Erfahrungen geht das *Selbst* als der zentrale Teil der Persönlichkeit hervor. Dabei werden die Erfahrungen nicht etwa so umgestaltet, dass sie einer jeweiligen Persönlichkeitsstruktur entsprechen.
Rogers bemerkt allerdings, dass wir unsere Welt voreingenommen – durch vorweggenommene Bewertungen – wahrnehmen. Nach seiner Auffassung macht uns das ärmer.
Vertrauen in den **eigenen Organismus** zu haben, befähigt den Menschen, das jeweils richtige Verhalten für ihn auszuwählen. Wie ein PC, der in Sekundenschnelle alle wichtigen Daten verarbeitet und Lösungen anbietet, sollte der Mensch lernen, alle wichtigen Informationen zu sammeln und daraus die ökonomisch sinnvollste Handlungsweise zu „berechnen".
Leider misslingt dieser Vorgang häufig aus zwei Gründen:

Erstens werden Informationen, die nicht zur gegenwärtigen Situation dazugehören, miteinbezogen. *Zweitens* werden Informationen, die zur gegenwärtigen Situation dazugehören, ausgeschlossen.

Beispiel:

> Zur Vorbereitung auf eine Prüfung gehört eine sorgfältige Planung: Material wird sortiert, fehlende Unterlagen vervollständigt, der Stoff wird eingegrenzt, ein Zeitplan wird erstellt usw. Wenn bei dieser Planung andere, nicht prüfungsrelevante Probleme (Konflikte mit dem Freund z. B.) hinein-„gearbeitet" werden, ist die Vorbereitung massiv gestört. Auch Erzählungen anderer über nicht bestandene Prüfungen sind wenig hilfreich.
> Weiter muss ich bei der Planung äußere Umstände wie z. B. eine Kündigung meines Mietvertrages oder innere Faktoren wie meinen Gesundheitszustand berücksichtigen.

Ein Mensch, der psychisch frei ist, erlebt seine Gefühle und seine Handlungen als zu ihm gehörig, und er hört auf seinen Organismus (seine körperlichen Erfahrungen). Dieser ist manchmal klüger als sein Bewusstsein.

4.5.5 Hauptziele der Persönlichkeitsentwicklung

In seinem Persönlichkeitsmodell gibt es keine feste Struktur, wie sie zum Beispiel Freud in seinem Instanzenmodell entwickelte. Auch eine Triebsteuerung, wie Freud sie annahm, lehnt Rogers ab.
Da, wie beschrieben, das Selbst im Mittelpunkt seiner Theorie steht, ist die **Selbstverwirklichung** eine Hauptaufgabe in der Therapie und in der Erziehung allgemein:
Unter der Selbstverwirklichung versteht er die „grundlegende Tendenz des Organismus, den Erfahrungen machenden Organismus zu *aktualisieren,* zu erhalten und zu erhöhen" (zit. nach Pervin 1994, S. 204).

Mit **Aktualisierung** meint er folgendes: Das Selbst entwickelt sich von einer einfachen zu einer differenzierten Struktur, von Abhängigkeit zu Unabhängigkeit, von Starrheit zu Beweglichkeit. Etwas weniger wissenschaftlich, aber doch zutreffend drückte es ein Schüler der 12. Klasse so aus: „sein Verhalten auf den neuesten Stand bringen".
Wichtige Begriffe im Prozess der Aktualisierung sind **Selbst-Konsistenz** und **Kongruenz** (Deckungsgleichheit) zwischen dem Selbst und seinen Erfahrungen.

Das Konzept der Selbst-Konsistenz übernahm Rogers von Lecky (1945). In seinen Vorstellungen steht im Mittelpunkt der Person die *eigene Wertschätzung.* Selbstkonsistent, also mit sich übereinstimmend handelt ein Mensch, der ehrlich zu sich selber ist, dessen Handlungen und Selbstwahrnehmungen übereinstimmen. Kongruenz zwischen dem Selbst und seinen Erfahrungen erfährt der Mensch, wenn er sich als liebesfähig *sieht* und gleichzeitig eine Liebesbeziehung erfährt. Als inkongruent erlebt er sich, wenn seine von ihm vermutete Liebesfähigkeit im Gegensatz zu seinen Erfahrungen gar nicht lieben zu können steht. Ist ihm diese Diskrepanz bewusst, kann **Angst** entstehen.
Der Organismus empfindet einen inkongruenten Zustand als Bedrohung und reagiert mit Abwehr.
Diese kann auf zwei Wegen erfolgen: die erlebte Erfahrung wird *verzerrt* oder die erlebte Erfahrung wird *verleugnet.*

Beispiel:

> Ein Schüler hat das Selbstkonzept, ein schlechter Schüler zu sein. Eine von ihm erbrachte Leistung etwa eine „Zwei" in der Psychologie-Klassenarbeit wird so aufgenommen: „Sie war viel zu leicht" oder: „Die Arbeit ist gut ausgefallen, da ist eine Zwei nichts besonderes."
> Diese Reaktionen entsprechen einer **Verzerrung der Erfahrung,** um das Selbstkonzept „ich bin ein schlechter Schüler" nicht zu gefährden.

Die **Verleugnung,** die seltener als die Verzerrung vorkommt, bedeutet, dass eine Erfahrung z. B. vom Freund verlassen zu werden erst gar nicht aufgenommen wird.
Der Preis für Verzerrungen und Verleugnungen ist also die **Angst.** Der Mensch hat Angst davor, sein Selbstkonzept ändern zu müssen, um seine Erfahrungen passend, d. h. kongruent zu machen.

Erzieherische Konsequenzen: Warum wird die Kluft zwischen Selbstkonzept und Erfahrungen als negativ erlebt und abgewehrt? Warum will der Mensch sein Selbstkonzept nicht ändern?
Rogers sieht die Ursachen dafür in der Kindheit begründet: Erwarten Eltern von ihrem Kind Gehorsam und Anpassung und wird jedes Gefühl von Unabhängigkeit unterdrückt, so erlebt das Kind Wünsche nach Loslösung und damit nach Veränderung seines Selbstkonzeptes als fremd. Es beginnt seine Gefühle zu leugnen und sie abzuwehren, um die Liebe der Eltern zu erhalten.

Das Bedürfnis nach Anerkennung und Zuwendung sieht Rogers dabei als absolut grundlegend an.
Wurden diese Bedürfnisse in der Kindheit befriedigt, so kann der Mensch sich so verhalten wie es seinem Selbstkonzept entspricht:

Beispiel:

> „Wenn ich mich für einen höflichen Menschen halte, werde ich einem behinderten oder alten Menschen meinen Platz anbieten oder ihm die Türe aufhalten. Durch eine freundliche Reaktion, ein „Danke“ zum Beispiel, erreiche ich, dass mein Selbstbild bestätigt wird.

Rogers selbst hat allerdings keine systematischen Untersuchungen darüber ausgeführt, unter welchen familiären Bedingungen sich ein positives Selbst und ein kongruentes Selbstkonzept entwickelt. Er verweist auf Baldwin (1949) und Coppersmith (1967), die entsprechende Untersuchungen durchführten. Diese stützen seine Thesen.
Für die *Entwicklung einer Selbstachtung* macht Coppersmith drei Faktoren verantwortlich :
- Annahme, Wärme und Zuneigung der Eltern gegenüber dem Kind;
- Förderung der kindlichen Selbstverwirklichung;
- klare Regeln innerhalb der Familie, bei deren Aufstellung dem Kind Meinungen und Rechte eingeräumt werden.

4.6 Zusammenfassung

Grundlagen der Persönlichkeitspsychologie
- Es gibt keine allgemein gültige Definition des Begriffes „Persönlichkeit“.
- Ebenso gibt es nicht die allgemein gültige Persönlichkeitstheorie.
  Einig sind sich viele Forscher nur in der Fragestellung, was erforscht werden soll: Was verändert sich im Laufe der Zeit in der Interaktion mit der Situation und was bleibt gleich (intra- und interindividueller Vergleich)?
- Die Persönlichkeitspsychologie in der Wissenschaft und im Alltag verfolgt das Ziel: beschreiben – erklären – vorhersagen und verändern.

Das Selbstkonzept als zentrales Persönlichkeitsmerkmal
- Das Selbstkonzept besteht aus unterschiedlichen Selbstbildern, es entwickelt und verändert sich ein Leben lang.

- Es entsteht aus Beobachtungen und Bewertungen der eigenen Person, vor allem in sozialen Interaktionen. Dabei konstruiert der Mensch aktiv sein Selbstbild mit.
- Man unterscheidet zwischen zentralen und peripheren Selbstbildern, die jeweils einem Bedeutungswandel (z. B. bei Krisen) unterliegen können.
- Um ein positives Selbstbild aufrechtzuerhalten, ist eine Rollenvielfalt notwendig.

Zusammenfassung und Bewertung psychoanalytischer Theorien

- Im Mittelpunkt der Theorie von **Freud** steht die *Triebtheorie*: Der Mensch wird bestimmt (determiniert) durch Sexualtriebe und Aggressionstriebe. Dem Unbewussten wird eine große Bedeutung beigemessen.
- Im Instanzenmodell – Ich, Es und Über-Ich –, kommt dem *Ich* eine *Vermittlerrolle* zwischen Es und Über-Ich zu. Dem Ich wird keine Eigenständigkeit zugeschrieben, es bezieht seine Energie aus dem Es.
  Erst Anna Freud, Hartmann und andere Psychoanalytiker wie Sullivan werten die Bedeutung des Ich auf (sogenannte Ich-Psychologie). Die Abwehrmechanismen werden erweitert und bekommen eine andere Qualität.
- Die Forscher **Erikson, Spitz, Mahler** und andere greifen die theoretischen Überlegungen von Hartmann u. a. auf, betonen den *Entwicklungsaspekt* des *Ich* und die Bedeutung der *Objektbeziehungen* bei der Entwicklung des *Ich* bzw. des Selbst.
- Dieser erweiterte Ich-Begriff wird an empirischen Untersuchungen (Beobachtungen, Experimenten und Befragungen) überprüft.
  Während Mahler die Entwicklung des Selbst in den ersten drei Lebensjahren betrachtet, ordnet Erikson die Persönlichkeitsentwicklung des *ganzen* Lebens nach psychosexuellen und psychosozialen Gemeinsamkeiten ein. Diese Gemeinsamkeiten sind zwar leicht nachvollziehbar, lassen aber andere Gesichtspunkte außer acht.
- Diese Neuentwicklungen stellen eine starken Einschnitt in der Psychoanalyse dar. Aber die Basis bleibt noch die Triebtheorie von Freud.
- Der Psychoanalytiker **Kohut,** der stark von Mahler beeinflusst wurde, entwickelte eine Theorie des *Selbst*, die allerdings – in seiner letzten Fassung – eine *Abkehr* von der *Triebpsychologie* Freuds darstellt. Kohuts Theorie ist jedoch unvollständig und eine eindeutige Begriffsklärung fehlt.
- Es gibt also wichtige neue Ansätze in der Psychoanalyse, die eine wesentliche Ergänzung zur Freud'schen Theorie darstellen. Allerdings existiert bis heute noch keine neue umfassende psychoanalytische Persönlichkeitstheorie, die die „alte" Theorie *voll ersetzen* könnte.

Zusammenfassung und Bewertung der Theorie von Rogers

- Seine Theorie ist humanistisch, d. h. der Mensch, der von Natur aus gut ist, steht im Mittelpunkt.
- Im Zentrum seiner Theorie steht das *Selbst.* Darunter versteht er den *bewusst* gesammelten Erfahrungsschatz eines Individuums, der sich verändern kann. (Heute spricht man eher von Selbstbildern als von dem Selbst).
- Diese Veränderung nennt er *Aktualisierung,* d. h. das Selbst wird differenzierter, unabhängiger, beweglicher. Oberstes Ziel ist die Selbstverwirklichung. (Letzteres ist ein angenommener, philosophischer Begriff
- Die Person sollte *Kongruenz* zwischen seinem Selbst und seinen Erfahrungen erleben. *Inkongruenz* kann *Angst* erzeugen, wird als Bedrohung empfunden und abgewehrt. (Der Zusammenhang zwischen Angst und Abwehr bleibt unklar).
- Die Abwehr kann erfolgen durch *Verzerrung* oder *Verleugnung* von Erfahrungen.
- Ziel jeder Therapie ist das Erzeugen von Kongruenz zwischen dem Selbst und seinen Erfahrungen, eine Art psychischer Anpassung. (Hier wird der entsprechende Entwicklungsverlauf nicht beschrieben).
- Vom Klienten wird eine *Selbstexploration* verlangt. (Die Wahrnehmungen des Klienten können allerdings unvollständig sein).
- Die Selbstexploration fördert die Fähigkeit des Klienten, sich selbst zu heilen. (Eine ausführliche Darstellung seiner Therapie erfolgt in GRUNDWISSEN PÄDAGOGIK, S. 173 ff.).

Aufgaben

8. Beschreiben Sie den Aufbau des Selbstkonzeptes.
9. Schildern Sie in Grundzügen die Persönlichkeitstheorie von Freud.
10. Welche Unterschiede gibt es in der Auffassung vom Ich (Selbst) zwischen der modernen Psychoanalyse (Mahler, Kohut usw.) und der Psychoanalyse von S. Freud?

5 Entwicklungspsychologie

5.1 Grundlagen

Entwicklungspsychologie ist eine Grundlagendisziplin der Psychologie (vgl. Kap. 1). Sie kann auf eine etwa hundertjährige Geschichte zurückblicken.

5.1.1 Begriffsklärung

Entwicklung umfasst alle Veränderungen im Erleben und Verhalten eines Menschen vom Beginn des Lebens im Mutterleib bis zum Tod, d. h. während der gesamten Lebensspanne. Gegenstand der Entwicklungspsychologie sind relativ überdauernde (langfristige) Veränderungen, die im direkten Bezug zum Lebensalter stehen, wie z. B. die Entwicklung der Motorik, der Sprache, der Intelligenz usw.

Entwicklung ist ein einzigartiger Vorgang, der bei verschiedenen Menschen auch unterschiedlich verlaufen kann.

Vier Grundfragen sind dabei von Bedeutung:

- **Was** verändert sich?
- **Wie** sind diese Veränderungen zu **beschreiben?**
- **Wodurch** kommen diese Veränderungen **zustande?**
- **Wie** sind diese Veränderungen theoretisch zu **erklären?**

Die erste Frage gilt dem Untersuchungsgegenstand: Entwicklung der Motorik, Sprache, Intelligenz, Wahrnehmung, Gedächtnis, Emotionen, Motivationen usw. Die zweite Frage zielt auf den Verlauf der Entwicklung: z. B. kontinuierlich oder in Stufen, Phasen usw. Entwicklung lässt sich zudem als Prozess fortschreitender Differenzierung und gleichzeitiger Integration auffassen (vgl. Kap. 5.2). Die dritte Frage untersucht die Bedingungen, unter denen sich Entwicklung vollzieht: z. B. Anlage, Umwelt und das Individuum selbst (vgl. Kap. 5.3). In der vierten Frage sind Theorien angesprochen, die den Verlauf der Entwicklung erklären (vgl. Kap. 5.5).

5.1.2 Gegenstand der Entwicklungspsychologie

Der Gegenstandsbereich der Entwicklungspsychologie soll nun etwas differenzierter betrachtet werden (vgl. Montada 1995, S. 23 f.):

- Es werden **Veränderungen (des Erlebens und Verhaltens)** erforscht, die auf das Lebensalter bezogen werden können. Hierbei werden aber nicht Entwicklungsvorgänge erklärt, sondern nur der Verlauf der Entwicklung beschrieben. So zeigt sich im Bereich des Sozialverhaltens, dass sechs Monate alte Kinder nahezu alle Menschen anstrahlen, von denen sie freundlich angeschaut werden. Mit etwa acht Monaten reagieren aber fast alle Kinder weniger bekannten Menschen gegenüber sehr zurückhaltend oder weinen sogar.
- Veränderungen sind für die Entwicklungspsychologie dann von Bedeutung, wenn sie **nachhaltig** sind und entsprechend **langfristig** wirken. Dabei wird die gesamte **Lebensspanne** (von der Zeugung bis zum Tod) betrachtet. Man kann z. B. erkennen, welche Auswirkungen Probleme in der Kindheit möglicherweise auf das Erwachsenenalter haben. So kann (nach Freud) fehlende Zuwendung im ersten Lebensjahr eines Menschen beim Erwachsenen zu Problemen im Bereich des Kontaktverhaltens führen.
- Die Entwicklungspsychologie befasst sich mit der **Kontinuität** der Entwicklung im Erleben und Verhalten. Das bedeutet, dass danach gefragt wird, inwieweit eine Veränderung X die Folge einer vorausgegangenen Veränderung Y ist. So geht das Verhalten von etwa einjährigen Kindern, fremden Personen gegenüber anders zu reagieren als bei bekannten, auf die vorausgegangene kognitive Entwicklung zurück.

5.2 Beschreibung der Entwicklung

Was verändert sich und wie können diese Veränderungen beschrieben werden? Am Beispiel der emotionalen und der motorischen Entwicklung wird der Verlauf von Veränderungen in der frühen Kindheit im kurzen Überblick dargestellt.

5.2.1 Verlauf der emotionalen Entwicklung unter dem Gesichtspunkt von Differenzierung und Integration

Emotionen (Gefühle) sind Ich-Zustände (vgl. Kap. 2.5).
Emotionen sind nicht von Anfang an in der Vielfalt vorhanden wie beim Erwachsenen. Sie entstehen aus einem sehr unstrukturierten Erregungszustand, bei dem man auch von *Emotionsvorläufern* spricht. Die Entwicklung der Vielzahl von Emotionen, über die ein Erwachsener verfügt, kann als **Differenzierung** beschrieben werden.
Differenzierung ist ein Aufbauprozess und beschreibt die Entwicklung vom Einfachen zum Komplexen, vom Allgemeinen zum Spezifischen. Differenzierung bedeutet: Verfeinerung und Spezialisierung psychischer Erscheinungen (z. B. von Gefühlen, Motiven, Interessen) und Verhaltensweisen (z. B. der motorischen Entwicklung).
Die Emotionen sind zu Beginn der Entwicklung noch diffus verschwommen. Sie heben sich im weiteren Verlauf zunehmend deutlicher von dieser zunächst undifferenzierten Einheit ab und werden auch deutlicher voneinander unterscheidbar.
So beschreibt Sroufe (1979) die Entwicklung der meisten Emotionen aus drei Emotionsvorläufern, die bereits beim Neugeborenen zu beobachten sind. Daraus ergeben sich acht Stufen der emotionalen Entwicklung. Diese Stufen zeigen auch wie sich die soziale Zuwendung zur Umwelt in Abhängigkeit von der sozialkognitiven Entwicklung verändert.

Alter	**Emotionale Differenzierung** in Verbindung mit der sozial-kognitiven Entwicklung
Neugeborenes	Emotionsvorläufer: Vergnügen/Freude, Ängstlichkeit/Furcht, Wut/Ärger
1. Monat	1. Periode der absoluten Reizschranke (kaum aktive Zuwendung zur Umwelt)
2.–3. Monat	2. Zuwendung zur Umwelt: Differenzierung in Emotionen wie Neugier, Interesse und Freude; Lächeln
3.–5. Monat	3. Vergnügen an gelungener Assimilation (Anpassung an Umweltgegebenheiten) mit Differenzierung in Freude, volles Lachen und Wut/Enttäuschung
6.–9. Monat	4. Aktive Teilnahme am sozialen Geschehen: Differenzierung in Vergnügen/Ärger
10.–12. Monat	5. Phase der sozial-emotionalen Bindung: Fremdenfurcht und Bindung an Bezugsperson
13.–18. Monat	6. Phase des Übens und Explorierens (Erforschens der Umwelt): Begeisterung, Vorsicht/Ängstlichkeit, Ärger
19.–36. Monat	7. Bildung des Selbstkonzepts: Positives Selbstwertempfinden, Scham, Trotz und Bockigkeit bis hin zum absichtlichen Wehtun
ab 36. Monat	8. Phase des Spiels und der Fantasie: Stolz, Liebe, Schuldgefühle

Tab. 1: Übersicht über die emotionale Differenzierung in den ersten Lebensjahren nach Sroufe (1979)

Ab dem 36. Lebensmonat hat ein Kind, das bei der Geburt die sogenannte Emotionsvorläufer zeigte, eine ganze Reihe voneinander unterscheidbarer Emotionen zur Verfügung, die es entsprechend einsetzt.
Diese emotionale Entwicklung wird durch die Fortschritte in der kognitiven und sozialkognitiven Entwicklung (wie sie vor allem Piaget, Kap. 5.5.4, beschreibt) mit bedingt. Es besteht eine **Wechselbeziehung** zwischen der emotionalen Entwicklung und anderen Entwicklungsbereichen, hier der sozialkognitiven Entwicklung.
Die sich entwickelnden Emotionen helfen dem Kind, sich an seine Umwelt anzupassen und soziale Beziehungen zu entwickeln.

Beispiel:

> Ein Baby, das seine Bezugsperson anlächelt, wird von dieser eine ebenso positive Reaktion erhalten, weint es aber, wird diese sich Sorgen über sein Befinden machen.

Der Vorgang der Differenzierung wird begleitet von einem Prozess der funktionellen Unterordnung, der zunehmenden **Integration und hierarchischen Organisation.** Gefühle kommen so unter die Herrschaft verstandesmäßiger Vorgänge; Wahrnehmungen werden zunehmend durch Begriffe und Denkvorgänge beherrscht. Es kommt damit zum Aufbau zentraler Steuerungen (Steuerungsinstanzen). Integration zeigt ihre ersten deutlichen Auswirkungen in der aktiven Selbstgestaltung und größeren Unabhängigkeit von augenblicklichen Bedingungen und Zuständen (vgl. Edelmann 1980, S. 57).
Das bedeutet, dass die durch Differenzierung entstandenen Veränderungen (z. B. neue Emotionen) in Beziehung zueinander gesetzt werden. Das heißt, eine fortschreitende Neuentwicklung unterscheidbarer Gefühle kann nur dann zu einem sinnvollen Entwicklungsgeschehen werden, wenn die Gefühle aufeinander bezogen und aufeinander abgestimmt sind. Ebenso entstehen Beziehungen zwischen Gefühlen und anderen psychischen Bereichen wie Motivation oder Kognition. (Siehe auch Kap. 2.6)

Beispiel:

> Bettina, 4 Jahre alt, spielt mit der Puppenstube ihrer besten Freundin Susanne. Dabei fällt ihr ein Puppentässchen herunter und zerbricht. Susanne weint. Bettina schaut Susanne schuldbewusst an und sagt, dass es ihr leid tut und dass es keine Absicht war.

Nach der Verlaufsbeschreibung der emotionalen Entwicklung (siehe S. 128) ist Bettina zu Gefühlen wie Unlust, Sympathie für andere Menschen und Schuldgefühlen fähig. Sie kann auch den Effekt einer Handlung auf sich als Verursacher beziehen. Aber um sich bei Susanne zu entschuldigen, müssen diese einzelnen Bestandteile psychischen Geschehens zueinander in Beziehung gesetzt werden können. Dann erst ist es möglich, dass Bettina Unlust empfindet, weil sie sich für eine Handlung verantwortlich fühlt, die einem anderen Menschen, der ihr sympathisch ist, Leid zufügt, das sie selbst nachvollziehen kann.
Diese Verhaltens- und Erlebnisweisen werden durch **Integrationsprozesse** bewirkt, die jeden **Differenzierungsprozess** ergänzen müssen.

5.2.2 Verlauf der motorischen Entwicklung unter dem Gesichtspunkt der Differenzierung und Integration

Die nachfolgende Tabelle gibt die Differenzierung der wichtigsten motorischen Leistungen in den ersten drei Lebensjahren wieder.

1.–2. Monat	Kinn abheben in Bauchlage
2.–3. Monat	Kinn und Schultern kurz anheben
4. Monat	Kopfkontrolle beim Halten in sitzender Lage
5.–6. Monat	Angelehnt und gestützt Sitzen
7. Monat	Sitzen mit Sich-Aufstützen
8.–9. Monat	Frei Sitzen und Stehen mit Festhalten
10.–11. Monat	Auf Händen und Knien Kriechen
11.–12. Monat	Gehen mit Anhalten und Aufrichten an Möbelstücken
13. Monat	Erste freie Schritte
14. Monat	Freies Stehen, kann Treppe hinaufkriechen
ab 15. Monat	Gehen ohne Hilfe
18. Monat	Treppensteigen mit Anhalten
24. Monat	Ball aufheben, Ball stoßen
30. Monat	Auf Zehenspitzen gehen
36. Monat	Eine Sekunde auf einem Bein stehen

Tab. 2: Überblick über die sich in den ersten drei Lebensjahren entwickelnden motorischen Leistungen eines Kleinkindes (Durchschnittswerte)

Dieser Überblick über die motorischen Leistungen zeigt, dass zu den zu einem bestimmten Zeitpunkt vorhandenen motorischen Fähigkeiten immer weitere, voneinander unterscheidbare im Sinne der Differenzierung dazu kommen. So kann das Kind z. B. mit 8–9 Monaten frei sitzen und stehen mit Festhalten, mit 11–12 Monaten kann es dann auch gehen mit Anhalten und sich an Möbelstükken aufrichten.
Diese **Differenzierung** muss wieder durch **Integrationsleistungen** ergänzt werden, damit sinnvoll aufeinander abgestimmte Verhaltensweisen möglich sind.

Beispiel:

> So wird ein Kind, das sich beim Stehen noch gut festhalten muss, nicht gleichzeitig mit den Händen nach einem Ball greifen und dabei sein Gleichgewicht gefährden. Es wird sich erst auf den sicheren Boden lassen, wo es ohne Anhalten sitzen kann und dann versuchen, nach dem Ball zu greifen.

Ebenso erfolgt eine Integration der motorischen Entwicklung mit der Entwicklung anderer psychischer Fähigkeiten, Funktionen und Kräfte wie der Emotion und der Motivation.

Beispiel:

> Wenn ein Kind Interesse (Motivation) an einem Gegenstand verspürt und den Wunsch hat, diesen in der Hand zu halten, wird es, je nach seinen motorischen Fähigkeiten versuchen, zu ihm zu gelangen, um ihn zu nehmen (siehe auch Kap. 2.6).

5.3 Bedingungen der Entwicklung

Während bisher an zwei Beispielen der zeitlich begrenzte Verlauf der Entwicklung *beschrieben* wurde, muss jetzt danach gefragt werden, *wodurch* sich diese Verläufe ergeben, durch welche Bedingungen sie verursacht werden.
Warum kann ein Kind erst mit ca. einem Jahr anfangen zu laufen oder warum entsteht etwa im Alter von acht Monaten die sogenannte Fremdenangst?
Dafür sind sowohl Anlagen als auch Umwelt und die aktive Leistung des Individuums verantwortlich.

5.3.1 Anlagen

Anlagen sind **genetische** Bestimmungsgrößen. Sie sind in den Genen enthalten, die jedem Individuum bei der Befruchtung in einer einmaligen Art mitgegeben werden und die auf den Chromosomen „sitzen“. Chromosomen sind DNS-Doppelstränge, die im Kern jeder Zelle enthalten sind, und Gene sind Teilabschnitte auf diesen Doppelsträngen. Jede menschliche Zelle hat 46 Chromosomen, auf denen sich zwischen 30 000 und 100 000 Gene befinden. Nur etwa 10 % davon werden für das menschliche Dasein „gebraucht“. Der Rest wartet sozusagen darauf, ob sich unsere Umwelt so entscheidend verändert, dass sie verwendet werden müssen (vgl. Zimbardo 1995, S. 61 ff.).
Der Genbestand bleibt ein Leben lang unverändert. Aus ihm ergibt sich der sogenannte **Genotyp** (das in den Genen verankerte Programm) und das, was man als vererbt bezeichnet.

Der **Phänotyp** (die sichtbare Erscheinung des Menschen ab der Geburt) enthält zusätzlich noch die konstitutionellen Determinanten, die sich vorgeburtlich und geburtlich (bzw. nachgeburtlich) ergeben können. Eine Rötelnerkrankung der Mutter während der Schwangerschaft kann zu Schädigungen der Sinnesorgane des Kindes führen, die oft erst bei der Geburt erkannt werden.
Angeboren ist also einerseits mehr als **ererbt.** Andererseits ist nicht alles, was ererbt ist, bereits bei der Geburt erkennbar.
Den Anlagen kommt eine unterschiedliche Variationsbreite zu; sie bedürfen der Umweltreize zu ihrer Ausprägung und Verfestigung, und sie bilden die Voraussetzung für die individuelle Entwicklung von Eigenschaften durch Lernprozesse.
Man kann Anlagen unterscheiden in:

- *allgemein menschliche Anlagen:* Fähigkeit zur Sprache, zum Denken etc. und
- *individuelle Anlagen:* musikalische Begabung, sportliche Körperkonstitution etc.

Anlagen als ererbte Entwicklungsgrößen beeinflussen die Entwicklung unterschiedlich:

- Körperliches Wachstum, Konstitution, Geschlechtsreife, die Entwicklung der Motorik sind überwiegend durch die Anlagen bestimmt.
- Psychische Funktionen, Fähigkeiten und Kräfte sind es wahrscheinlich weniger.

5.3.2 Reifung

Reifungsprozesse sind biologisch bedingte Veränderungsprozesse, d. h. durch die Anlagen festgelegt. Sie treten auch dann auf, wenn keine Lern- oder Übungsprozesse stattfinden.

Bei Reifungsprozessen ist festgelegt

- **wann** sie eintreten,
- mit welcher **Geschwindigkeit** sie verlaufen,
- und **wie lange** sie dauern.

Beispiel:

> Selbstständiges Laufen beobachtet man bei den meisten Kindern mit etwa einem Jahr, sinnvolle Zweiwort-Sätze bei etwa eineinhalb Jahre alten Kindern. Größere Verschiebungen dieser Zeitpunkte nach vorn sind nicht möglich, wenn auch in Einzelfällen Beschleunigungen durch äußere Einflüsse durchaus vorkommen können.

Durch die Reifung kann es erst zu entwicklungsgemäßen Veränderungen kommen, die durch die Anlagen bedingt sind. Reifungsprozesse sind jene psychophysischen Veränderungen, die vorwiegend aufgrund innerorganischer Antriebe entstehen. Solche Veränderungen sind also endogen (von innen heraus) gesteuert und zeitabhängig. Als Entwicklungsprozesse dieser Art gelten: die Knochenkernbildung, die Bildung des Skelett- und Muskelsystems, die Zahnbildung, die Reifung der Geschlechtsorgane, die Entwicklung der Motorik, die Anfänge der Sprachentwicklung, die fortschreitende Gehirnreifung und die damit zusammenhängende Lernfähigkeit. Reifungsprozesse stellen wichtige Voraussetzungen für die Lebenserhaltung und die Persönlichkeitsentwicklung dar. So ist z. B. der Erwerb des Gehens, Sprechens, Schreibens, Lesens usw. nur in Einheit mit verschiedenen Reifungsvorgängen (als allgemeine Vorbedingungen) möglich. Reifen und Lernen bilden somit zwei einander wechselseitig durchdringende Seiten der Entwicklung.

Reifungsprozesse erkennt man an folgenden Merkmalen:
- Sie sind an bestimmte *Zeitpunkte* gebunden.
- Sie zeigen einen bestimmten, kaum beeinflussbaren Ablauf.
- Sie treten bei *allen Lebewesen* einer bestimmten Art gleichermaßen auf.

Dadurch unterscheiden sie sich deutlich von Übung, Erfahrung und Lernen. Am wirksamsten sind Reifungsprozesse in der frühen Kindheit.

5.3.3 Umwelt

Unter **Umwelt** verstehen wir die Gesamtheit des Lebensraums, der ein Lebewesen umgibt bzw. alle von außen kommenden Einflüsse, denen Menschen ausgesetzt sind.
Verschiedene Umweltbereiche werden unterschieden:
- **soziale Umwelt:** Eltern, Verwandte, Freunde, Anzahl der Erzieher, Jugendgruppe, Mitschüler, Gleichaltrigengruppe („peer-group“);
- **kulturelle Umwelt:** Weltanschauung, Normen, Werte, Religion, Brauchtum, gesellschaftliche Verfassung, Erziehungs- und Lernziele, Entwicklungsaufgaben, Angebote an kulturellen Veranstaltungen und Einrichtungen, Massenmedien;
- **materielle Umwelt:** Wohnverhältnisse, wirtschaftliche Verhältnisse der Familie, räumliche Voraussetzungen, Anzahl und Ausstattung der Erziehungsinstitutionen;

- **natürliche Umwelt:** Landschaft, Klima, Ernährung, Großstadt oder Land (siehe auch GRUNDWISSEN PÄDAGOGIK, Kap. 1.4.2).

Die verschiedenen Umweltbereiche überschneiden und ändern sich immer wieder. Die Wirkung der Umwelt kann sowohl **direkt** sein, wenn z. B. das elterliche Verhalten das der Kinder beeinflusst. Sie kann aber auch **indirekt** sein, wenn z. B. gute Ernährung zu einem kräftigeren Muskelwachstum führt und damit indirekt die Bereitschaft für sportliche Tätigkeiten erhöht.
Umwelt beeinflusst in erster Linie die **psychische** Entwicklung. Umwelt kann aber auch **körperliche** Wirkungen haben, wie z. B. die in diesem Jahrhundert beobachtete Zunahme des Größenwachstums in Industriegesellschaften (säkulare Akzeleration), die durch die verbesserte Ernährung bedingt sein soll.

Beispiel:

> Ausreichende Ernährung ist beispielsweise eine Voraussetzung für das Eintreten der Geschlechtsreife. Durch Hungern zögern z. B. magersüchtige Mädchen diese Entwicklung hinaus: Selbstverständlich sind Zeitpunkt und Verlauf der Pubertätsentwicklung aber in erster Linie durch Genwirkungen und nicht durch Ernährung gesteuert.

Wie vielseitig sich Entwicklungsbedingungen beispielsweise in der Familie abspielen, soll folgendes Beispiel verdeutlichen.

Beispiel:

> In der Familie spielen die Schulbildung, der Beruf und das Einkommen der Eltern ebenso eine Rolle wie die Wohngegend, die Freunde und die Verwandtschaft. Zu beachten sind weiterhin das Familienklima, das Erzieherverhalten, Erziehungsstile, Erziehungsziele der Eltern sowie die sozialen Beziehungen zwischen den einzelnen Familienmitgliedern. Wichtig ist außerdem, dass die verschiedenen familiären Bedingungen miteinander zusammenhängen, dass die Auswirkung einer dieser Bedingungen nicht isoliert betrachtet werden darf, sondern stets in Wechselwirkung mit den anderen betrachtet werden muss (vgl. Weinert 1972, zit. n. Trautner 1995, S. 86).

Wir halten fest: Zwischen den einzelnen Einflussgrößen der Umwelt (z. B. Wohnverhältnissen, Erziehungsstilen, Anregungsgehalt der Lernumwelt) bestehen ebenfalls wechselseitige Abhängigkeiten.

5.3.4 Lernen

Die Wirkung der Umwelt auf die Entwicklung von Verhalten und Erleben erfolgt über Lernprozesse.
Lernen bedeutet relativ dauerhafte Verhaltensänderungen, die aufgrund von Erfahrungen zustande kommen (vgl. Schaub u. Zenke 1995, S. 230). Verhaltensänderungen, die durch Reifung, Ermüdung, Krankheiten u. a. zustande kommen, werden nicht dazu gezählt.
Verhaltensänderung bedeutet nicht nur Änderung der beobachtbaren Verhaltensweisen, sondern auch Änderung der „dahinter" stehenden Gedanken, Gefühle, Einstellungen usw. (siehe auch GRUNDWISSEN PÄDAGOGIK, Kap. 2.1).
Lernprozesse sind nicht direkt beobachtbar, sondern immer nur über ihr Ergebnis, das Verhalten, erschließbar.

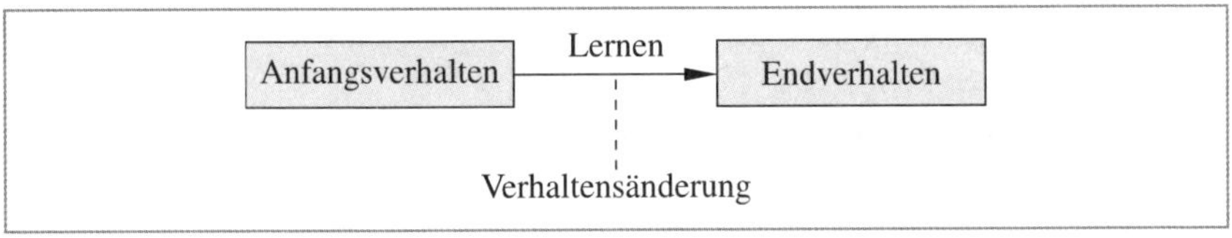

Abb. 1: Verhaltensänderung als Indikator für Lernen (aus GRUNDWISSEN PÄDAGOGIK, S. 24)

Über die wesentlichen Gesetzmäßigkeiten des Lernens gibt es unterschiedliche Auffassungen. Sie sind in Form verschiedener Lerntheorien formuliert (vgl. hierzu GRUNDWISSEN PÄDAGOGIK, Kap. 2).

5.3.5 Selbststeuerung (Selbstregulation)

Ist der Mensch nun ein Produkt von Anlage und Umwelt oder gestaltet er seine Entwicklung aktiv mit und beeinflusst auch seinerseits diese Entwicklungsbedingungen? Jenseits von Anlage und Umwelt lässt sich Entwicklung auch als Selbststeuerungsprozess begreifen. Dabei beeinflusst der heranwachsende Mensch aktiv sein eigenes Verhalten. Das Individuum gestaltet selbst seine Entwicklung, indem es bestimmte Einflüsse auswählt, akzeptiert oder dagegen steuert usw. Hierunter fällt auch das selbstständige Lernen (vgl. GRUNDWISSEN PÄDAGOGIK,

Kap. 2.4.6). Die menschliche Entwicklung ist im Wesentlichen eine **aktive** Leistung des Individuums, das in der ständigen Auseinandersetzung mit seiner Umwelt seine Entwicklung selbst beeinflusst. Dadurch wird es befähigt, anstehende Aufgaben vor allem Entwicklungsaufgaben zu bewältigen (vgl. Oerter 1985, S. 3).

Entwicklung kann dann als
- **Eigenleistung** des Individuums betrachtet werden,
- die durch **Wechselwirkung** (Interaktion) zwischen Anlage, Umwelt und dem Individuum selbst zustande kommt.

Selbststeuerung ist die Fähigkeit einer Person, eigenes Verhalten selbst zu lenken bzw. zu verändern.
Selbststeuerung entwickelt sich auf der Basis von Anlagen durch frühe Lernvorgänge und wird bald zu einem bedeutenden Entwicklungsfaktor. Spätestens bei den ersten Willenskundgebungen des Kindes im zweiten Lebensjahr ist sie deutlich zu beobachten.
Damit ist das Kind nicht mehr rezeptiv von seiner Umwelt abhängig. Es kann selbst entscheiden, was es interessiert und was nicht. Zunehmend beeinflusst es sich selbst und seine Umwelt.
Auf verschiedene Weise kann der Mensch seine eigene Entwicklung beeinflussen (Montada 1995, S. 9 f.):
- Er sucht sich „passende" Umwelten. Zum Beispiel bevorzugt er bestimmte Familienmitglieder oder Freunde, bindet oder trennt sich, wählt einen Beruf u. v. m.
- Er entscheidet subjektiv, aufgrund persönlicher Wertmaßstäbe, was für ihn wichtig ist und was nicht.
- Jeder Mensch beeinflusst von Geburt an seine Umwelt. Das gilt sowohl für die materielle als auch die soziale Umwelt. Ein unleidlicher, nervöser Säugling ruft auch bei liebevollen Eltern Frustrationen hervor, die zu Ängsten und Ablehnung des kindlichen Verhaltens führen können.

5.3.6 Zusammenspiel der Entwicklungsbedingungen

Anlage, Umwelt und Individuum sind die Bedingungen, während Reifung, Lernen und Selbststeuerung als Prozesse der individuellen Entwicklung fungieren. Die Variablen stehen in **Wechselbeziehung** zueinander. Sie können nicht voneinander unabhängig sein, sondern beeinflussen sich in ihrer Wirkung gegenseitig.

Es besteht eine sogenannte **Interaktion** zwischen Anlage, Umwelt, Individuum und den entsprechenden Prozessen. Wirksam werden dabei jeweils diejenigen Anlagen und Teile der Umwelt, die für das Individuum X zum Zeitpunkt Y von Bedeutung sind, und auf das Individuum X selbst wie es zum Zeitpunkt Y gerade ist.

Beispiel:

> Ein 17-jähriger Schüler mit guter körperlicher Kondition hat großen sportlichen Erfolg bei einer Schulmeisterschaft. Seine Eltern belohnen ihn deshalb mit einer Eintrittskarte für die Vorstellung einer berühmten Dance Company. Die Vorstellung begeistert ihn so, dass er beschließt, etwas Ähnliches zu machen. Was wäre gewesen, wenn er Pech bei der Schulmeisterschaft gehabt hätte oder nicht in die Vorstellung gegangen wäre oder wenn er dort ein Mädchen kennen gelernt hätte, das sein Interesse, ein Musikinstrument zu spielen, viel stärker als sein sportliches beeinflusst hätte?

- Die Anlagen üben keinen allein entscheidenden Einfluss auf die Entwicklung aus. Sie sind in ihrer Wirkung von Umwelt und Individuum abhängig. (Die gute Kondition des Schülers [Anlage] allein würde ihn ohne das Theatererlebnis [Umwelt] nicht motivieren [Selbststeuerung], zu einer Dance-Gruppe zu gehen.)
- Die Umwelt übt ebenfalls keinen allein entscheidenden Einfluss aus. Sie ist in ihrer Wirkung von den Anlagen und dem Individuum abhängig. (Ohne ausreichende körperliche Grundeigenschaften [Anlage] hätte das Erlebnis der Tanzvorführung [Umwelt] wahrscheinlich nicht bewirkt, dass unser Schüler beschließt [Selbststeuerung], selbst so zu tanzen.)
- Das Individuum ist kein Spielball von Anlage und Umwelt. Es ist an seiner Entwicklung aktiv beteiligt. (Hätte unser Schüler nicht schon ein gewisses Interesse an Modern-Dance gehabt, hätte ihm die Vorführung zwar gefallen, aber er hätte keine weiteren Handlungen in diese Richtung vollzogen.)

Das Ausmaß des Einflusses von Anlage, Umwelt und Individuum kann man nicht bestimmen. Wegen der fortwährenden **Wechselwirkung** kann keine der Variablen **isoliert** betrachtet werden.

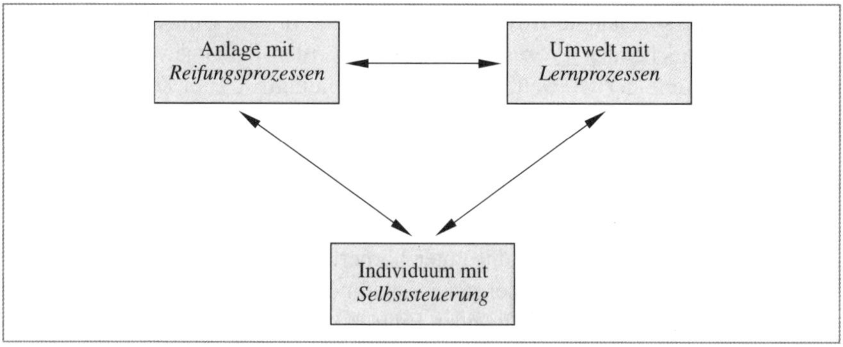

Abb. 2: Wechselwirkungsmodell der Entwicklung (modifiziert nach Kleber 1974, S. 17)

Wir wissen, dass die Umwelt auf die Entwicklung des Individuums fördernd oder auch hemmend einwirkt. Wir wissen aber auch, dass das Individuum zurückwirkt auf seine Umwelt.

„Hat man früher gefragt, wie das Kind durch seine familiäre Umwelt geformt wird, so fragt man heute auch umgekehrt, wie das Kind oder der Jugendliche auf die Familie zurückwirken. Es wird also z. B. nicht nur gefragt, wie sich eine Scheidung auf die Kinder auswirkt, sondern auch, was Kinder zur Ehezufriedenheit oder zur Scheidungsneigung der Eltern beitragen“ (Montada 1995, S. 9).

5.4 Entwicklungstheorien

5.4.1 Überblick über Entwicklungstheorien

Wie kann erklärt werden, warum es zu den Veränderungen des Erlebens und Verhaltens kommt, die man als Entwicklung bezeichnet?

Hier steht eine Reihe von Theorien zur Verfügung.

Zur Erinnerung: Eine Theorie ist ein System von logisch miteinander verbundenen Aussagen. Eine Entwicklungstheorie enthält also vor allem Aussagen über die zeitlich aufeinander folgenden Veränderungen des Erlebens und Verhaltens. Dabei werden die *Bedingungen* der Entwicklung, die *Richtung*, in die die Entwicklung verläuft, und ihre *Ursachen* bzw. Gründe mit einbezogen.

Die Entwicklungstheorien lassen sich nach ihrer jeweiligen zentralen Auffassung bezüglich der Bedeutung von Anlagen, Umwelt bzw. dem individuellen Anteil für die Entwicklung ordnen sowie nach dem Welt- und Menschenbild, das den jeweiligen Theorien zugrunde liegt.

Sogenannte **endogenistische Theorien** gehen davon aus, dass Entwicklung fast ausschließlich von den Anlagen des Individuums und der Reifung dieser Anlagen abhängt (endogen: von innen gesteuert). Sie werden häufig auch **Vererbungstheorien** genannt. Vor allem zu Beginn der Entwicklungspsychologie wurde diese Auffassung von Wissenschaftlern wie K. Bühler, O. Kroh oder W. Stern vertreten. Für diese Theorien ist es typisch, den Entwicklungsverlauf mithilfe von altersgebundenen Stufenmodellen zu beschreiben, die für jedes Individuum gelten sollen. Die eigentliche Einflussgröße ist die Anlage, das Individuum hat eine passive Rolle, die Wirkung der Umwelt wird vernachlässigt.
Endogenistische Theorien entsprechen nicht mehr dem gegenwärtigen Erkenntnisstand.

Exogenistische Theorien erklären die Entwicklung als überwiegend durch Umwelteinflüsse bedingt (exogen: von außen gesteuert). Sie werden häufig auch **Milieutheorien** genannt. Ihre Grundlage haben diese Theorien in den behavioristischen Lerntheorien von J. B. Watson oder B. Skinner u. a. In der Bundesrepublik Deutschland hatten sie vor allem in den 60er- und 70er-Jahren starke Bedeutung, als reformpädagogische Bemühungen besonders auf die ausgeprägten, negativen Umwelteinwirkungen in der Entwicklung hinwiesen. Kinder, die nach dieser Auffassung zunächst alle als gleichbegabt gelten müssen, sollten durch optimale, für alle vergleichbare Umwelteinflüsse auch eine optimale Entwicklung haben. Die Umwelt ist in diesen Theorien eine aktive Wirkgröße, das Individuum spielt dabei eine eher passive Rolle, die Anlagen haben für die psychische Entwicklung keine Bedeutung.
Auch diese Theorien genügen einer modernen Entwicklungspsychologie nicht mehr.

Dem gegenwärtigen Entwicklungsstand entsprechen **Wechselwirkungsmodelle** oder **Interaktionstheorien,** deren Grundlagen bereits in Kapitel 5.3.6 allgemein dargestellt wurden.
Sie betonen zwar z. T. in unterschiedlicher Weise die Wirkung der verschiedenen Entwicklungsbedingungen, bauen aber grundsätzlich auf der wechselseitigen Beeinflussung von Anlage, Umwelt und Individuum auf. Umwelt und Individuum haben dabei aktive Funktionen.
Entwicklungspsychologen der Gegenwart benutzen zur Erklärung der von ihnen beobachteten Phänomene nicht nur eine der in Frage kommenden Theorien. Sie stehen auf dem Standpunkt, dass jede der Theorien brauchbare Aussagen liefert, die man entsprechend nützen kann.
So sind z. B. für die Erklärung der Motivationsentwicklung die Aussagen der Psychoanalyse geeignet. Beschäftigt man sich besonders mit der kognitiven Ent-

wicklung, werden die Aussagen von Piaget bevorzugt. Interessiert man sich vor allem für die Lernvorgänge selbst, die zur Entwicklung führen, bietet sich die sozialkognitive Theorie nach Bandura an (vgl. GRUNDWISSEN PÄDAGOGIK).
Diese Theorien beschäftigen sich zwar in ihrem Schwerpunkt mit einem bestimmten Bereich der Entwicklung. Sie schließen die anderen Bereiche aber nicht aus, sondern beziehen sie mit ein.
Da diese Beispiele einen guten Querschnitt über gegenwärtig anerkannte Entwicklungstheorien bieten, werden sie in den folgenden Teilen ausführlicher dargestellt.

5.4.2 Die Psychoanalyse S. Freuds als Entwicklungstheorie

Die Psychoanalyse zeigt bestimmte Schwerpunkte:
- eine Persönlichkeitstheorie: das Instanzenmodell der Persönlichkeit (siehe Kap. 4),
- eine Entwicklungstheorie: die Theorie der Libidoentwicklung,
- eine Neurosenlehre,
- eine therapeutische Methode.

Für die Entwicklungspsychologie ist in erster Linie die Theorie der Libidoentwicklung bedeutsam. Sie beschreibt und begründet die Triebentwicklung in engem Zusammenhang mit der Entwicklung der Persönlichkeitsstrukturen. (Eine ausführliche Darstellung des Instanzenmodells enthält das Kapitel 4. Eine ausführliche Darstellung der gesamten Psychoanalyse liegt vor in GRUNDWISSEN PÄDAGOGIK Kapitel 3).

Die Persönlichkeit besteht aus den Instanzen oder Schichten **Es, Ich** und **Über-Ich.** Diese stehen in einer dynamischen Beziehung zueinander, die die Entwicklung und Befriedigung von Trieben beeinflusst.

Die Theorie der Libidoentwicklung

Freud hat auf drei Aspekte hingewiesen, die das entwicklungspsychologische Denken nachhaltig beeinflussten:
- Sexuelle Entwicklung ist nicht erst ab der Pubertät vorhanden, sondern beginnt bereits in den ersten Lebensjahren.
- Die ersten Lebensjahre sind für die gesamte Persönlichkeitsentwicklung von großer Bedeutung.
- Die Eltern-Kind-Beziehung ist für die individuelle Entwicklung sehr wichtig.

Entwicklung bedeutet bei Freud Entwicklung der Persönlichkeit. Persönlichkeitseigenschaften entstehen durch Art und Umfang der Befriedigung bzw. der Frustration von Trieben in den einzelnen psychosexuellen Entwicklungsstufen der Libido.
Libidoentwicklung bedeutet, dass die Libido verschiedene psychosexuelle Organisationsstufen durchläuft, die gesetzmäßig aufeinander folgen.
Die **Anlagen** als Entwicklungsbedingungen sind in der Psychoanalyse sowohl durch die Libido wirksam, die von Anfang an da ist, als auch durch den phasenhaften Ablauf der Libidoentwicklung.
Die **Umwelt** wirkt durch die Erfahrungen, die ein Individuum bei Triebbefriedigung in der jeweiligen Entwicklungsphase macht. Durch unterschiedliche Erfahrungen entstehen ganz individuelle Persönlichkeiten (z. B. analer Charakter).
Die aktive **Beteiligung des Individuums** ist durch die individuelle Entwicklung des Ich von frühester Kindheit an gegeben.

Phasen der Libidoentwicklung – Überblick	
1. Orale Phase	1. Lebensjahr
2. Anale Phase	2.–3. Lebensjahr
3. Phallische Phase	3.–6. Lebensjahr
4. Latenzperiode	6.–11. Lebensjahr
5. Genitale Phase	ab dem 11. Lebensjahr

Die einzelnen Phasen erhalten ihre Bezeichnung nach der **erogenen Zone,** die in dieser Phase vorherrscht. Erogene Zonen sind Körperregionen des Lustgewinns, die für die Triebe, die in dieser Phase vorherrschen, von Bedeutung sind.

Zentrale Aspekte der Libidoentwicklung:
- Jede Phase zeigt vorherrschende Arten des Lustgewinns (Verhaltensmuster zur Triebbefriedigung).
- Jede Phase führt zu bestimmten Objektbeziehungen (Personen werden zum Objekt von Triebregungen).
- Jede Phase gibt einen bestimmten Stand der Persönlichkeitsentwicklung bzw. der Ich-Entwicklung (im Sinne des Instanzenmodells) wieder.
- Jede Phase zeigt typische Abwehrmechanismen (siehe GRUNDWISSEN PÄDAGOGIK, S. 107 ff.).
- Die Bewältigung einer Phase entspricht der Bewältigung einer Entwicklungsaufgabe. Sie ist Voraussetzung für die erfolgreiche Bewältigung der nachfolgenden Phase.

Orale Phase (1. Lebensjahr)

Erogene Zone ist der Mund bzw. die Mundschleimhaut.
Lustgewinn erfolgt (ausgehend von der Nahrungsaufnahme) durch orale Aktivitäten, die zur Triebbefriedigung führen (Saugen, Lutschen, Schlucken, später Kauen und Beißen).
Der Säugling ist zunächst vom Es gesteuert, seine Bedürfnisse können nicht aufgeschoben werden, das **Lustprinzip** herrscht vor. Durch Erfahrung von **Triebaufschub** und **Triebverzicht** (Frustration) entsteht eine Beziehung zur Realität. Diese ist für die Ich-Entwicklung und für das Entstehen der sogenannten **Frustrationstoleranz** notwendig. Frustrationstoleranz ist die für die Entwicklung einer gesunden Persönlichkeit notwendige Fähigkeit, Triebaufschub oder Triebverzicht zu ertragen.
Für die weitere Persönlichkeitsentwicklung ist es auch sehr wichtig, dass das **Urvertrauen** (vgl. Erikson) entsteht. Es ist die Grundlage für eine vertrauensvolle und positive Grundhaltung zur Umwelt. Voraussetzung dafür ist, dass eine **Bezugsperson** vorhanden ist, die die sogenannte **erste Objektbeziehung** ermöglicht, die für alle weiteren Objektbeziehungen grundlegend ist (Kind als Subjekt, Bezugsperson als Objekt; siehe auch GRUNDWISSEN PÄDAGOGIK, S. 121 ff.).
Die Bezugsperson sorgt für **optimale Affektzufuhr,** d. h. Befriedigung der Bedürfnisse, vor allem nach Zuwendung. Sie ermöglicht aber auch das Lernen von Triebaufschub und Triebverzicht (Frustrationstoleranz) auf der Basis des Urvertrauens.
Zu **Störungen in der Entwicklung** kann es durch **exzessive Frustration** (Zwang zum Triebverzicht) oder durch **exzessive Befriedigung** (starke Verwöhnung) kommen.
Exzessive Frustration kann z. B. darin bestehen, dass Ernährung streng nach Plan stattfindet oder Mangel an Zuwendung herrscht. Sie verhindert die Entwicklung des Urvertrauens und der Objektbeziehung. Daraus kann sich Beziehungsunfähigkeit ergeben, die zusammen mit mangelnder Frustrationstoleranz die Persönlichkeitsentwicklung beeinträchtigen kann. Diese Störungen können auch beim Erwachsenen sichtbar werden.
Exzessive Befriedigung kann in ständiger und sofortiger Erfüllung der Bedürfnisse nach Nahrung und Zuwendung bestehen. Da das Kind die beim Triebaufschub entstehende Triebspannung nicht erlebt, weil seine Bedürfnisse sofort befriedigt werden, erlebt es auch nicht den Lustgewinn durch die Befriedigung. Das führt einerseits zu immer größeren Ansprüchen und verhindert außerdem die notwendige Bildung der Frustrationstoleranz. Die Entstehung der Objektbeziehung ist ebenfalls gestört, da zwischen Kind und Bezugsperson keine Gegensei-

tigkeit, kein Austausch stattfinden. Auch hier kann es zu Folgen in der Persönlichkeitsentwicklung kommen, die sich als „übergroße Ansprüche“ und „Beziehungsunfähigkeit“ auch beim Erwachsenen äußern können.
Exzessive Frustration und exzessive Befriedigung können in jeder Phase der Entwicklung zu **Fixierungen** an die betreffende Phase der Libidoentwicklung führen. Das bedeutet, dass eine Bindung an die Bedürfnisse der jeweiligen Phase entsteht, d. h. ein Stehenbleiben auf einer Phase. Treten im weiteren Verlauf der Entwicklung durch Frustrationen Konflikte auf, dann besteht die Neigung, auf Verhaltensweisen zurückzugreifen (regredieren), die für diese Phase typisch sind. Dies wird als **Regression** bezeichnet.
Bei einer Fixierung auf die orale Phase können dies bei einem älteren Kind, einem Jugendlichen oder Erwachsenen auffällig stark auftretende orale Bedürfnisse sein (z. B. eine Essstörung oder eine orale Sucht).
Die Entwicklung von Neurosen beruht immer auf Fixierungen, sie müssen aber nicht unbedingt bei jeder Fixierung entstehen. Es kann dann z. B. zur Entwicklung von Depressionen kommen.
Natürlich kann sich eine Fixierung auf eine Entwicklungsphase durch günstige Umstände in der weiteren Entwicklung auch wieder auflösen.

Anale Phase (2.–3. Lebensjahr)

Erogene Zone ist die Analregion (Ausscheidungsorgane) in Verbindung mit den dazugehörigen Vorgängen der Ausscheidung.
Lustgewinn kann sowohl durch lustvoll erlebte Entleerung von Darm und Blase als auch durch Zurückhalten entstehen. Im Umfeld werden auch das Spiel mit dem Kot und Prozesse des Gebens und Verweigerns als solche mit einbezogen. Für das Kind ist sein Kot Teil seiner selbst, den es nun auf Wunsch der Erzieher hergeben soll, aber auch verweigern kann. Durch seine Erfahrungen mit Ausscheidungsprozessen und dem dazugehörigen Umfeld lernt das Kind, ein Verhältnis zur Sauberkeit zu entwickeln. Im Zusammenhang mit Geben und Verweigern entsteht auch eine grundlegende Einstellung zu Besitz.
Dadurch, dass die Erzieher etwas vom Kind wollen, was es vielleicht selbst nicht will, entwickelt es auch ein immer stärkeres Ich-Bewusstsein (Ich will, ich will nicht).
Die anale Phase ist für die **Sauberkeitserziehung,** das **Verhältnis zu Besitz** und die **Ich-Entwicklung** von Bedeutung.
Exzessive Frustration bedeutet hier zu frühe und zu strenge Sauberkeitserziehung. Zu früh heißt, bevor das Kind willentlich seine Ausscheidungen kontrollieren kann; das ist mit etwa 18 Monaten der Fall. Zu streng heißt Überbetonung

der Bedeutung der Sauberkeit in Verbindung mit Angst vor Schmutz. Lustvolle Erlebnisse in diesem Zusammenhang bleiben aus. Der erzieherische Druck im Sauberkeitsbereich ist meist verbunden mit starken Einschränkungen des kindlichen Willens und der kindlichen Autonomiebestrebungen *(Ich-Entwicklung).*
Fixierungen entstehen, indem das massiv unterdrückte kindliche Bedürfnis, sich mit den Ausscheidungen und Schmutz zu beschäftigen, erhalten bleibt. Es kann sich beim älteren Menschen als sogenannten Anal-Charakter in Geiz und/oder Pedanterie und/oder Eigensinn äußern.
Falls aus Fixierungen Neurosen entstehen, zeigen diese sich z. B. in Verhaltenszwängen wie Waschzwang oder Zwang zum Perfektionismus.
Exzessive Befriedigung tritt ein, wenn Erzieher es völlig dem Kind überlassen, mit seiner Ausscheidung umzugehen. Dadurch kann einmal der Zeitpunkt der Sauberkeitserziehung „verpasst" werden. Das macht sich durch relativ große Schwierigkeiten bemerkbar, die älter werdende Kinder beim Erlernen der Ausscheidungskontrolle haben. Zum anderen fehlt dem Kind das Erlebnis einer „Gegenkraft", die seinem Willen gegenüber steht. Die Entwicklung des kindlichen Willens kann so nicht gefördert werden. Die Ich-Entwicklung ist gestört.
Fixierungen zeigen sich durch Instabilität (wechselhaftes Verhalten) im Bereich der Ausscheidungskontrolle. Es kann zum Wiedereinnässen oder -einkoten kommen. Das Bedürfnis, sich mit Ausscheidung und mit Schmutz überhaupt zu beschäftigen, bleibt auch hier erhalten.
Zu Neurosen kann es in Form von extremer Unfähigkeit ein angemessenes Verhältnis zu Ordnung, Sauberkeit und Besitz zu finden kommen. Es besteht die Gefahr der neurotischen Verwahrlosung.

Die phallische Phase (3.–6. Lebensjahr)

Erogene Zonen sind die Genitalien. Lustgewinn erfolgt durch spielerische Beschäftigung mit den Genitalien. Dazu gehört deren Betrachten bei sich und anderen und Manipulationen, die daran vorgenommen werden.
Das hat aber noch nichts mit der Sexualität von Erwachsenen zu tun. Das Interesse des Kindes ist zunächst auf die Eltern gerichtet. Der gegengeschlechtliche Elternteil wird Libidoobjekt, der gleichgeschlechtliche wird als Rivale empfunden. Dadurch entsteht der sogenannte **Ödipuskonflikt.**
Bei angemessener Befriedigung der kindlichen Bedürfnisse löst sich dieser Konflikt wieder auf. Das Kind **identifiziert** sich mit dem gleichgeschlechtlichen Elternteil. Dabei übernimmt es das Verhalten der jeweiligen Geschlechterrolle und die Normen und Werte, die diesem Verhalten zugrunde liegen. Dadurch wird der Grundstein für die **Über-Ich-Bildung** gelegt. Die libidinöse Zuneigung zum

gegengeschlechtlichen Elternteil verwandelt sich in Zärtlichkeit. Im Mittelpunkt dieser Phase steht die Entdeckung der Sexualität und die **Entwicklung des Über-Ichs.**
Exzessive Frustration ist oft mit starker Tabuisierung der sexuellen Bedürfnisse im Zusammenhang mit Schuldgefühlen verbunden. Dadurch kann es zu Fixierungen kommen, die sich in überbetontem Interesse an den Genitalien bzw. in sexuellen Störungen des Erwachsenen äußern können.
Die Entwicklung von Neurosen kann als sexuelles Interesse an Ersatzobjekten für den eigentlichen Sexualpartner, z. B. als Fetischismus, oder als infantile Sexualäußerung wie Exhibitionismus auftreten.
Wenn der Ödipuskonflikt nicht aufgelöst wird, kann es auch zu Bindungsstörungen gegenüber möglichen Sexualpartnern kommen.
Zu berücksichtigen sind auch Störungen der Über-Ich-Bildung. Das Über-Ich des Kindes entwickelt sich zunächst in Abhängigkeit vom Identifikationsobjekt. Die Über-Ich-Bildung wird beeinträchtigt, wenn dieses Objekt nicht vorhanden ist (z. B. häufig wechselnde Erziehungspersonen). Oder das Über-Ich entwickelt sich zwar, aber das Identifikationsobjekt ist nicht das geeignete Vorbild, um die von der Gesellschaft erwarteten Normen und Werte darzustellen.

Latenzzeit (6.–11. Lebensjahr)

In dieser Phase, die etwa mit der Schulzeit beginnt, gibt es keine besondere erogene Körperzone. Die sexuelle Entwicklung „ruht". Die bisher vorhandenen Bedürfnisse werden „verfeinert" und ausgebaut (auf weitere ähnliche Objekte bezogen).

Genitale Phase (ab dem 11. Lebensjahr) – Pubertät

Alle früheren erogenen Zonen werden wieder wichtig. Unter dem sogenannten „Primat der Genitalität" verschmelzen die Partialtriebe. Gelingt eine positive Entwicklung der Sexualität, dann vereinen sich die Bedürfnisse (oral: z. B. Küssen; anal: Betasten, Interesse an Körperöffnungen; phallisch: Eindringen, Sich-Hingeben) in Bezug auf einen Partner.
Fehlentwicklungen können z. B. durch einseitige Betonung eines ursprünglichen Partialtriebes in infantiler Form deutlich werden (z. B. Exhibitionismus).

Libidoentwicklung und Erziehung

Eine ausführliche Behandlung dieses Themas gibt das Kapitel 3 im GRUNDWISSEN PÄDAGOGIK wieder.

Einige Punkte sollen hier dargestellt werden:
- Wollen sich Erzieher psychoanalytisch orientieren, so müssen sie den vorgegebenen natürlichen Ablauf der Entwicklung (Phasen der Libidoentwicklung, erogene Zonen) respektieren und ohne Zwang und Druck mit den jeweiligen Bedürfnissen des Kindes umgehen.
- Es ist aber auch notwendig, dem Kind die „dosierte“ Auseinandersetzung mit Konflikten in den einzelnen Phasen zu ermöglichen (Triebaufschub, Sauberkeitserziehung, Willensbildung und dergleichen).
- Erzieher beeinflussen die Entwicklung des Kindes positiv, wenn sie seine Ich-Entwicklung fördern, indem sie klare Bedingungen zur Triebbefriedigung schaffen. Sie können das Kind dabei unterstützen, Konfliktfähigkeit zu erwerben, indem sie offen und verständnisvoll über entsprechende Situationen sprechen. Konflikte sollen nicht vermieden werden. Eine vollkommen repressionsfreie Erziehung ist ungeeignet für die Persönlichkeitsentwicklung. Nach Freud ist die Auseinandersetzung mit Grenzen, die dem Kind in der Erziehung gezeigt werden, für die Entstehung von Kultur notwendig.
- Grenzen dürfen aber nicht bedeuten, dass diejenigen Bedürfnisse unterdrückt werden müssen, die in der jeweiligen Phase typisch sind, oder dass zu hohe Erwartungen an das Kind (z. B. bei der Sauberkeitserziehung) gestellt werden.

Kurze Würdigung der psychoanalytischen Entwicklungstheorie

Die Psychoanalyse hat große Anerkennung, aber auch große Kritik und Ablehnung erfahren. Für die Entwicklungspsychologie hat Freud auf wichtige Aspekte hingewiesen. Die kindliche Sexualität und die Bedeutung der frühen Kindheit für die Gesamtentwicklung wurden dadurch erst entsprechend berücksichtigt.
Viele Verhaltensbeschreibungen im Zusammenhang mit Instanzenmodell und Libidoentwicklung lassen sich durch Beobachtungen gut nachvollziehen. Ebenso ist es mit der Entstehung von Fehlentwicklungen.
Die Annahme, dass unbewusste Vorgänge Erleben und Verhalten beeinflussen sollen, ist zwar, wie die meisten Annahmen der Psychoanalyse, nicht experimentell nachprüfbar, erscheint aber dennoch sehr plausibel.
Neben den oben erwähnten positiven Seiten der Psychoanalyse ergibt sich andererseits auch Anlass zur Kritik:

Im Zusammenhang mit der kindlichen Sexualität und der Libidoentwicklung betont Freud besonders die Bedeutung des Ödipuskonflikts. Entwicklungspsychologen in der Nachfolge Freuds (z. B. Horney 1967) wehren sich gegen diese einseitige, auf Knaben bezogene Darstellung des Entwicklungsgeschehens. Sie kritisieren die große Bedeutung, die Freud dem Ödipuskonflikt im Rahmen der gesamten Persönlichkeitsentwicklung zuspricht.
Auch die fast schon schicksalhafte Bedeutung der frühen Kindheit für die Gesamtentwicklung ist äußerst umstritten. Viele Fehlentwicklungen sind mit kognitiven Verhaltensmodifikationen (Therapiemethoden auf kognitiver und lerntheoretischer Basis) erfolgreicher und schneller zu korrigieren als mit der Psychoanalyse. Darin glaubt man einen Hinweis dafür zu finden, dass Fixierungen nicht so dramatische Wirkungen haben müssen, wie Freud es annahm.
In GRUNDWISSEN PÄDAGOGIK, Kapitel 3.2 ist eine ausführliche Würdigung der Psychoanalyse nachzulesen.

5.4.3 Die Entwicklungstheorie Piagets

Zur Person Jean Piagets

Piaget wurde 1896 in Neuchâtel (Schweiz) geboren und ist 1980 nach einem erfüllten Forscherleben in Genf gestorben. Nach dem Studium der Biologie und der Beschäftigung mit soziologischen und philosophischen Fragen kam Piaget zur experimentellen Psychologie, Psychiatrie und Tiefenpsychologie. Am Binet-Laboratorium in Paris entdeckte er, dass Kinder auf verschiedenen Altersstufen ganz typische kognitive „Fehler“ machen. Das war der Anstoß für seine Forschungen zur kognitiven Entwicklung von Kindern. Das Verhalten seiner eigenen Kinder, das er und seine Frau beobachteten und protokollierten, war die erste Grundlage für entsprechende Werke über die Intelligenzentwicklung und andere Entwicklungsbereiche. An der Sorbonne in Paris, vor allem aber in Genf ging er bis ins hohe Alter seiner wissenschaftlichen Tätigkeit nach und veröffentlichte viele fundamentale französischsprachige Schriften zur Entwicklungspsychologie, deren Niederschlag in der überwiegend englischsprachigen internationalen Psychologie mit einer gewissen Verzögerung erfolgte. Durch seine Erforschung der Prozesse, die dem Menschen Erkenntnisse über sich selbst und seine soziale und materielle Umwelt vermitteln, ist er schon zu Lebzeiten zu einem der berühmtesten Psychologen geworden.

Piagets Theorie kann grob in zwei Bereiche eingeteilt werden:
- die allgemeine, stadienunabhängige Theorie, eine kognitive Strukturtheorie (s. u.) und
- die Aufeinanderfolge von Stadien der kognitiven Entwicklung, das sogenannte Sequenzmodell (siehe S. 153 ff.).

Für Piaget ist der Mensch in erster Linie ein aktives und fragendes Wesen; er steht in Austauschprozessen mit der Umwelt. Entwicklung ist also ein Prozess der Interaktion zwischen Mensch und Umwelt. Entwicklung wird nicht erlitten, sondern getan.

Grundbegriffe der strukturgenetischen Theorie

Gegenstand der Forschung Piagets ist die Beschreibung der Veränderung kognitiver Strukturen und die Frage nach den dafür vorhandenen Gründen.
Für Piaget ist die kognitive Entwicklung von biologischen (genetischen) Bedingungen, Umwelteinflüssen und der aktiven Beteiligung des Individuums abhängig. In den **Anlagen** ist enthalten, dass der Mensch zu **Austauschprozessen** mit der Welt fähig ist. Die genetische Grundlage dafür sind sogenannte **Adaptionsprozesse** (Anpassungsprozesse), die **Assimilation** und die **Akkommodation;** sie stellen die beiden Grundprozesse der Anpassung an neue Situationen dar.
Die Entwicklung nimmt ihren Anfang bei angeborenen Reflexen, wie dem Saugreflex. Mithilfe grundlegender Fähigkeiten (wie Saugen, Greifen, Nachblicken usw.) werden Objekte der Umwelt vom Kleinkind integriert (bzw. assimiliert). Der Mensch ist vom Zeitpunkt der Geburt an ständig bemüht, seinen Anpassungsgrad an die Umwelt zu erhöhen. Diese Anpassung vollzieht sich zum Beispiel durch Assimilation.
Assimilation bedeutet, Gegebenheiten der Umwelt so zu interpretieren, dass sie zu den vorhandenen Fähigkeiten passen. Assimilation findet immer dann statt, wenn etwas von außen übernommen und einverleibt wird, z. B. wird bei der Nahrungsaufnahme etwas aus der Außenwelt ein Teil von uns. Aufgenommen (bzw. assimiliert) wird jene Information, die bestehenden Wissensstrukturen ähnlich ist. Das Aufgenommene wird entsprechend der bestehenden internen kognitiven Struktur verändert (vgl. Abb. 3). Die Wirkungsrichtung der Assimilation verläuft vom Subjekt (Person) zu den Objekten (Umwelt).

Beispiel:

> Der Schnuller ist dem Säugling vertraut, erhält er ihn, so beginnt er daran zu saugen; die Einordnung in die bisherige Erfahrung gelingt (= Assimilation). Gibt man dem Kleinkind nun ein neues Objekt, z. B. einen Ball, so wird es den Ball zunächst so behandeln, als ob es der ihm bekannte Schnuller wäre. Das bestehende „Wissen" reicht aber nicht aus, um das neue Objekt zu assimilieren, das „Wissen" muss vielmehr erweitert werden, dies geschieht im Prozess der Akkommodation. Dabei erfährt das Kind, dass ein Ball anders zu behandeln ist als ein Schnuller.

Assimilations- und Akkommodationsprozesse vollziehen sich also am „Wissen", das Piaget als Schema bezeichnet (siehe Abb. 3).
Ein **Schema** ist die typische Art und Weise, mit bestimmten Umweltgegebenheiten umzugehen, z. B. das Schema des Wertens, das Schema des Sich-Entschuldigens, das der Dreisatzrechnung oder des Ignorierens einer indirekten Bitte (vgl. Flammer 1993, S. 136). Schemata vereinfachen den Umgang mit der Welt. Sie entstehen durch die *Erfahrungen*, die das Kind mit der Umwelt macht. Der Säugling bringt bei der Geburt angeborene Schemata, Reflexschemata (z. B. Saugreflex, Suchreflex) mit, die er zum Überleben sofort braucht. Der weitaus größere Bereich von Schemata wird aber im Laufe der Entwicklung erworben. Schemata bleiben auch nicht unveränderlich, sie entwickeln sich weiter und verbinden sich miteinander zu sogenannte **Strukturen** (s. u.).
Die Anwendung von Schemata bzw. Strukturen auf konkrete Probleme bezeichnet Piaget als **Operationen.** Die Entwicklung der Schemata bzw. Strukturen und die entsprechenden Operationsmöglichkeiten beschreibt Piaget in verschiedenen Stadien (siehe S. 153 ff.). Schemata, Strukturen und Operationen definieren den **Menschen als problemlösendes Wesen** (siehe S. 47 ff.).

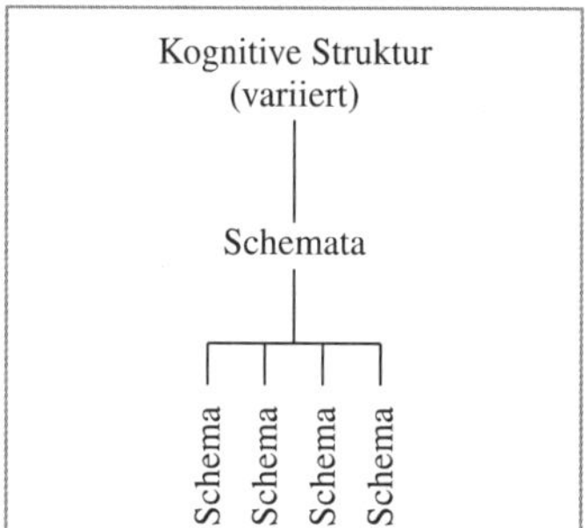

Abb. 3: Piagets Entwicklungstheorie: Der Zusammenhang von kognitiver Struktur und Schemata

Akkommodation bedeutet, dass die vorhandenen Fähigkeiten (Schemata) erweitert werden müssen, weil sie nicht ausreichen, um mit den Gegebenheiten der Umwelt erfolgreich umzugehen. Es kann nicht assimiliert werden, das Kind muss sich verändern. Akkommodation meint Veränderung der bestehenden kognitiven Schemata bzw. Strukturen entsprechend dem neu Aufgenommenen. Es ist ein Prozess der Anpassung des Individuums an die Umwelt; d. h. Veränderung bzw. Neukonstruktion von Schemata durch Umweltinformation. Akkommodation besteht in der Veränderung des Subjekts und seiner Strukturen durch die Umwelt.

Beispiel:

> Das Baby hat das Schema Greifen entwickelt. Es greift nun auch beim Baden nach dem Wasser (Assimilation). Dabei muss es allmählich feststellen, dass es das Wasser nicht festhalten kann und es entwickelt ein neues Schema, das Schöpfen des Wassers mit der Hand oder einem Gefäß (Akkommodation).

Die Gegebenheiten einer neuen Situation passen nie perfekt in irgendein Assimilations-Schema. In jeder neuen Betätigung eines solchen Schemas sind geringfügige, mehr oder weniger weit reichende Anpassungen dieses Verhaltensmusters notwendig, damit es auf „seinen“ Gegenstand in der neuen Situation passt und eine „reibungsfreie Einverleibung“ gestattet. Es gibt daher keine Assimilation ohne eine wenigstens minimale Akkommodation. So setzen z. B. neue zeitliche und örtliche Umstände ein Minimum von Akkommodation des Schemas voraus. Assimilation und Akkommodation sind untrennbare Vorgänge, sie stellen die beiden Pole der Anpassungsfunktion der Entwicklung dar. Entwicklung geschieht also nur in der Verbindung dieser beiden Prozesse. Deshalb besteht kognitive Adaptation aus einem Gleichgewicht zwischen Assimilation und Akkommodation. Wie wir gesehen haben, gibt es keine Assimilation ohne Akkommodation; auch Akkommodation kommt nicht ohne gleichzeitige Assimilation vor (Piaget, zit. nach Seiler 1980, S. 108).

Die Adaptationsprozesse bewirken einen Entwicklungsverlauf, den Piaget mit einer Stadientheorie beschreibt. Der Ablauf der kognitiven Entwicklung gehorcht einer Art innerer **Entfaltungslogik,** d. h. ein vorausgehendes Stadium ist die sachlogische Voraussetzung für das folgende. Der Ablauf dieser Stadien ist *universell* wie Piaget es nennt, d. h. bei *allen* Menschen gegeben.

Treibende Kraft der Entwicklung ist nach Piaget ein Element der **Selbststeuerung:** die Suche des Individuums nach **Gleichgewicht,** die **Äquilibration.** Piaget vertritt, wie bereits dargestellt, einen *interaktionstheoretischen* Standpunkt. Er geht davon aus, dass das *Individuum* sich auf der Basis der Anlagen *aktiv* mit der *Umwelt* auseinander setzt und dass dadurch bestimmte Formen des Denkens entstehen. Entwicklung kommt nach Piaget zustande durch die selbstregulierte, selbstmotivierte Auseinandersetzung zwischen Individuum und der physikalischen und sozialen Umwelt (vgl. Trautner 1991, S. 168). Dahinter steht die Suche des Individuums nach *Gleichgewicht* (Äquilibration). Das Individuum erfährt einen kognitiven Konflikt, dessen Voraussetzungen durch die Umwelt gegeben sind. Bei normalem Funktionieren wird meistens ein Gleichgewicht zwischen Assimilation und Akkommodation angestrebt. Dieser ausgleichende Prozess (Äquilibration) ist effektiv für jedes kognitive Wachstum verantwortlich. Wird neue Information an bestehende kognitive Strukturen assimiliert, beginnt ein Äquilibrationsprozess, aus dem sich eine neue kognitive Struktur ergibt.

Beispiel:

> Ein etwa dreijähriges Kindergartenkind beobachtet z. B. den Vater eines Spielkameraden, wie er sich als Nikolaus verkleidet. Obwohl es ihm beim Verkleiden zuschauen konnte, ist es danach davon überzeugt, eine ganz andere Person vor sich zu haben, weil sie anders ausschaut (Assimilation). Erst wenn es älter ist, kann es seine Wahrnehmung anpassen und weiß nun, dass der Nikolaus der verkleidete Vater seines Spielkameraden ist (Akkommodation).

Wie bereits oben angesprochen, ergeben sich aus der organisierten Verbindung der Schemata sogenannten **Strukturen** (Piaget 1974).

Beispiel:

> Bei der eineinhalbjährigen Svenja sind folgende Schemata vorhanden: stehen, auf einen Stuhl klettern, Stuhl tragen, Spielzeug greifen, vom Stuhl heruntersteigen. Die Verknüpfung dieser Schemata zur Struktur ergibt, dass Svenja ein Spielzeug, das ihre Mutter auf ein Regal gelegt hat und das sie so nicht erreicht, doch holen kann.

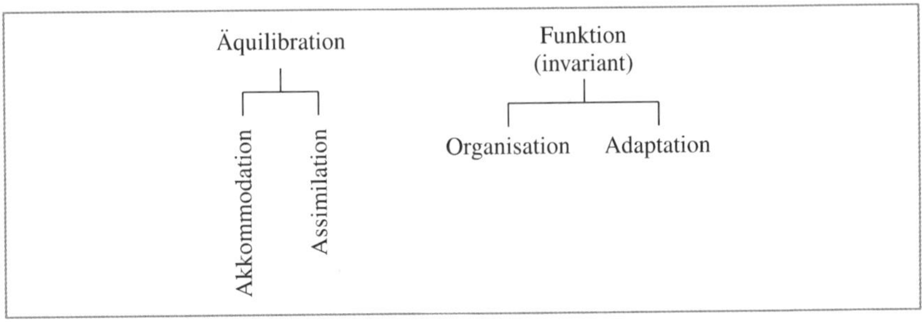

Abb. 4. Piagets Entwicklungstheorie: Grundbegriffe und ihr Zusammenhang (modifiziert nach Mayer 1979, S. 211).

Die kognitiven Strukturen entwickeln sich in ununterbrochener Auseinandersetzung des Organismus mit seiner Umwelt, dabei sind Assimilations- und Akkommodationsprozesse beteiligt. Diese Strukturen, die dem Verhalten zugrunde liegen, können sich immer wieder verändern und ganz verschiedene Inhalte (s. u.) erhalten. Deshalb spricht Piaget hier vom **varianten** Bereich der kognitiven Entwicklung.

Das Entstehen dieser sehr vielschichtigen Strukturen beruht auf immer gleichbleibenden *(invarianten)* Aktivitäten des Organismus, die über alle Entwicklungsstufen in dieser bestimmten Form vorhanden sind. Das sind Assimilation und Akkommodation, die die Äquilibrationsprozesse (Suche nach Gleichgewicht) ermöglichen. Diese führen zur Adaptation (Anpassung des Organismus an die Umwelt) und zur *Organisation* (Strukturen werden zueinander in Beziehung gesetzt) von Strukturen. Diese invarianten, genetisch bedingten Grundlagen der kognitiven Entwicklung bezeichnet Piaget als **Funktion.**

Die Entwicklungsstadien, die Piaget beschreibt, unterscheiden sich durch das jeweilige Niveau der Strukturen.

- Jedes Stadium zeigt typische Handlungs- und Denkleistungen.
- Die Strukturen werden von Stadium zu Stadium komplexer.

Assimilation und Akkommodation, Schema und Strukturenbildung und deren Verlauf in bestimmten, aufeinander folgenden Stadien ergibt den sogenannten *strukturgenetischen* Ansatz der Theorie Piagets. Es handelt sich um Entwicklungsvorgänge und Entwicklungselemente, die genetisch bedingt und universell sind.

Durch die **Umwelt** hat das Kind die Möglichkeit zur Interaktion, zur Auseinandersetzung, d. h. es kann seine vorhandenen Schemata auf Umweltgegebenheiten anwenden (Assimilation) oder es muss neue entwickeln (Akkommodation), um eine Situation erfolgreich bewältigen zu können. Die Bedeutung der Umwelt ist darin zu sehen, dass sie die Möglichkeiten dazu anbietet. Dadurch können immer wieder neue Schemata bzw. Strukturen entstehen.

Inhalte der Schemata sind die Gegenstände, auf die sie angewendet werden. Das Schema Greifen kann z. B. eine Rassel, einen Baustein, einen Ball oder die Hand der Mutter zum Inhalt haben.
- Die Umwelt sorgt für die Darbietung von Inhalten, die zur Bildung von Schemata und Strukturen führen.
- Die Umwelt muss dem Kind die Möglichkeit zur Aktivität geben, d. h. genügend Freiraum für die Auseinandersetzung mit ihr bieten.

Das bedeutet, dass für Piaget das Angebot, das die Umwelt macht, wichtiger ist als eine ständige gezielte entwicklungsorientierte Steuerung. Es muss dem Kind überlassen bleiben, sich aus diesem Angebot die Inhalte auszusuchen, die es im jeweiligen Zustand seiner Entwicklung bevorzugt.
Entwicklung wird nicht erlitten, sondern getan; sie ist tätige Bildung neuer Strukturen (vgl. Seiler 1980, S. 109).

Entwicklung als Sequenzmodell

Piaget beschreibt vier Hauptstadien der kognitiven Entwicklung:

1. Stadium der sensumotorischen Intelligenz	0 bis 2 Jahre
2. Stadium der präoperationalen Intelligenz	2 bis 7 Jahre
3. Stadium der konkreten Operationen	7 bis 11 Jahre
4. Stadium der formalen Operationen	von 11 bis 12 Jahren an

Piaget unterteilt diese Stadien noch weiter und gibt zu ihnen ungeheuer viele differenzierte und empirisch fundierte Informationen. Hier kann nur ein Überblick gegeben werden:

Stadium der sensumotorischen Intelligenz (0.–2. Lebensjahr)
Die Handlungen des Kindes sind zunächst überwiegend durch Reflexe bestimmt. Die Kontrollfähigkeit über die Reflexe und die Möglichkeit zum absichtlichen Handeln entwickeln sich zunehmend. Es entstehen Schemata, die miteinander zu Strukturen verbunden werden. Dabei erkennt das Kind die Beziehung zwischen Ursache und Wirkung. Es strampelt z. B. in seinem Wagen, um ein Mobile zu bewegen, das daran befestigt ist. Es erkennt auch, dass Personen und Gegenstände, die es nicht mehr sieht, noch weiter existieren. Es wird mit etwa acht Monaten anfangen nach den Objekten zu suchen, die aus seinem Blickfeld verschwinden.

In diesem Stadium sind Handeln und Denken weitgehend identisch und miteinander verschmolzen.

Stadium der präoperationalen (vorbegrifflichen) Intelligenz (2.–7. Lebensjahr)
Der gleichzeitig stattfindende Beginn des Spracherwerbs befähigt das Kind, etwas symbolisch zu tun. So wie ein Gegenstand durch ein Wort symbolisch dargestellt wird, kann auch eine Handlung symbolisch durchgeführt werden. Das Kind tut dann so „als ob". Es tut z. B. mit dem Löffel so, als ob es isst, hat aber gar nichts darauf. Später (etwa mit 5 Jahren) kann es auf den Löffel verzichten, um „Essen" zu spielen. Es führt dann einfach nur die Hand zum Mund als ob es einen Löffel hält. Auch andere Gegenstände können an dic Stelle des eigentlich Gemeinten treten. Es nimmt z. B. einen Bauklotz, schiebt ihn auf dem Boden entlang und ahmt Motorgeräusche nach, um Autofahren zu spielen.
Dieses Stadium ist gekennzeichnet durch den sogenannten **kindlichen Egozentrismus,** der darin besteht, dass das Kind noch nicht fähig ist, „… sich in den Standpunkt eines anderen zu versetzen und zu verstehen, dass dessen Sicht eines Gegenstandes möglicherweise von der eigenen abweicht." (Aebli 1992, S. 9). Das gilt auch für die Beurteilung von Situationen und kann in folgendem Beispiel gezeigt werden:

Beispiel:

> Man baut ein Landschaftsmodell, das drei verschieden hohe und verschieden farbige Pappmachéberge zeigt. Das Kind wird zusammen mit einer Puppe zunächst auf eine bestimmte Seite des Modells gestellt und beschreibt, wie die Puppe von da aus die Berge wahrnimmt. Danach setzt man die Puppe auf die gegenüberliegende Seite des Kindes und nun ist das Kind nicht mehr in der Lage, eine Beschreibung aus der Sicht der Puppe zu geben. Es kann sich nicht „in sie hineinversetzen" (Aebli, Montada und Schneider 1969).

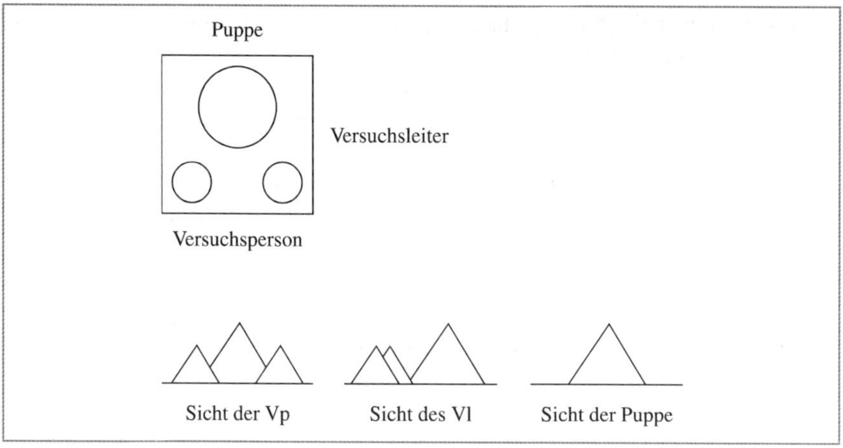

Abb. 5: Die Drei-Berge-Aufgabe (aus Mayer 1979, S. 222)

Weitere Merkmale dieses Stadiums sind z. B.:

Animismus: Unbelebte Gegenstände oder Gegebenheiten werden belebt, es werden ihnen Absichten unterstellt: z. B. der Wind ist „böse“, weil er den Luftballon des Kindes „weggeblasen“ hat.

Zentrierung: Das Kind kann sich nur auf einen Aspekt eines Gegenstandes beziehen. Eine Flüssigkeit, die vor den Augen des Kindes von einem breiten, niedrigen Gefäß in ein schmales, hohes umgeschüttet wird, ist „mehr“ geworden, weil das schmale Gefäß höher gefüllt ist.

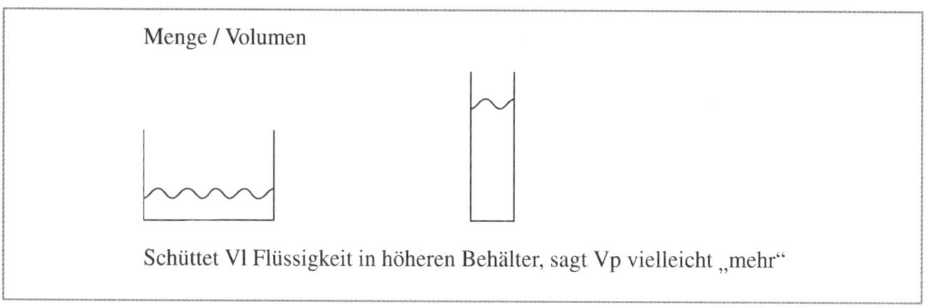

Abb. 6: Versuch zur Mengenerhaltung (aus Mayer 1979, S. 221)

Einfache Klassifizierung: Ein Gegenstand oder eine Person kann nur nach *einem* Merkmal beurteilt werden: Das Kind versteht noch nicht, dass seine Mutter gleichzeitig das Kind der Großmutter ist.

Dies sind Beispiele für sogenannte „fehlerhafte Assimilationen". Das Kind wendet vorhandene aber unpassende Strukturen an, obwohl es zu den Gegebenheiten neue (Akkommodation) entwickeln müsste. Gegen Ende dieses Stadiums nehmen diese „Fehler" ab und das Denken stabilisiert sich.

Stadium der konkreten Operationen (7.–11. Lebensjahr)
Der Beginn dieses Stadiums ist dadurch gekennzeichnet, dass das Kind allmählich aufhört in der vorher beschriebenen Art und Weise zu denken. Animismus, Zentrierung, einfache Klassifizierung verschwinden. Das Denken ist bereits logisch, aber nur in Verbindung mit konkret existierenden Gegenständen: z. B. Banane ist Obst, Pfirsich ist wie Banane, also ist Pfirsich auch Obst.

Stadium der formalen Operationen (ab 11./12. Lebensjahr)
Die Unabhängigkeit des Denkens von konkret vorhandenen Gegebenheiten beginnt. Das Kind ist fähig zu abstrahieren. Zum Lösen von Problemen genügt die sprachliche Darstellung. Gegenstände müssen nicht mehr real sein, sondern brauchen nur noch beschrieben zu werden. Durch die Vorstellbarkeit eines Problems kann es auch gelöst werden. Bei Jugendlichen fällt auf, dass sie gerne diskutieren. Sie machen oft mit der Logik ihrer Argumentation Erwachsene sprachlos z. B. wenn es darum geht, zu begründen, warum gerade jetzt keine Hausaufgaben gemacht werden können oder das Auto der Eltern am Abend dringend gebraucht wird.

Die Pendel-Aufgabe
Gegeben ist ein Pendel. Länge, Gewicht, Höhe des Loslassens und Kraft, mit der losgelassen wird, können variiert werden. Welcher dieser Faktoren beeinflusst die Häufigkeit der Schwingungen, also wie schnell es schwingt?

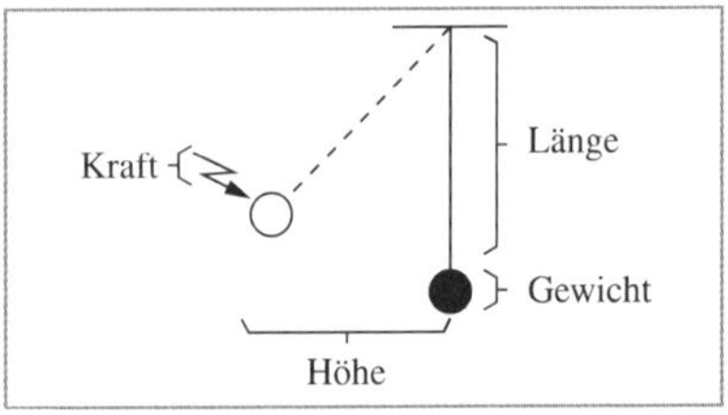

Abb. 7: Die Pendel-Aufgabe (aus Mayer 1979, S. 223)

Über die Leistung einer typischen Heranwachsenden (15 Jahre, 1 Monat) berichtet Piaget: „... nachdem sie ein Gewicht von 100 g und eine mittellange Schnur ausgewählt hat, dann 20 g und schließlich 200 g mit jeweils einer langen und einer kurzen Schnur, kommt sie zu dem Schluss: „Es ist die Länge der

Schnur, die das Pendel schneller oder langsamer schwingen lässt: das Gewicht spielt keine Rolle.“ Sie lässt ebenso wenig die Fallhöhe oder die Kraft des Anstoßes gelten.“

Die Bedeutung der strukturgenetischen Theorie für die Erziehung

Erzieher, die sich an der Theorie von Piaget orientieren, akzeptieren die Eigenarten des kindlichen Denkens.
Sie akzeptieren auch, dass sie keinen unmittelbaren Einfluss auf die kindliche Entwicklung nehmen sollen.
Ihre Aufgabe ist es, „dosierte Diskrepanzerlebnisse“ (Erlebnisse, die nicht mit den bisherigen kindlichen Erfahrungen übereinstimmen) herzustellen, durch die das Kind aktiviert wird, Adaptationsprozesse durchzuführen.
Die Theorie Piagets ist durch ihre wissenschaftliche Ausarbeitung und die Betonung der kognitiven Entwicklung vor allem im schulpädagogischen Bereich zu großer Bedeutung gelangt.

Für die Erziehung gilt:
- Erzieher sollen Assimilations- und Akkommodationsprozesse aktivieren, indem sie dazu geeignete Situationen schaffen. Die Denkentwicklung kann dadurch herausgefordert werden, dass Assimilationsschwierigkeiten geschaffen werden. Das lernende Kind wird durch Widersprüche und Konflikte herausgefordert.
- Kinder lernen mehr dadurch, dass sie angeregt werden, selbst zu fragen als wenn sie gefragt werden. Fragen der Lernenden sind wichtiger als Fragen der Lehrenden.
- Kinder brauchen Zeit für Äquilibrationsprozesse (Herstellung des Gleichgewichts durch Assimilation und Akkommodation) und sollten dabei nicht gestört werden.
- Das Kind braucht neben der Herausforderung durch Widersprüche (Diskrepanz) auch das Gewährenlassen durch die Erzieher. Es setzt sich interessiert mit etwas auseinander, übt dabei von selbst und entdeckt dann auch Neues. Erzieher sollten das akzeptieren, auch wenn das, womit sich das Kind gerade auseinander setzt, nicht immer das ist, was die Erzieher beabsichtigen.
- Erzieher sollen Freiraum für spontane Aktivitäten lassen.
- Kinder sollten mit der Darbietung von Lerninhalten weder unter- noch überfordert werden. Es ist wichtig, dass Kinder durch Inhalte nicht verwirrt werden, sondern sie gut in Schemata einfügen können. Dann ist optimale Diskrepanz gegeben.

- Erzieher müssen den Ablauf der Entwicklung in den Stadien und die damit verbundenen Operationsmöglichkeiten der Kinder beachten. Kinder sollen nicht durch verfrühte Erwartungen an ihre Operationsmöglichkeiten überfordert werden.

Würdigung der strukturgenetischen Theorie von Piaget

An verschiedenen Stellen in der Darstellung dieser Theorie wurde bereits auf ihre Verdienste hingewiesen. Die wichtigsten positiven Aspekte werden noch einmal zusammengefasst:
- Es ist eine der anregendsten Entwicklungstheorien, die für viele Forscher und Praktiker in Psychologie und Pädagogik bedeutsam war und ist. Sie hat großen Einfluss auf die Schulpädagogik gewonnen.
- Sie betont die Interaktion von Anlage, Umwelt und Individuum.
- Auf ihrer Grundlage sind viele weitere Untersuchungen zur Entwicklung durchgeführt worden.

Aber auch diese ausgearbeitete Theorie blieb nicht ohne Kritik:
- Piaget nahm nicht nur an, dass die kognitive Entwicklung immer in den beschriebenen Stadien abläuft, sondern auch, dass diese Stadien an bestimmte Altersbereiche gebunden sind. Man hat aber gefunden, dass der Zeitpunkt, zu dem ein Stadium in ein anderes übergeht, unterschiedlich sein kann. Es ist weit mehr von sozialen Faktoren abhängig, als Piaget es meinte, wann auf das eine Stadium das nächste folgt.
- Es hat sich auch gezeigt, dass Säuglinge mehr können, als er meinte. Der Zahlenbegriff entwickelt sich früher. Typische Eigenheiten des kindlichen Weltbildes, z. B. der Animismus, treten etwa drei Jahre früher auf, als Piaget annahm.
- Während die früheren Entwicklungsformen des Denkens (vor allem die voroperatorischen Formen und die konkreten Operationen) weitgehend universale Gültigkeit für die kognitive Entwicklung der Menschen verschiedener sozialer Schichten und ethnologischer Herkunft zu haben scheinen, ist es fraglich, ob dies auch hinsichtlich des formalen Denkens gilt. Denn je höher die Stufe der kognitiven Entwicklung – nach Piaget – ist, desto unwahrscheinlicher ist es, dass sie auch von allen Individuen über die verschiedenen Lernumwelten hinweg in vollem Maße erreicht wird. Lernumwelt, berufliche Aktivitäten, soziale und andere Erfordernisse an das Individuum führen gerade bei höheren Formen der Denkentwicklung zu bedeutenden individuellen Unterschieden und spezifischen Ausformungen (vgl. Steiner 1984, S. 149).

Das sind aber keine grundsätzlichen Mängel der Theorie. Die zentralen Annahmen werden davon kaum berührt. Die gesetzmäßige genetische Aufeinanderfolge, das Auseinanderhervorgehen der kognitiven Strukturen ist nach wie vor unbestritten (siehe auch Flammer 1993, S. 159).

5.5 Zusammenfassung

Entwicklung bedeutet die Veränderung des Erlebens und Verhaltens eines Menschen während der gesamten Lebensspanne.

Gegenstand der Entwicklungspsychologie sind relativ überdauernde Veränderungen z. B. im Bereich der Motorik, der Sprache, des Denkens u. a., die zum Lebensalter in direktem Bezug stehen.

Differenzierungs- und **Integrationsvorgänge** beschreiben den Entwicklungsverlauf.

Bedingungen und Prozesse wie Anlage, Reifung und Umwelt, Lernen und Individuum, Selbststeuerung sind die Voraussetzungen für die Entwicklung.

Diese Bedingungen und Prozesse stehen in einer **Wechselbeziehung** zueinander, sie beeinflussen sich gegenseitig,

Entwicklungstheorien erklären das Zustandekommen von Entwicklungsvorgängen.

Die Theorien von Freud und Piaget unterscheiden sich in Grundannahmen, Inhalten und Erklärungsansätzen.

Freud geht von nichtbeobachtbaren Annahmen über die Persönlichkeits- und die Libidoentwicklung aus. Im Zentrum stehen die Bedürfnisse, deren Befriedigung bzw. Versagung die Entwicklung bestimmt.

Piaget beschreibt und erklärt die kognitive Entwicklung mit einer Vielzahl von Experimenten und Beobachtungen. Bei ihm sind Äquilibrationsprozesse (Gleichgewichtsprozesse) verantwortlich für Entwicklungsvorgänge.

Aufgaben

11. Beschreiben Sie anhand der Differenzierung und Integration einen Entwicklungsverlauf (z. B. motorische oder emotionale Entwicklung).
12. Beschreiben Sie Bedingungen und Prozesse der Entwicklung. Gehen Sie auf deren Wechselbeziehung ein und berücksichtigen Sie dabei besonders die Bedeutung der Selbststeuerung.
13. Erläutern Sie die Bedeutung des Instanzenmodells von Freud für die Libidoentwicklung.
14. Stellen Sie drei zentrale entwicklungspsychologische Aspekte der Psychoanalyse dar.
15. Erläutern Sie die Bedeutung von Anlage, Umwelt und Individuum in der Theorie der Psychoanalyse.
16. Stellen Sie die Begriffe, Assimilation und Akkommodation dar und beschreiben Sie dazu geeignete Beispiele.
17. Beschreiben Sie den „Drei-Berge-Versuch" und gehen Sie darauf ein, was sich aus ihm für die kognitive Entwicklung ableiten lässt.

6 Soziale Kommunikation/soziale Interaktion

6.1 Begriffsdefinitionen

Im Kapitel 1.4 des Buches GRUNDWISSEN PÄDAGOGIK werden im Zusammenhang mit den Merkmalen des Erziehungsprozesses bereits die grundlegenden Begriffe der menschlichen Kommunikation/Interaktion dargestellt; zur Wiederholung werden sie hier nochmals angeführt.

Interaktion: Bezeichnung für jede Art von Wechselbeziehung, sowohl zwischen Menschen als auch zwischen Menschen und Objekten.

Soziale Interaktion: Wechselseitige Beeinflussung von Individuen oder Gruppen durch Kommunikation.

Kommunikation: Aufnahme bzw. Weitergabe von Informationen. Sie setzt Sender, Empfänger sowie Kommunikationskanal voraus und vermittelt eine Botschaft/Nachricht.

Soziale Kommunikation: verläuft personenbezogen. Kommen zwei oder mehrere Personen zusammen, findet zwangsläufig soziale Kommunikation statt. Da Menschen, die miteinander kommunizieren, sich immer auch in ihrem Verhalten beeinflussen, kann man die Begriffe soziale Kommunikation und soziale Interaktion kaum trennen.
Man kann sagen: soziale Kommunikation ≈ soziale Interaktion.

Der folgende Begriff wird hier neu eingeführt; er spielt in diesem Kapitel eine zentrale Rolle.

Metakommunikation: Zwei oder mehrere Personen sprechen über eine abgelaufene Kommunikation. In der Metakommunikation macht man die Kommunikation selbst zum Thema des Gespräches. Mithilfe der Metakommunikation ist es möglich, Kommunikationsstörungen zu entdecken, aufzuzeigen und zu beseitigen. Man kann sagen: Metakommunikation ≈ Kommunikation über eine Kommunikation.

Die Metakommunikation gilt als Heilmittel für gestörte Kommunikation, denn bei auftretenden Kommunikationsstörungen muss die Kommunikationsstrategie geändert werden – und dies geschieht durch Metakommunikation.
Bei der Metakommunikation tritt man aus der unmittelbaren (Gesprächs-)Situation heraus und macht die Kommunikation selbst zum Thema des Gespräches: die Art und Weise, wie wir miteinander umgehen, wie die gesendete Nachricht gemeint und die empfangene Nachricht entschlüsselt wird und wie wir darauf reagiert haben.
Ein wichtiger Grundsatz in der Metakommunikation ist der, dass die Mitteilung über die Störung nicht indirekt geschehen darf, wie z. B. durch Themawechsel, Abbrechen, durch Schweigen oder Abschließen des Themas mit einer unverbindlichen Aussage. In der Metakommunikation soll es vielmehr zu einer direkten, expliziten Aussage über das kommunikative Verhalten beider Partner kommen. Dabei ist es nicht das Ziel, dem Gesprächspartner Vorwürfe zu machen, sondern die Metakommunikation soll für ihn eine Rückmeldung sein, wie ihn der andere in der Kommunikation erlebt. Dies ist nur möglich, wenn die Verhaltensweisen beider Partner gesehen und direkt angesprochen werden.
Gute Voraussetzungen für eine erfolgreiche Metakommunikation sind vertiefter Einblick in die eigene Innenwelt und der Mut zur Selbstoffenbarung. Zur Diskussion steht das Thema: „Was geht hier und jetzt in mir vor, wie erlebe ich dich und was spielt sich zwischen uns ab?“ (vgl. Schulz von Thun 1981, S. 91 f.).

Beispiel (für Metakommunikation):

> Während eines Streites der Eheleute Hans und Helene sagt Helene: „Wenn wir so weitermachen, verrennen wir uns. Wir machen uns nur gegenseitig Vorwürfe, das bringt uns nicht weiter.“
> Sie verlässt damit die bisherige Kommunikationsebene und betrachtet das Gespräch sozusagen von „außen“, indem sie den bisherigen Verlauf kommentiert. Metakommunikation kann ebenso in Form einer Aussprache stattfinden wie beispielsweise durch die humorvolle Kommentierung einer verfahrenen Gesprächssituation.

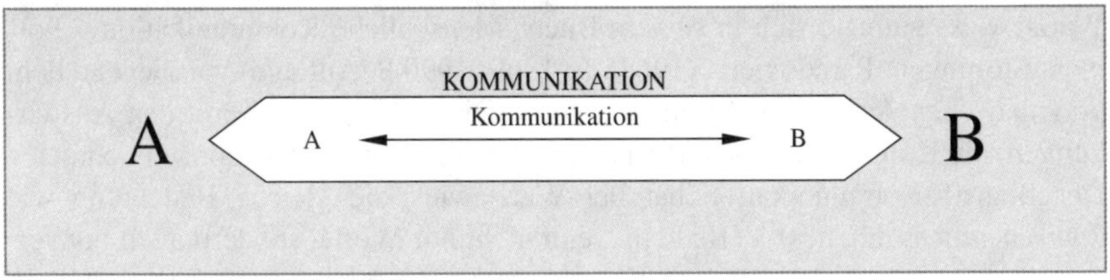

Abb. 1: Die Metakommunikation ist die Kommunikation über eine abgelaufene Kommunikation

6.2 Theorie der menschlichen Kommunikation von Watzlawick

6.2.1 Grundlegende Annahmen der Kommunikationstheorie

Bis zum Beginn der 60er-Jahre war die vorherrschende theoretische Vorstellung, anhand derer sich Kommunikationsprozesse analysieren ließen: das Sender-Empfänger-Modell. Die Theorie von Paul Watzlawick und seinen Mitarbeitern zeigte grundlegend neue Ansätze zum Verständnis zwischenmenschlicher/sozialer Kommunikation. Während das Sender-Empfänger-Modell nur einen Zustand beschreibt, ist die Theorie von Watzlawick dynamisch und interaktiv. Die ersten Ansätze dieser Kommunikationstheorie gehen auf Bateson zurück. Bateson (1948, zit. nach Marc und Picard 1991) beschäftigte sich mit den Reaktionen von Menschen auf die Reaktionen anderer Menschen. Nicht nur die Reaktionen einer Person A auf das Verhalten einer Person B sind bedeutsam, sondern auch die Wirkung, die dieses wiederum auf Person B hat usw. Soziale Kommunikationen verlaufen letztendlich kreisförmig.

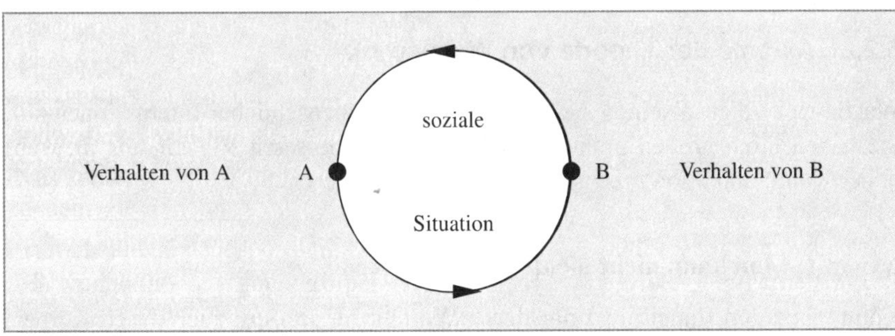

Abb. 2: Soziale Kommunikation verläuft kreisförmig

Watzlawick widmete sich in seinem Buch „Menschliche Kommunikation – Formen, Störungen, Paradoxien“ (1967; dt. 1969; 1990 8. Auflage) vorwiegend dem pragmatischen Aspekt der Kommunikation. Dieser befasst sich mit den Auswirkungen von Kommunikation auf das Verhalten der Kommunikationsteilnehmer.
Der Begriff Kommunikation hat bei Watzlawick die gleiche Bedeutung wie (zwischenmenschliches) Verhalten. Denn nicht nur Worte, sondern auch nonverbale Signale wie beispielsweise Körpersprache, Körperhaltung, Gestik, Mimik usw. üben Einfluss auf den bzw. die anderen Teilnehmer aus.
Menschliche Interaktion versteht Watzlawick als ein System, das auf Regeln beruht. Diese Regeln hat er in 5 Axiomen zusammengefasst. Watzlawick geht davon aus, dass diese Regeln bei erfolgreicher Kommunikation berücksichtigt, bei gestörter Kommunikation dagegen nicht eingehalten werden. Der Mensch beginnt vom ersten Tag seines Lebens an die Regeln der Kommunikation zu erlernen, „obwohl diese Regeln selbst, dieser Kalkül der menschlichen Kommunikation, ihm kaum jemals bewusst werden“ (Watzlawick 1990, S. 13).
Kommunikationsstörungen weisen also immer auf eine, meist nicht bewusste Verletzung der Regeln im zwischenmenschlichen Bereich hin. Auch psychische Probleme erklärt Watzlawick durch Kommunikationsstörungen zwischen dem Symptomträger und seiner sozialen Umwelt.
In der Metakommunikation, also der Kommunikation über die Kommunikation, sieht Watzlawick ein Mittel, um Kommunikationsstörungen aufzudecken und zu beheben.
Mit der Theorie von Watzlawick und seinen Mitarbeitern werden die Ziele der Psychologie und einer wissenschaftlichen Theorie erfüllt: **Beschreibung, Erklärung, Vorhersage** und **Veränderung** menschlichen Verhaltens.

6.2.2 Axiome der Theorie von Watzlawick

Watzlawick zeigt in seinen Axiomen die Regeln menschlicher Interaktionen auf. Sie haben ihren großen praktischen Nutzen zum besseren Verständnis menschlicher Kommunikation inzwischen hinlänglich erwiesen.

Axiom 1: Man kann nicht nicht kommunizieren

Kommunikation findet nicht nur durch Worte statt, sondern auch durch Körpersprache sowie durch nichtsprachliche Phänomene wie Tonfall, Lachen, Seufzen und Sprechgeschwindigkeit. Jedes Verhalten hat Mitteilungscharakter; für Verhalten gibt es kein Gegenteil und keine Verneinung. Nicht nur wenn man sich jemandem zuwendet, sondern auch, wenn man sich von ihm abwendet, vermittelt man ihm dadurch eine Botschaft – ob man etwas mit ihm zu tun haben möchte oder nicht. Selbst wer schweigt, kommuniziert. Deshalb ist es unmöglich, nicht zu kommunizieren. Handeln oder Nichthandeln, Worte oder Schweigen – alles hat Mitteilungscharakter: „Sie beeinflussen andere, und diese anderen können ihrerseits nicht nicht auf diese Kommunikation reagieren und kommunizieren damit selbst“ (Watzlawick 1990, S. 51).

Beispiel :

> Herr D trifft Herrn E, den er schon seit einem Jahr nicht mehr gesehen hat, zufällig in der Neuhauser Straße. Herr D geht auf Herrn E zu und fragt ihn, ob er nicht Zeit und Lust hätte, mit ihm noch eine Tasse Kaffee zu trinken. Herr E stimmt diesem Vorschlag erfreut zu.

Es handelt sich hier um die freiwillige Annahme einer gewollten Kommunikation.

Beispiel :

> Frau A sitzt mit verschränkten Armen und geschlossenen Augen in einem Zugabteil und gibt damit zu verstehen, dass sie nicht angesprochen werden möchte. Herr B steigt zu und hat den Wunsch, sich die lange Zugfahrt durch ein Gespräch zu verkürzen. Deshalb setzt er sich neben Frau A.

Herr B hat die Kommunikation von Frau A richtig verstanden, wenn er sie tatsächlich in Ruhe lässt.

Störungen

Beginnt Herr B nun trotz allem ein Gespräch mit Frau A, kann sie der Situation weder physisch ausweichen noch ist es für sie unmöglich, nicht zu kommunizieren. Deshalb bleiben ihr nur folgende vier Reaktionsmöglichkeiten:

- Frau A kann die Kommunikation doch noch **annehmen;** dabei wird sie wahrscheinlich über sich selbst verärgert sein, dass sie sich gegen ihren Willen in ein Gespräch hat verwickeln lassen. Es handelt sich hier um die widerwillige Annahme einer nicht gewollten Kommunikation.

- Frau A kann die Kommunikation **abweisen,** d. h. sie muss Herrn B klarmachen, dass sie an einem Gespräch nicht interessiert ist; durch diese klare Ablehnung könnte Herr B allerdings gekränkt sein. Eine direkte Abweisung entspricht der Aussage „mit dir will ich nichts zu tun haben“ (sie ist allerdings ein Widerspruch in sich, weil bereits diese Aussage ein Gesprächsbeginn ist).
- Frau A kann die Kommunikation **entwerten.**
  Entwertung bedeutet, dass man entweder die eigenen Aussagen oder die des Partners einer klaren Bedeutung beraubt z. B. durch Widersprüchlichkeiten, häufigen Themenwechsel, Verdrehung von Tatsachen, absichtliches Missverstehen oder Unkonzentriertheit. Man kann also den Inhalt einer Kommunikation entwerten, indem man ihn unter anderem bagatellisiert (häufige Themenwechsel) oder lächerlich macht (absichtliches Missverstehen). Entwertet man gezielt über längere Zeit die Aussagen seines Gesprächspartners, dann entwertet man dadurch die Person selbst bzw. ihr Selbstbild, das sie von sich hat (Herr B dachte vorher, dass er Sachverhalte klar und präzise darstellen kann. Durch das dauernde Missverstehen seiner Aussagen durch Frau A glaubt er nun, generell ein schlechter Gesprächspartner zu sein). Entwertung bedeutet also Abwertung der Botschaft und/oder der Person.
- Frau A kann Symptome vortäuschen, um sich gegen die Geschwätzigkeit von Herrn B zu wehren, beispielsweise Kopfschmerzen, Trunkenheit, Unkenntnis der deutschen Sprache oder das Vorgeben einer anderen Unfähigkeit. Watzlawick spricht hier von dem **Symptom als Kommunikation.**
  Symptome sind Variationen des Grundthemas: „Ich hätte nichts dagegen, mit Ihnen zu sprechen, aber etwas, das stärker ist als ich und für das ich nicht verantwortlich gemacht werden kann, hindert mich daran“ (Watzlawick 1990, S. 77). Man kann also ein Symptom in die Kommunikation einführen, sodass man nicht verantwortlich für deren Abbruch ist. Der Gesprächspartner wird dadurch jedoch gezwungen, die Kommunikation zu unterbrechen. Hier wird das Symptom zu einer Möglichkeit, zwischenmenschliche Kommunikation zu vermeiden. „Flucht in die Krankheit“ kann auch als eine Art von „Symptom als Kommunikation“ gedeutet werden.
  Werden Symptome nur selten und/oder gegenüber fremden Personen vorgetäuscht, so hat dies keine Folgen für den Sender. Erfolgt die Einführung eines Symptoms als Kommunikation dagegen häufig und noch dazu bei Personen der Primärgruppen (Eltern, Freunde), dürfte dies Folgen für den Sender haben. Es können sich psychosomatische, neurotische oder psychotische Auswirkungen ergeben.

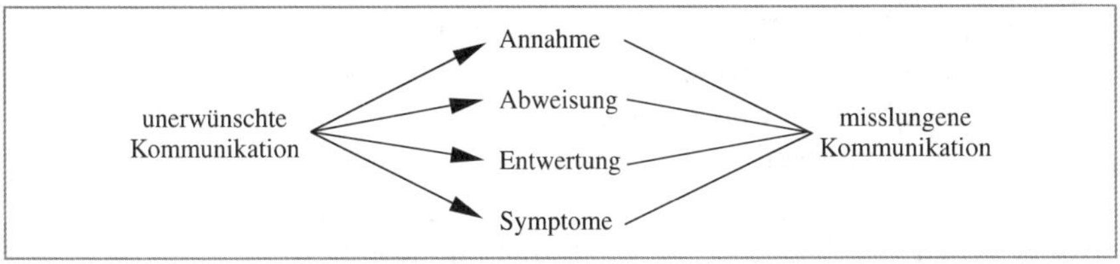

Abb. 3: Die vier Reaktionsmöglichkeiten auf unerwünschte Kommunikation

Bei den eben beschriebenen vier Reaktionsformen handelt es sich um eine misslungene Kommunikation. Denn die eigentliche Botschaft von Frau A, in Ruhe gelassen zu werden, wurde nicht beachtet.

Axiom 2: Jede Kommunikation hat einen Inhalts- und einen Beziehungsaspekt

Der **Inhaltsaspekt** einer Kommunikation vermittelt Informationen und Daten, der **Beziehungsaspekt** bestimmt, wie der Sender diese vom Empfänger verstanden haben möchte. Der Beziehungsaspekt liefert also einen Hinweis darauf, wie der Sender die Beziehung zwischen sich und dem Empfänger versteht. In diesem Sinn liegt in einer Mitteilung auch eine persönliche Stellungnahme zum anderen, beispielsweise Zu- oder Abneigung.
Beziehungen werden selten bewusst und ausdrücklich definiert. Sie werden meist indirekt über Gestik, Mimik, Tonfall etc. erschlossen. Da der Beziehungsaspekt dem Empfänger vermittelt, wie eine Kommunikation zu verstehen ist, bezeichnet man ihn auch als eine Kommunikation über eine Kommunikation (= Metakommunikation). Der Beziehungsaspekt kommentiert die Daten und gibt Hinweise, wie sie zu interpretieren sind, deshalb ist er metakommunikativ. Das bedeutet, dass der Beziehungsaspekt den Empfänger stärker beeinflusst als der Inhaltsaspekt.
Folglich hat jede Kommunikation „einen Inhalts- und einen Beziehungsaspekt, derart, dass letzterer den ersteren bestimmt und daher eine Metakommunikation ist“ (Watzlawick 1990, S. 54).

Beispiel:

> Frau A deutet auf Frau Bs Halskette und fragt, ob sie aus echten Perlen besteht. Der Inhalt der Frage ist ein Ersuchen nach Information über die Kette. Gleichzeitig definiert sie durch die Art, wie sie fragt – und es ist ihr unmöglich, dies nicht zu tun – ihre Bezie-

hung zu Frau B. Der Ton ihrer Stimme, ihr Gesichtsausdruck, ihre Gestik und vieles mehr werden entweder wohlwollende Freundlichkeit, Neid, Bewunderung oder irgendeine andere Einstellung zu Frau B ausdrücken.

Inhaltsaspekt = **Was** wird gesagt?	**Beziehungsaspekt** **Wie** soll es aufgefasst werden? **Wie** wird es gesagt? (vgl. Axiom 4)
Der Inhaltsaspekt wird **verbal vermittelt,** es geht um sprachliche Kommunikation.	Der Beziehungsaspekt wird **nonverbal vermittelt,** es geht um nichtsprachliche Kommunikation z. B. Gestik, Mimik, Körpersprache, Tonfall.

Tab. 1: Die Unterschiede zwischen Inhalts- und Beziehungsaspekt

Störungen

Stimmen Inhalts- und Beziehungsaspekt nicht überein, dann liegt eine misslungene Kommunikation vor. Der Beziehungsaspekt vermittelt dem Empfänger, wie eine Kommunikation zu verstehen ist. Deshalb wird bei einer Diskrepanz zwischen Inhalts- und Beziehungsaspekt dem Beziehungsaspekt mehr Bedeutung beigemessen bzw. mehr Glauben geschenkt als dem Inhaltsaspekt.

Beispiel:

Frau A sagt zu Frau B, dass sie kurze Halsketten sehr schön findet (Inhaltsaspekt) und spielt dabei auffällig mit ihrer langen Halskette (Beziehungsaspekt). In diesem Fall stimmen Inhaltsaspekt (ich mag kurze Halsketten) und Beziehungsaspekt (ich finde lange Ketten viel schöner) nicht überein. Frau B wird nicht den Worten (WAS wird gesagt) von Frau A, sondern in diesem Fall nur ihrer Körpersprache (WIE wird es gesagt) Glauben schenken. Somit wird durch diese nonverbale Kommunikation die Art der Beziehung zwischen Frau A und Frau B definiert: Frau A gibt Frau B zu verstehen, dass diese keinen Geschmack hat. Da sich bei der Botschaft von Frau A Inhalts- und Beziehungsaspekt widersprechen, ist die Kommunikation zwischen Frau A und Frau B misslungen.

Ein **Vorurteil** hat neben dem Inhaltsaspekt immer eine Aussage über den Beziehungsaspekt zu sozialen Gruppen (z. B. Behinderten, Obdachlosen, Farbigen). Der gestörte Beziehungsaspekt dominiert dabei über den Inhaltsaspekt und gibt an, wie letzterer zu verstehen ist. Minderheiten (als Vorurteilsobjekte) werden hier offensichtlich in rigider/starrer Weise nicht akzeptiert und abgewertet.

Arten der Störungen im Bereich der Inhalts- und Beziehungsaspekte

- Unstimmigkeit im Bereich des Beziehungsaspektes wird im Bereich des Inhaltsaspektes ausgetragen.
- Meinungsverschiedenheiten im Inhaltsbereich werden beigelegt, es bleiben aber Differenzen auf der Beziehungsebene. Folge: bei nächster Gelegenheit wird der Konflikt wieder aufflammen.
- Uneinigkeit auf der Inhaltsstufe, Einigkeit auf der Beziehungsebene.
- Einigkeit im Inhaltsbereich, Uneinigkeit auf der Beziehungsebene.

Alle diese Störungen sind nur lösbar durch Klärung der tatsächlichen Störungshintergründe.
Das zweite Axiom ist eng mit dem vierten Axiom verknüpft, da der Inhaltsaspekt sprachlich und der Beziehungsaspekt nichtsprachlich vermittelt wird.

Axiom 4: Kommunikation bedient sich digitaler und analoger Modalitäten

Auf dem Gebiet der menschlichen Kommunikation gibt es zwei grundsätzlich verschiedene Weisen (Modalitäten), in denen etwas dargestellt oder mitgeteilt werden kann: zum einen durch **digitale Kommunikation (Sprache),** zum anderen durch **analoge Kommunikation (nichtsprachlich).** Im Zusammenhang mit dem zweiten Axiom wurde bereits beschrieben, dass für den Ausdruck von Inhalt und Beziehung unterschiedliche Kommunikationsformen verwendet werden. Die digitalen und analogen Kommunikationsweisen bestehen nicht nur nebeneinander, sondern sie ergänzen sich auch gegenseitig – denn der **Inhaltsaspekt** einer Kommunikation wird **digital,** der **Beziehungsaspekt** dagegen **analog** übermittelt.

Digitale Kommunikation beruht im Wesentlichen auf einem semantischen Übereinkommen (Semantik = Lehre von der Bedeutung sprachlicher Zeichen). Das heißt, dass Objekten bestimmte Worte zugeordnet sind, also eine Beziehung zwischen Wort und Objekt besteht. Beispielsweise bezeichnet das Wort Katze ein bestimmtes Tier, das Wort Stuhl eine bestimmte Sitzmöglichkeit etc. (vgl. Watzlawick 1990, S. 62). Aufgrund dieses Übereinkommens ist es nun möglich,

Begriffe im Rahmen der Kommunikation eindeutig zuzuordnen. Allerdings hat digitale Kommunikation eine komplexe, vielseitige und logische Struktur. Die menschlichen Errungenschaften sind ohne digitale Kommunikation, beispielsweise Sprache und Mathematik, kaum denkbar. Komplexes und abstraktes Material lässt sich ohne Schwierigkeiten digital ausdrücken. Dagegen wird die digitale Kommunikation überall dort geradezu bedeutungslos, wo die Beziehung zum zentralen Thema der Kommunikation wird. Hier ist die analoge Übermittlung vorrangig – „denn eine Geste oder eine Miene sagt uns mehr darüber, wie ein anderer über uns denkt, als hundert Worte" (Watzlawick 1990, S. 64).

Analoge Kommunikationsformen sind z. B. Gesten, Gebärden, Mimik, Tonlage, Melodie, Lautstärke der Stimme, ferner Zeichnungen, Bilder. Diese übermitteln den Beziehungsaspekt und Gefühle. Analoge Mitteilungen sind mehrdeutig: siehe Weinen aus Freude, infolge von Schmerzen oder durch Reizung der Bindehaut usw. Analoge Kommunikation ist entwicklungsgeschichtlich älter und besitzt eine größere Allgemeingültigkeit als die viel jüngere und abstrakte digitale Kommunikation. Bloßes Hören oder Lesen einer Mitteilung in einer fremden Sprache (= digitale Kommunikation) führt nicht zum Verstehen, während aus Gesten und Gebärden (= analoge Kommunikation) oft weitreichende Informationen gewonnen werden können.

Den Unterschied zwischen diesen beiden Formen der Kommunikation verdeutlichen die folgende Abbildung sowie die Tabelle 2.

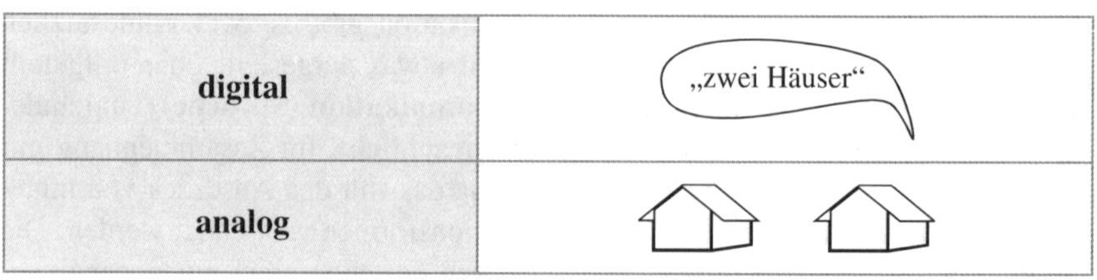

Abb. 4: Digitale und analoge Kommunikation

Digitale Kommunikation	Analoge Kommunikation
– begrifflich – Sprache – Inhalt – eher eindeutig – kognitiv, rational	– ausdruckshaft – Körpersprache – Beziehung – eher mehrdeutig (z. B. Weinen) – hat emotionale Funktion (Vermittlung von Gefühlen wie Zuneigung, Ärger, Freude, Trauer, Ekel usw.)

Tab. 2: Die Unterschiede zwischen digitaler und analoger Kommunikation

Digitale Kommunikation ist – in zwischenmenschlichen Situationen – immer von analoger Kommunikation begleitet.

Störungen

Da analoge Mitteilungen oftmals mehrdeutig sind, können sie vom Empfänger missverstanden werden. Zu Kommunikationsstörungen kann es deshalb bei der Übersetzung zwischen den beiden Kommunikationsarten kommen. So kann beispielsweise das Geschenk als analoge Mitteilung vom Empfänger als Zeichen der Zuneigung, der Bestechung oder als Wiedergutmachung gesehen werden. Diese Interpretation wird ganz davon abhängen, wie der Empfänger zum Zeitpunkt der analogen Mitteilung die Beziehung zwischen sich und dem Geber auffasst.
Wie in Axiom 2 erwähnt, liegt auch eine Kommunikationsstörung vor, wenn Inhalts- und Beziehungsaspekt einer Kommunikation nicht übereinstimmen. Da der Inhaltsaspekt digital und der Beziehungsaspekt analog übermittelt wird, kann man sagen: Besteht eine Diskrepanz zwischen dem digital und dem analog Mitgeteilten, so ist die Kommunikation misslungen.

Beispiel:

> Der Lehrer sagt zu Klaus am Ende der Stunde: „Du hast heute sehr gut mitgearbeitet.“ Dabei macht er ein äußerst grimmiges Gesicht.

Die digitale und die analoge Botschaft des Lehrers stimmen nicht überein, deshalb ist die Kommunikation misslungen. Das analog Mitgeteilte (Beziehungsaspekt) bestimmt, wie das digital Mitgeteilte (Inhaltsaspekt) zu verstehen ist. Ob Klaus das grimmige Gesicht des Lehrers und damit die an ihn übermittelte

Botschaft als Missgunst, Ärger oder Abwertung interpretiert, wird davon abhängen, wie er die Beziehung zwischen sich und dem Lehrer zu diesem Zeitpunkt auffasst.

Axiom 5: Kommunikation verläuft entweder symmetrisch oder komplementär

„Zwischenmenschliche Kommunikationsabläufe sind entweder symmetrisch oder komplementär, je nachdem, ob die Beziehung zwischen den Partnern auf Gleichheit oder Unterschiedlichkeit beruht" (Watzlawick 1990, S. 70).

Symmetrische Interaktion bezeichnet Beziehungen, die auf **Gleichheit** beruhen. Die Kommunikationspartner streben nach Gleichheit und versuchen, Unterschiede zwischen sich zu vermindern. Beide Partner nehmen gleichrangige Positionen ein, sie sind ebenbürtig und gleichberechtigt, beispielsweise was sozialen Status, Wissen, Besitz und/oder Macht betrifft. Bei der symmetrischen Interaktion kommunizieren die Partner auf der gleichen Ebene miteinander: Komplimente werden zurückgegeben, Schimpfworte erwidert. In der Regel findet man symmetrische Interaktion z. B. in Kindergruppen oder in Schulklassen, wo Gleichaltrige den gleichen Rang einnehmen.

Komplementäre Interaktion beruht auf Unterschieden, beide Partner haben **hierarchisch unterschiedliche Positionen** inne. Diese Beziehungsform ist dadurch gekennzeichnet, dass ein Partner eine übergeordnete **(Primärposition),** der andere eine untergeordnete Rolle **(Sekundärposition)** einnimmt, wie es zum Beispiel zwischen Arzt und Patient oder Lehrer und Schüler der Fall ist. Der Partner in der Primärposition übernimmt die Rolle des Führenden, derjenige in der Sekundärposition die des Geführten. Komplementarität darf aber nicht mit gut oder schlecht, stark oder schwach verwechselt werden. Diese Beziehungsform beruht auf einer privaten oder gesellschaftlichen Übereinkunft; keiner der Partner zwingt dem anderen eine komplementäre Beziehung auf, sondern der eine Partner verhält sich so, dass dies ein bestimmtes Verhalten des anderen voraussetzt, es gleichzeitig aber auch verursacht. Komplementäre Interaktionen basieren auf sich gegenseitig ergänzenden Unterschiedlichkeiten; diese Verschiedenheit wird von beiden Partnern angenommen und anerkannt.

Bei gesunden und tragfähigen Beziehungen wirken symmetrische und komplementäre Interaktionen zusammen – allerdings abwechselnd oder auf verschiedenen Gebieten der Partnerschaft. Watzlawick weist darauf hin, dass es „für die

Partner nicht nur wünschenswert, sondern gar unerlässlich ist, sich in bestimmten Belangen symmetrisch, in anderen komplementär zu verhalten“ (Watzlawick 1990, S. 103).

Symmetrische Kommunikation (= ranggleich)	**Komplementäre Kommunikation** (= hierarchisch)
– gleichrangige Positionen der Partner – Streben nach Gleichheit – ist ausgewogen – die Partner sind ebenbürtig und gleichberechtigt – ist umkehrbar	– Annahme und Anerkennung der Verschiedenheit – ungleiche Partner hinsichtlich Status, Wissen, Berufsposition etc. – Primär- und Sekundärposition (= Über- und Unterordnung) – ist nicht umkehrbar

Tab. 3: Vergleich von symmetrischer und komplementärer Interaktion

Störungen

Kommunikationsstörungen ergeben sich bei diesen beiden Beziehungsformen durch die symmetrische Eskalation und die starre Komplementarität.
Symmetrische Eskalation: In einer symmetrischen Beziehung streben die Partner nach Gleichheit. Doch oft findet man auch das Bedürfnis vor, selbst „ein bisschen gleicher“ als der andere zu sein. Dieses Streben nach ein bisschen „mehr Gleichheit“ ist die Ursache der symmetrischen Eskalation. Dabei versucht ein Partner in einem für seine Selbstdefinition wichtigen Bereich einen kleinen Vorsprung vor dem anderen Partner zu erlangen. Dieser wird wiederum versuchen, den Vorsprung wettzumachen (Streben nach Gleichheit) und nun seinerseits einen Vorsprung zu bekommen. Dieses Hochschaukeln beginnt in Beziehungssystemen, die ihre Stabilität verloren haben. Es entwickeln sich Rivalitätskämpfe, die sich immer mehr aufschaukeln und gegenseitig verstärken. Unkontrollierte, ungebremste bzw. extrem eskalierende Symmetrie führt letztendlich zu einer Auflösung des Beziehungssystems durch Trennung, Scheidung, Totschlag des Partners oder Selbstmord.

Beispiel:

Der 18-jährige Sohn der Eheleute A ist nach 6 Monaten Arbeitslosigkeit wieder berufstätig. Herr und Frau A geraten in Streit darüber, wer ihm dabei mehr geholfen hat:

Frau A: Ich habe mich abends immer hingesetzt und seine Bewerbungen getippt. Ohne diese Hilfe von mir hätte er die Stelle bestimmt nicht bekommen.

Herr A: Dafür habe ich ihm den Anzug für das Bewerbungsgespräch gekauft.

Frau A: Na und, ausgesucht habe ich ihn aber.

Herr A: Aussuchen kannst du so viele Anzüge wie du willst. Aber wenn es um das Bezahlen geht, kommt Ihr doch alle zu mir. Schließlich regiert Geld die Welt.

Frau A: Dann such dir doch in Zukunft eine Haushälterin, die du bezahlen kannst. Wenn Geld so wichtig ist, dann suche ich mir auch einen Job und du kannst dich selbst um Essen, Wohnung und Garten kümmern.

Starre Komplementarität: Eine starre Komplementarität entsteht dann, wenn die Beziehungsdefinition erstarrt. Das heißt, dass sich ein Partner immer in der Primär-, der andere immer in der Sekundärposition befindet. Watzlawick führt hier als Beispiel die komplementäre Beziehung von Mutter und Kind an: „Dieselbe Beziehungsform, die für das Kind im Frühalter biologisch und emotional lebenswichtig ist, würde seine weitere Entwicklung stark beeinträchtigen, wenn sich die Beziehungsstruktur nicht in angemessener Weise mitentwickeln könnte“ (Watzlawick 1990, S. 105). Die Beziehungsdefinition erstarrt also, wenn die Mutter versucht, dieselbe Beziehung (Fürsorge – Abhängigkeit) zum Kind beizubehalten, obwohl dieses längst kein Kind mehr ist. Stabilisiert sich eine komplementäre Interaktion, besteht die Gefahr der Abhängigkeit, Unmündigkeit und Fremdbestimmung. Bei der starren Komplementarität kommt es zur Entwertung der Selbstdefinition (Selbstbild) des Partners. In ihrer extremen Ausprägung kann es zu schweren seelischen Störungen (bei der Person in der Sekundärposition) kommen.

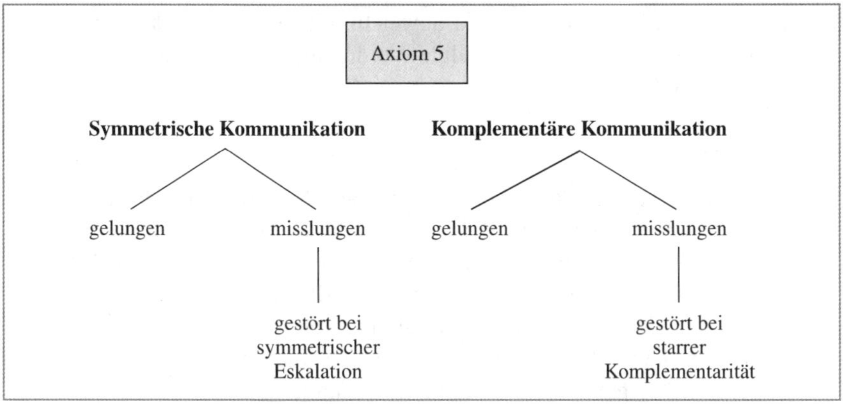

Abb. 5: Symmetrische und komplementäre Kommunikation und ihre Störungen

Axiom 3: Kommunikationsabläufe werden unterschiedlich strukturiert

Kommunikation ist für den unvoreingenommenen Beobachter ein ununterbrochener Austausch von Mitteilungen. Doch jeder Kommunikationsteilnehmer legt ihr unvermeidlich seine eigene Struktur und Gliederung der Abläufe zugrunde. Diese Strukturierung der Kommunikationsabläufe nennt Watzlawick die **„Interpunktion von Ereignisfolgen“.** Interpunktion meint hier die **Interpretation von Ursache und Wirkung.** Denn jeder Teilnehmer beispielsweise eines Streites legt den Streitbeginn nach seiner eigenen Parteilichkeit. Jeder sieht sein Verhalten immer nur als Reaktion auf das Verhalten des anderen. Die Natur einer Beziehung ist folglich bedingt durch die Vorstellung von Kommunikationsabläufen, die jeder Partner einer Situation zugrunde legt.

Störungen

Situationen werden also immer subjektiv wahrgenommen und jeder Kommunikationsteilnehmer interpretiert die Abläufe nach seiner subjektiven Wahrnehmung. Doch gerade diese widersprüchlichen Interpunktionen sind der Auslöser vieler Beziehungskonflikte. Jeder sieht das Verhalten des anderen als ursächlich und sein Verhalten nur als Reaktion auf das Verhalten des Partners. Watzlawick geht davon aus, „dass Interpunktionskonflikte mit der tief im Innern verwurzelten und meist unerschütterlichen Überzeugung zu tun haben, dass es nur eine Wirklichkeit gibt, nämlich die Welt, wie ich sie sehe, und dass jede Wirklichkeitsauffassung, die von der meinen abweicht, ein Beweis für die Irrationalität des Betreffenden oder seine böswillige Verdrehung der Tatsachen sein muss" (Watzlawick 1990, S. 93).

Beispiel:

> Der Postverteiler der Firma A bringt allmorgendlich die Post an jeden Arbeitsplatz, nicht aber zu Herrn C. Dieser muss sich seine Post selbst aus der Poststelle holen. Der Postverteiler wird die Situation folgendermaßen beschreiben: „Alle Kollegen sind nett zu mir, nur Herr C ist immer unfreundlich. Deshalb bringe ich ihm morgens keine Post." Herr C sieht die Situation sicherlich aus einer anderen Perspektive: „Ich bin nicht freundlich zu dem Postverteiler, da er mir die Post nicht bringt. Ich bin zu niemandem freundlich, der seine Arbeit nicht richtig erledigt."

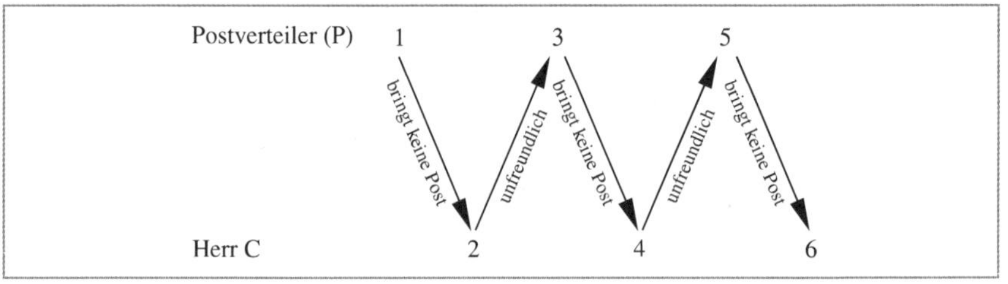

Abb. 6: Schematische Darstellung der Interpunktion von Ereignisfolgen am Beispiel der Firma A

Beispiel (Interpretation der Skizze):

> Der Postverteiler nimmt nur die Kommunikationsabläufe 2–3–4 wahr, während Herr C nur die Kommunikationsabläufe 1–2–3 sieht. Jeder sieht das Verhalten des anderen als ursächlich an.

Entgegen der subjektiven Wahrnehmung der einzelnen Kommunikationsteilnehmer hat menschliche Interaktion weder einen Anfang noch ein Ende. Menschliche Interaktion ist vielmehr kreisförmig. Deshalb ist auch die Frage nach Ursachen müßig. Denn in kreisförmigen Kommunikationsabläufen ist jedes Verhalten sowohl Ursache als auch Wirkung. Die unterschiedliche Interpunktion eines Kommunikationsablaufes führt zwangsläufig zu sich wiederholenden Verhaltensfolgen. Gegenseitige Beschuldigungen und Schuldzuweisungen der Partner (hier: P und C) halten diesen interaktiven Kreisprozess aufrecht und hindern an der Lösung dieses Interaktionskonfliktes. Der kreisförmige Ablauf einer sozialen

Interaktion – wie der Streit zwischen P und C – geht von komplexen Wechselbeziehungen aus. Im Alltag neigen wir allerdings dazu, einseitige, lineare Kommunikationsabläufe zwischen Sender und Empfänger zugrunde zu legen. Wir gehen von einfachen Ursache-Wirkungs-Beziehungen aus und versuchen, zwischenmenschliche Probleme nur durch einseitige Schuldzuweisungen zu „lösen". Kommunikationsabläufe zwischen zwei streitenden Personen lassen sich nur kreisförmig erfassen, indem das Verhalten des einen wie des anderen Partners zugleich Ursache und Wirkung ist.

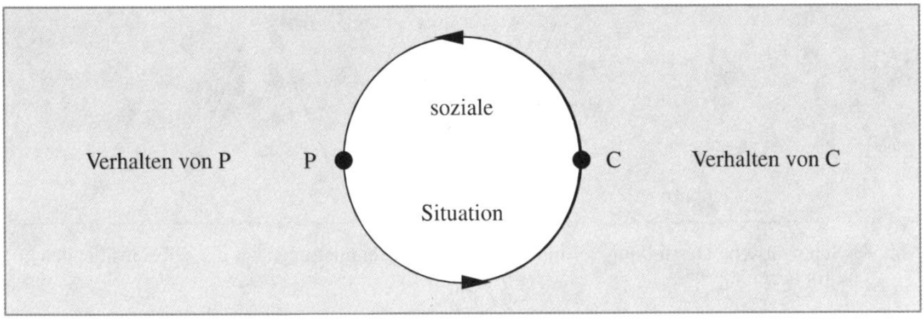

Abb. 7: In kreisförmigen Kommunikationsabläufen ist jedes Verhalten zugleich Ursache und Wirkung

Treten Kommunikationsstörungen aufgrund widersprüchlicher Interpunktionen von Ereignisfolgen auf, sieht Watzlawick in der Metakommunikation (der Kommunikation über die Kommunikation) eine Möglichkeit, aus diesem Teufelskreis gegenseitiger Schuldzuweisungen wieder herauszukommen.

Die selbsterfüllende Prophezeiung („self-fullfilling-prophecy")

Die selbsterfüllende Prophezeiung beschreibt Watzlawick als das vielleicht interessanteste Phänomen im Bereich der Interpunktion (vgl. Watzlawick 1990, S. 95). Eine selbsterfüllende Prophezeiung ist ein Erwartungsfehler (siehe S. 34 f.). Ein angenommenes, erwartetes Ereignis wird allein dadurch zur Wirklichkeit und bestätigt seine eigene Richtigkeit, dass es angenommen, erwartet oder vorhergesagt wurde. Dabei kommt es nicht darauf an, dass diese Annahme verbal übermittelt wird. Es reicht aus, dass der Betroffene (Sender) diese Erwartung für sich hat. Folglich wird durch eine ursprünglich falsche Voraussage bewirkt, dass sich Personen dieser Prognose entsprechend verhalten und sie sich dadurch bewahrheitet.

Beispiel:

Herr Meier ist davon überzeugt, dass ihn niemand respektiert. Deshalb ist sein Verhalten misstrauisch, abweisend und aggressiv. Seine Nachbarn wenden sich daraufhin von ihm ab und machen sich über ihn lustig, sodass sich damit seine ursprüngliche Annahme bewahrheitet.

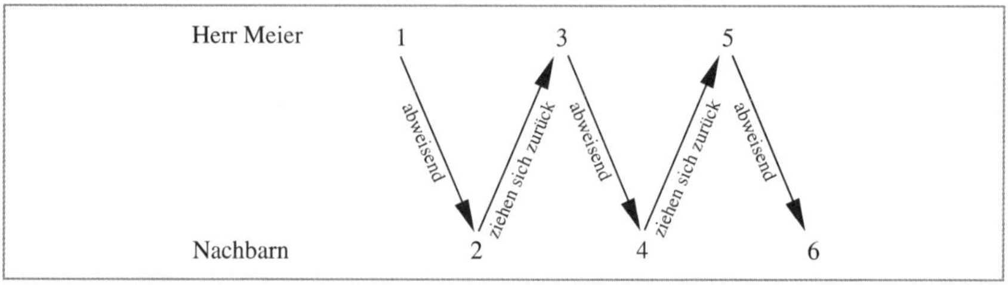

Abb. 8: Schematische Darstellung der Interpunktion von Ereignisfolgen bei der selbsterfüllenden Prophezeiung

Beispiel (Interpretation der Skizze):

Herr Meier sieht nur die Kommunikationsabläufe 2–3–4, während seine Nachbarn dagegen nur die Abläufe 1–2–3 wahrnehmen.

Die selbsterfüllende Prophezeiung hat also, entgegen der sonst kreisförmigen Kommunikationsabläufe, **tatsächlich einen Anfangspunkt,** nämlich eine falsche Annahme einer Person. Dadurch zwingt sie ihrer Umwelt ein gewisses Verhalten mehr oder weniger auf. Ein Interpunktionsproblem entsteht dadurch, dass diese Person ihr Verhalten nicht als auslösendes Moment wahrnimmt, sondern nur als Reaktion auf das Verhalten der anderen.

6.2.3 Paradoxe Kommunikation und Doppelbindung

Die Doppelbindungstheorie stammt ursprünglich von Bateson u. a. und stellte einen neuen Ansatz zur Erklärung von Schizophrenie dar. Die grundlegende Annahme war, dass das Handeln psychisch Kranker auf den ersten Blick völlig unverständlich wirkt, ihr Verhalten jedoch bei genauerer Betrachtung den Regeln ihres Systems (meist des Familiensystems) absolut angemessen ist. Die Doppelbindung bildet nach Batesons Analyse die Grundlage der Schizophrenie und ist eine besonders destruktive Form von paradoxer Handlungsanweisung. Diese

Hypothese hat Bateson 1956 (dt. 1973) in einem Aufsatz mit dem Titel „Schizophrenie in der Familie“ publiziert. Im Gegensatz dazu sieht Watzlawick die Doppelbindung nicht zwangsläufig als Ursache von Schizophrenie. Gleichwohl hatte Batesons Ansatz Einfluss auf seine Kommunikationstheorie. Auch Watzlawick betont die krankmachende Wirkung von Doppelbindungssituationen. Grundlage jeder Doppelbindungssituation sind paradoxe Kommunikationen.

Paradoxien

Watzlawick versucht nachzuweisen, „dass es im Wesen der Paradoxien vieles gibt, das von unmittelbarer pragmatischer und sogar existenzieller Bedeutung ist, und dass die Paradoxien nicht nur in menschlicher Kommunikation ihr Unwesen treiben, sondern auch unser Verhalten und unseren Geisteszustand beeinflussen können, indem sie unser Vertrauen in die Folgerichtigkeit unserer Welt erschüttern“ (Watzlawick 1990, S. 171).
Paradoxe Mitteilungen sind durch einen Widerspruch zwischen unvereinbaren Inhalten geprägt. Demzufolge ist eine paradoxe Handlungsanweisung ein widersprüchlicher Befehl, den der Adressat unmöglich richtig ausführen kann.

Beispiele:

1. Die Eltern sagen zu ihrem Kind: „Sei nicht immer so gehorsam!“ Das Kind kann diesen Befehl unmöglich richtig ausführen. Denn ist es ungehorsam, so kommt es doch nur der Anweisung der Eltern nach und ist auf diese Weise wieder gehorsam.
2. Eine Mutter sagt zu ihrem Kind: „Nun sei doch mal spontan!“ Diese mütterliche Aufforderung ist in sich widersprüchlich, denn folgt das Kind diesem Gebot, verhält es sich ja nicht mehr spontan, sondern folgsam dem Wunsch der Mutter entsprechend. Folgt es ihm nicht, verhält es sich ebenfalls nicht spontan.

Doppelbindung

Nach Watzlawick stellt die Doppelbindung („double bind“) und die damit zusammenhängende Störung einen Spezialfall der pragmatischen Paradoxie dar. Die Doppelbindung kann entstehen aus sich widersprechenden Geboten und der Unmöglichkeit, nicht zu kommunizieren (vgl. Axiom 1). Pragmatische Paradoxien, die widersprüchliche Handlungsaufforderungen darstellen, können den

Empfänger in eine unlösbare Situation bringen. Eine besondere Bedeutung gewinnen sie jedoch, wenn der Empfänger es sich nicht erlauben kann, nicht auf sie zu reagieren oder ihren Widerspruch aufzuzeigen. Dies ist bei einer engen, lebenswichtigen, emotionalen Beziehung des Empfängers zum Sender der Fall, beispielsweise innerhalb der Familie, der ehelichen Gemeinschaft oder bei Freundschaften. Eine Doppelbindung kann vermieden werden, wenn es dem Empfänger der widersprüchlichen Botschaft gelingt, dem Sender diese Absurdität aufzuzeigen. **Metakommunikation** ist demnach ein Weg, die Doppelbindung nicht annehmen zu müssen. Sind jedoch die Merkmale der Doppelbindung erfüllt und wird die Doppelbindungssituation angenommen, kann dies unter Umständen zu psychischen Störungen führen.

Merkmale der Doppelbindung

Die hier aufgeführten Merkmale der Doppelbindung stützen sich auf Watzlawick und Mitarbeiter (1990, S. 194 ff.) sowie Marc und Picard (1991, S. 176 f.).

- Zwei oder mehr Personen interagieren miteinander. Sie stehen zueinander in einer engen, emotionalen, lebenswichtigen Beziehung. Diese Beziehung ist meist komplementär, das heißt, es liegt ein unausgeglichenes Machtverhältnis vor.

  Der „Sender“ der paradoxen Handlungsanweisung wird als „Täter“ oder „binder“ bezeichnet. Dieser befindet sich in der Primärposition. Der „Empfänger“ (das „Opfer“) dieser Handlungsanweisung befindet sich in der Sekundärposition. Eine Doppelbindungssituation kann durch Einwirkung einer Person (z. B. Mutter) oder mehrerer Personen (z. B. der gesamten übrigen Familie) entstehen.
- Das Opfer macht die wiederholte Erfahrung der Doppelbindung, das heißt, sie besteht über einen längeren Zeitraum. Die Doppelbindung hat für das Opfer aufgrund der steten Wiederholung den Charakter einer gewohnheitsmäßigen Erwartung.

  Die paradoxen Anweisungen werden häufig von einer lebenswichtigen Schlüsselperson gegeben. Die Handlungsaufforderungen können sich verbal, aber auch nonverbal widersprechen. Eine paradoxe Handlungsaufforderung wird durch Befolgung missachtet und durch Missachtung befolgt.
- Der Empfänger der paradoxen Mitteilung, das Opfer, kann die Beziehungsstruktur nicht verlassen. Das Opfer kann das Feld nicht räumen, um so dem Konflikt der Doppelbindung zu entgehen. Ein minderjähriges Kind beispielsweise ist von den Eltern abhängig; ein Verlassen der Familie und damit der krankmachenden Strukturen ist unmöglich.

- Das Opfer kann nicht mit dem Täter (Binder) über die Absurdität der paradoxen Handlungsaufforderung metakommunizieren. Das heißt, das Opfer kann die Widersprüchlichkeit nicht kommentieren.
- Obwohl die paradoxe Mitteilung sinnlos und widersprüchlich ist, so ist sie doch eine pragmatische Realität: Das Opfer kann nicht nicht auf die Paradoxie reagieren.
- Der Sender der paradoxen Mitteilung, der Täter, verbirgt sein Verhalten meist hinter der Maske der besten Absichten, wie Hilfsbereitschaft, Fürsorge, Liebe.
- „Wo Doppelbindungen von längerer oder sogar chronischer Dauer sind, werden sie zu gewohnheitsmäßigen und schwer beeinflussbaren Erwartungen hinsichtlich der Natur menschlicher Beziehungen und der Welt im allgemeinen und diese Erwartungen bedürfen schließlich keiner weiteren Verstärkung“ (Watzlawick 1990, S. 199).

  Im Laufe der Zeit können also bereits auch Teile einer Doppelbindungssituation typische Opfer-Reaktionen auslösen. Wenn das Opfer gelernt hat, sich und seine Umwelt in der Schablone der Doppelbindung wahrzunehmen, so reicht bereits ein Teil der Doppelbindungssituation, um typische Reaktionen des Opfers auszulösen wie beispielsweise Panik, Wut, Angst usw.

Beispiel:

> Die Mutter sagt zu ihrem zweijährigen Sohn, dass er auf ihren Schoß kommen soll. Dabei blickt sie ihn abweisend an. Sie übermittelt ihm dabei zwei sich widersprechende Botschaften:
> - komm auf meinen Schoß und
> - bleib mir vom Leibe.
>
> Das Kind (in der Sekundärposition) steht in einer engen, persönlichen Beziehung zur Mutter, in der es sich gezwungen fühlt, deren Mitteilungen richtig aufzufassen und präzise zu reagieren. Die Mutter äußert gleichzeitig zwei verschiedene Mitteilungen, wobei eine der anderen widerspricht. Das Kind kann nicht auf die Ebene der Metakommunikation ausweichen, hat also keine Möglichkeit, über die Auffassung der Mitteilung zu diskutieren. Die Situation wird als Doppelbindung bezeichnet, weil das Kind zwischen zwei Alternativen wählen muss, jedoch eine echte Wahl zwischen den beiden Möglichkeiten nicht gegeben ist. Das Kind bleibt an beide Wahlmöglichkeiten gebunden.

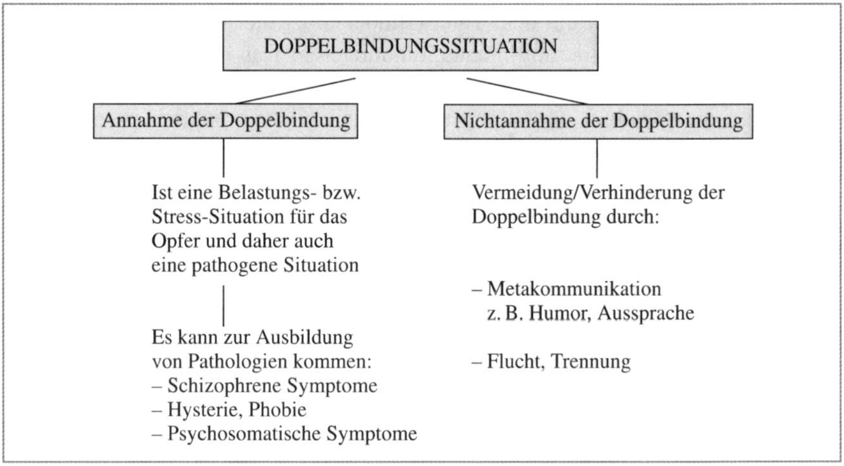

Tab. 4: Folgen von Doppelbindungssituationen bzw. deren Vermeidung

6.2.4 Kritische Stellungnahme

Stärken der Theorie

Die Kommunikationstheorie von Paul Watzlawick kann man als **Systemtheorie** bezeichnen. So werden die Probleme eines Menschen in erster Linie als systembedingt angesehen, d. h. sie sind durch die Verhaltensweisen aller Systemangehörigen (z. B. Familie: Vater, Mutter, Kind) bedingt und verursacht. Im Gegensatz zur klassischen Psychoanalyse, bei der der einzelne Patient außerhalb seiner Familie und seines gewohnten Milieus gesehen wird, erkennt Watzlawick, welchen Einfluss und welche Macht das ganze System mit seinen Eigengesetzlichkeiten auf die einzelnen Systembeteiligten ausübt. Und gerade hier setzt er mit seiner Theorie an. Nicht ein einzelner Patient wird isoliert gesehen und als „krank" oder „Problemfall" definiert, was ein bestehendes Problem noch verstärken könnte. Die Krankheit oder das Problem ist bei ihm einzig ein Symptom einer misslungenen Kommunikation und somit der Kranke nur der Symptomträger eines nicht richtig funktionierenden bzw. fehlerhaft kommunizierenden Systems. Somit wird der Kranke erheblich entlastet, denn die Verantwortung für seine Gesundung liegt nicht mehr bei ihm allein: nicht nur er muss seine Verhaltensweisen ändern, sondern jeder einzelne, der zu diesem krankmachenden System gehört.

Paul Watzlawick fasst in seiner Kommunikationstheorie komplexes menschliches Verhalten in fünf anschaulichen Regeln **(Axiomen)** zusammen. Gerade in Therapiesituationen (z. B. Familientherapie) kann man den Patienten anhand dieser Axiome gut aufzeigen, wann und wie ihre Kommunikation fehlerhaft verläuft. Dadurch können diese ihr problemerhaltendes Verhalten ändern und somit das Problem beseitigen. „Man versucht also, den Kontext zu verändern, sodass das Problem von selbst verschwindet“ (Marc u. Picard 1991, S. 201). Im Gegensatz zur langdauernden und kostspieligen Psychoanalyse lassen sich mit der Theorie von Watzlawick schon nach kurzer Therapiedauer Erfolge erzielen.
Besondere Bedeutung hat sie für alle kommunikativen Berufe z. B. Lehrer, Psychologen und Sozialpädagogen. Mithilfe der Kommunikationstheorie ist es diesen möglich, Konflikte und bestimmte Kommunikationsweisen verstärkt wahrzunehmen, sodass es nicht bis zur Entstehung einer Krankheit kommen muss. Gerade die Nähe zum kommunikativen Alltag ist die Stärke dieser Theorie.

Schwächen der Theorie

„Watzlawick nimmt an, dass die Begrenzung der klinischen Psychologie auf das Individuum und die Frage nach seiner Lebensgeschichte eine künstliche Isolierung darstellen, die zu Fehlschlüssen über die Natur des Menschen führen müssen“ (Geißler u. Hege 1988, S. 91).
Doch diesen Vorwurf der Isolierung von Variablen muss sich auch Watzlawick gefallen lassen. Zwar sieht er menschliches Verhalten nicht losgelöst von der Umwelt. Doch wird die **Wechselwirkung zwischen Individuen** für ihn zum alleinbestimmenden Merkmal menschlichen Verhaltens. Er erweitert also seinen Blickwinkel nicht, sondern verschiebt ihn nur. Verhalten eines Menschen begründet sich demnach nicht aus seinen Eigenschaften und seiner Persönlichkeit, sondern ist nur Reaktion auf das Verhalten anderer Menschen (Kreisförmigkeit der Kommunikationsabläufe).
Watzlawick beschränkt sich ferner nur auf das **beobachtbare Verhalten** und ist damit in der Hier- und Jetzt-Situation verhaftet. Auf diese Weise lässt sich die äußere Form einer Beziehung beschreiben, nicht aber, warum es zu dieser Beziehung kam und **aus welchen Gründen** Kommunikationsstörungen auftreten. So bleibt beispielsweise unklar, *warum* im Fall der Doppelbindung (siehe S. 179 ff.) die Mutter widersprüchliche Handlungsanweisungen gibt. Verhalten erschöpft sich eben nicht darin, Reaktion auf das Verhalten anderer zu sein. Die Möglichkeiten eines Individuums, sich von den Einflüssen der Umwelt zu lösen und das Verhalten in eigener Regie zu steuern – also Selbststeuerung –, bleiben ebenso wie die Persönlichkeit des Individuums unberücksichtigt.

6.3 Kommunikationstheorie nach Schulz von Thun

6.3.1 Grundlagen

Geglückte Kommunikation ist nicht nur eine Sache des guten Willens der Beteiligten, sondern vor allem der Fähigkeit, seelische Vorgänge und zwischenmenschliche Prozesse zu durchschauen.
Die Theorie Schulz von Thuns enthält Hinweise für die Analyse typischer Kommunikationsstörungen und Möglichkeiten ihrer erfolgreichen Bewältigung. Anfänglich als Theorie für Psychologen in der Kommunikationstherapie gedacht, gelangte er zu dem Schluss, dass Erkenntnisse über zwischenmenschliche Beziehungen in die Hände von jedermann gehören.
Ausgehend vom sogenannten **Nachrichtenquadrat** entwickelte er typische Probleme, die sich mit den vier Aspekten einer Botschaft verbinden lassen. Um den Kontakt zu anderen herzustellen, bedienen sich Menschen unterschiedlicher Kommunikationsstile. Aus der systematischen Darstellung von acht deutlich unterschiedlichen **Kommunikationsstilen** schließt er auf typische Verwicklungen zwischen den Kommunikationspartnern. Mit seinen Ausführungen zur Klärungshilfe deckt er Beziehungsstörungen und deren systemische, individuelle und situative Ursachen auf. In therapeutischen Gesprächen werden die Beteiligten wieder zusammengeführt und es wird versucht, die inneren Voraussetzungen des Dialogs zu erweitern.
Schulz von Thun bedient sich dabei bereits vorliegender Erkenntnisse zur Kommunikation von Paul Watzlawick (vgl. Kap. 6.2) und versucht, sie mit anderen Ansätzen der Psychologie zu vereinen.

6.3.2 Das Nachrichtenquadrat

Mit einer Nachricht teilt man viele Botschaften gleichzeitig mit. „Dies ist eine Grundtatsache des Lebens, um die wir als Sender und Empfänger nicht herumkommen. Dass jede Nachricht ein ganzes Paket mit vielen Botschaften ist, macht den Vorgang der zwischenmenschlichen Kommunikation so kompliziert und störanfällig, aber auch so aufregend und spannend“ (Schulz von Thun, Band 1 1992, S. 26).

Um nun diese Vielfalt der Botschaften, die in einer Nachricht stecken, ordnen zu können, hat Schulz von Thun das sogenannte Nachrichtenquadrat entwickelt.

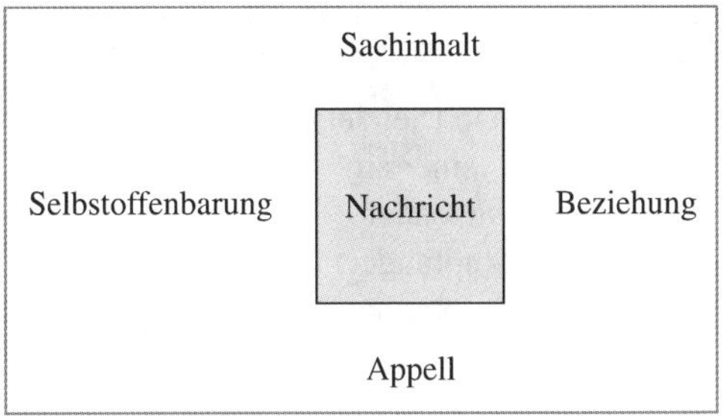

Abb. 10: Vier Seiten der Nachricht: das Nachrichtenquadrat

Jede Nachricht enthält einen **Sachinhalt,** mit dem die Informationen über Geschehnisse und Dinge gemeint sind (vgl. hierzu den Inhaltsaspekt im 2. Axiom bei Paul Watzlawick).

Neben den Sachinformationen sind in einer Nachricht auch mehr oder weniger gewollte Informationen über die Person des Senders enthalten. Schulz von Thun verwendet deshalb den Begriff **Selbstoffenbarung,** um damit die gewollte Selbstdarstellung als auch die unfreiwillige Selbstenthüllung einzuschließen (Schulz von Thun, Band 1 1992, S. 27).

Ferner kann der Nachricht entnommen werden, was der Sender vom Empfänger hält und wie beide die **Beziehung** zueinander definieren. Diese Seite der Nachricht ist besonders wichtig, da es hier häufig „um ein kräftezehrendes Tauziehen“ zweier Gesprächspartner geht und nicht selten Widersprüche in der Beziehung auf der Sachinhaltsebene ausgetragen werden. Außerdem machen Beziehungsbotschaften persönlich betroffen. Bei Kindern und Abhängigen formieren diese Du-Botschaften das Selbstbild nach dem Motto „So einer bin ich also!“. Im gewählten Tonfall, der Art der Formulierung und den nichtsprachlichen Begleiterscheinungen der Nachricht teilt sich das **Wie** der Beziehung mit.

Jede Nachricht will beim Empfänger **etwas bewirken,** ihn zu etwas veranlassen. Dieser Versuch der Einflussnahme kann mehr oder weniger versteckt sein. Jedoch **appelliert** der Sender auch auf verschiedene Weise z. B. um durch Selbstoffenbarung beim Gesprächspartner einen guten Eindruck zu hinterlassen oder indem er durch das Aussprechen von Komplimenten auf der Beziehungsebene sein gegenüber bei Laune hält.

Beispiel:

Der Mann (Sender) sagt zu seiner am Steuer sitzenden Frau (Empfänger): „Du, da vorne ist grün!“

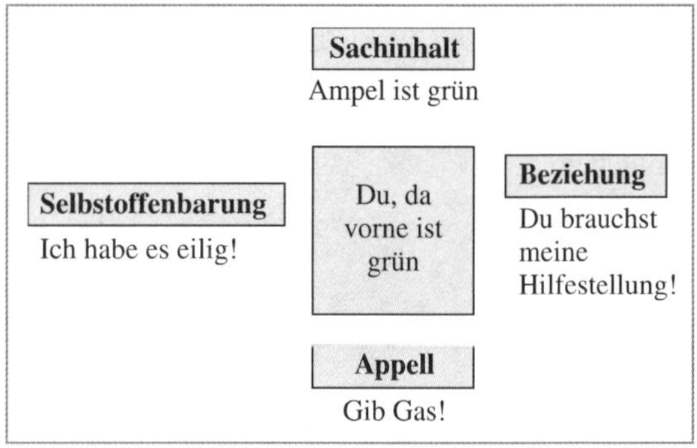

Durch den **Tonfall** teilt der Mann mit, wie die Ehefrau die Nachricht zu verstehen hat. Ob wir wollen oder nicht, wir senden immer gleichzeitig auf vier Nachrichtenseiten. Jedoch kann der einen oder anderen Seite stärkeres Gewicht verliehen werden, je nach Zielsetzung.
Von sozialer Kommunikation (vgl. Kap. 6.1) kann erst dann gesprochen werden, wenn auch die beim Empfänger ausgelöste Reaktion in die Überlegungen eingeht. Denn auch das **Feedback** einer Nachricht hat vier Seiten.

6.3.3 Der Empfang der Nachricht

Es ist Sache des Empfängers wie er mit der Nachricht umgeht, auf welche Schlüsselreize er Wert legt, welche Empfangsebene ihm wichtig erscheint.
Nach Schulz von Thun erfolgt die **innere Reaktion des Empfängers auf drei Empfangsebenen:** der Wahrnehmungsebene, der Interpretationsebene und der Gefühlsebene.
Eine Nachricht wird zunächst mit den Sinnen aufgenommen, mit Bedeutungsgehalt versehen und darauf mit bestimmten Gefühlen reagiert.

Beispiel:

Eine Frau berichtet ihrem Ehemann über eigene Pläne. Er runzelt daraufhin ein wenig die Stirn, sie reagiert nun ihrerseits beleidigt: „Nun mach doch nicht gleich wieder so ein Gesicht.“

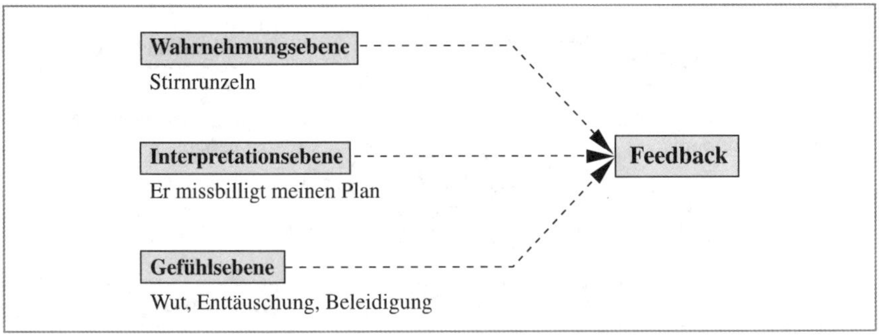

Häufig bestimmen die **Vorstellungen,** die sich der Empfänger vom Sender macht, seine innere Reaktion. So auch im obigen Beispiel, denn hätte die Ehefrau ihre Wahrnehmung „Stirnrunzeln“ und Vermutung „Ihm passt nicht, was ich mache“ an der Realität überprüft, hätte der Ehemann sie korrigieren oder bestätigen können. Vorstellungen sind nach Schulz von Thun Fantasien, die auf Gedanken und Gefühlen beruhen und nicht auf klar angebbaren Wahrnehmungen. Gerade in der Lehrer-Schüler-Interaktion stören solche Vermutungen und Unterstellungen das Vertrauensverhältnis.
Jede Vermutung, besser zu wissen, was mit dem anderen los ist, schadet der Kommunikation. Eine verbesserte Kommunikation ist dadurch zu erreichen, dass wir solche Fantasien nicht in unserem *selbsterbauten Käfig der Isolation* bewahren, sondern im Feedback abklären. „Viele Menschen sitzen in den Käfigen gefangen ohne es zu wissen“ (Schulz von Thun, Band 1 1992, S. 76).

6.3.4 Gestörte Kommunikation

Einseitiger Nachrichtenempfang und andere Kommunikationsstörungen

Bisher wurde das Nachrichtenquadrat überwiegend aus der Sicht des Senders betrachtet. Da alle vier Seiten im Spiele sind, muss der kommunikationsfähige Sender sozusagen auch alle gleichzeitig beherrschen. Eine einseitige Beherrschung führt zu Kommunikationsstörungen z. B. nützt es wenig, sachlich Recht zu haben und dabei gleichzeitig Unheil auf der Beziehungsseite zu stiften.
Der Empfänger ist eigentlich biologisch schlecht ausgerüstet, indem er auf zwei Ohren vier Ebenen der Nachricht empfangen muss.

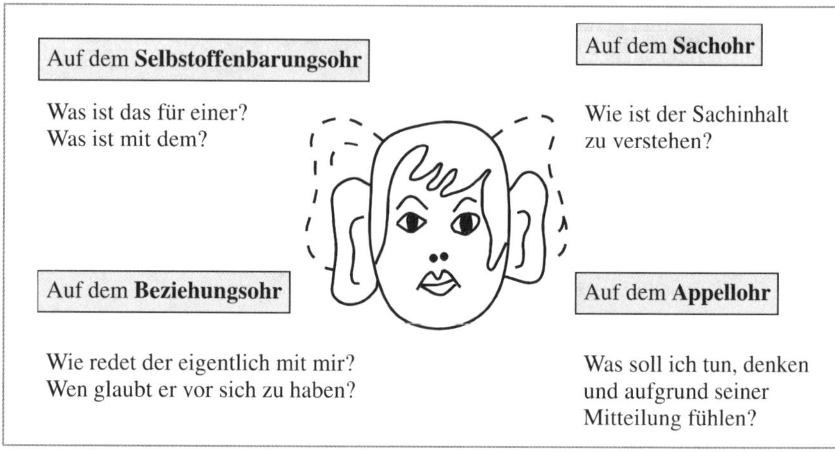

Abb. 11: Der „vierohrige" Nachrichtenempfang (modifiziert nach Schulz von Thun, Band 1 1992, S. 45)

Je nach Scharfeinstellung seiner Ohren wird sich die Reaktion des Empfängers gestalten. Dabei können verschiedene **Kommunikationsstörungen** entstehen:

Wenn der Empfänger auf einer Nachrichtenseite reagiert, auf die der Sender keinen Wert legen wollte:

Beispiel :

> Ein Ehemann reagiert auf die Frage der Ehefrau, ob er sie noch liebe, wie folgt:" Ja weißt du, da müssten wir erst den Begriff „Liebe" definieren, da kann man ja nun sehr viel darunter verstehen …" Hier hört die Empfängerin vorwiegend beziehungsohrig und frustriert den Partner auf der Sachebene (vgl. Schulz von Thun, Band 1 1992. S. 47).

Wenn der Empfänger auf einem Ohr nicht hören will, was dem Sender wichtig ist:

Beispiel :

> Der Lehrer schlägt für den Unterricht eine bestimmte Übung vor, die ein Schüler angewidert mit den Worten zurückweist „Ach, schon wieder, das haben wir doch schon hundertmal gemacht." Der Lehrer verbittet sich den unverschämten Ton und weist den

Schüler zurecht. Hier hat der Empfänger ein übergroßes Beziehungsohr und weicht der vom Sender angestrebten Absicht auf dem Sach- bzw. Appellohr aus.

Wenn der Empfänger überwiegend nur mit einem Ohr hört und für die anderen Botschaftsanteile taub ist:

Beispiel :

Jemand hat ein überempfindliches Beziehungsohr und liegt ständig auf der Beziehungslauer, fühlt sich leicht angegriffen, beleidigt, schlecht behandelt. Solche Personen hören aus beziehungsneutralen Nachrichten Stellungnahmen zu ihrer eigenen Person heraus. Verantwortlich für einen beziehungsohrigen Empfang ist ein schwaches Selbstvertrauen. Jemand, der nicht viel von sich hält, neigt dazu, harmlose Botschaften so auszulegen, dass sie sein negatives Selbstbild verstärken.

„... Von dem Wunsch beseelt, es allen recht zu machen und auch den unausgesprochenen Erwartungen der Mitmenschen zu entsprechen, ist manchem Empfänger ein übergroßes Appellohr gewachsen. Sie hören auf der Appellseite geradezu das Gras wachsen, sind dauernd auf dem „Appell-Sprung" (Schulz von Thun, Band 1 1992, S. 8).

Wenn nun die Nachricht anders ankommt, als sie gemeint war, kann das verschiedene Ursachen haben. Zum einen
- in Verständigungsfehlern auf der Sachebene,
- in einer voreingenommenen Haltung des Empfängers zur Person des Senders,
- in einem bereits erwähnten negativen Selbstbild des Empfängers,
- in unterschwelligen Botschaftsanteilen, die der Empfänger neben der Kernbotschaft heraushört und die ihn gereizt stimmen, wenn er z. B. aus dem Appell „Räum dein Zimmer auf!" (je nach Tonfall, Gesichtsausdruck des Senders) einen Vorwurf auf der Beziehungsseite heraushört.

Diese Botschaftsanteile, die auch allein auf Fantasien des Empfängers beruhen können, verursachen dann bei Kindern und Abhängigen Gewissensbisse und Kummer.

Probleme der zwischenmenschlichen Kommunikation

Auf jeder Nachrichtenseite können unterschiedliche psychologische Probleme entstehen, die dem folgenden Schaubild zu entnehmen sind.

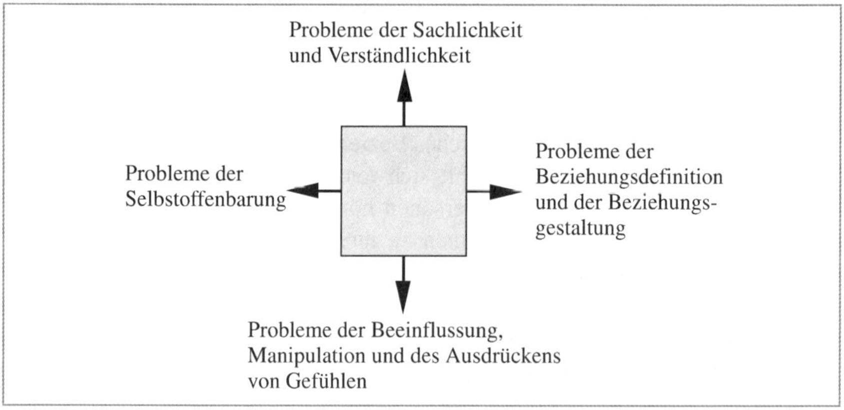

Abb. 12: Kommunikationsprobleme im Sinne des Nachrichtenquadrats

Die Sachseite der Nachricht

Zwei Probleme treten in diesem Zusammenhang hauptsächlich auf: **unsachlicher Gesprächsverlauf** und **schwer verständliche Sachinformationen**.

„Hierzulande gehört es zu den ungeübtesten Fähigkeiten, eine Sachkontroverse ohne Feindseligkeit und Herabsetzungen auf der Beziehungsseite zu führen: Der Meinungsgegner wird als Feind und lästiges Übel erlebt und entsprechend behandelt“ (Schulz von Thun, Band 2 1992, S. 129).

Sachlichkeit kann nur dadurch erreicht werden, dass die Verständigung auf der Sachebene weiterkommt, ohne dass die gefühlsmäßigen Begleitbotschaften auf den anderen drei Seiten (Rechthaberei, Selbstdarstellung, Rache, sich lieb Kind machen) Oberhand gewinnen. Häufig werden Meinungsgegner mit „das gehört nicht hierher“ niedergeschmettert.

Ebenso häufig finden sich Klagen über die Schwerverständlichkeit von Texten, Formularen, Sachbüchern, Kommentaren, aber auch Schulbüchern. Ob dahinter eine mangelnde Kommunikationsfähigkeit des Autors oder ein Stück Imponiersprache der Fachleute zu vermuten ist, lässt Schulz von Thun offen. Eines jedoch ist sicher, beim Empfänger wird Ehrfurcht vor dem „klugen Kopf“ auf dem Selbstoffenbarungsohr geweckt. Es ist ganz klar, dass das schaumschlägerisch sprachliche Imponiergehabe beim Empfänger Minderwertigkeitsgefühle erzeugt

und den Anschein hinterlässt, der muss es ja wissen, dieser Meinung kann ich mich anschließen.
Das Selbstwertgefühl des Empfängers, der über sein Beziehungsohr Mitteilungen zu seiner Person erhält, wird dadurch beschädigt und der Mut zu weiteren Informationen aufgegeben. Deshalb der Rat an alle: Drückt euch verständlich aus. Macht es einfach, übersichtlich, kurz, prägnant und ein wenig stimulant!

Die Selbstoffenbarungsseite der Nachricht
Um seine Selbstoffenbarung ist jeder Mensch ein wenig besorgt, denn sobald er etwas von sich gibt, gibt er auch eine kleine *„Kostprobe"* seiner Persönlichkeit. Die Ursprünge dieser Selbstoffenbarungsangst, wie sie Schulz von Thun bezeichnet, lassen sich durch die Unfallschäden des kindlichen Individuums in der Begegnung mit den Normen der Erwachsenenwelt begründen.
Aus dieser Besorgnis heraus lässt der Sender einen Teil seiner Energien in die Gestaltung der Selbstoffenbarungsseite fließen; dies lässt sich insbesondere bei öffentlichen Veranstaltungen mit anschließenden Podiumsdiskussionen beobachten. Durch *Imponiergehabe und Fassadentechniken* versucht die Person einen guten Eindruck zu hinterlassen, eigene Ängste und Unsicherheiten zu verhüllen und unansehnliche Teile der eigenen Person zu verstecken. Mithilfe von Selbstverkleinerungstechniken stellt er sich hilflos und klein dar. Der versteckte Appell soll hier lauten „Hilf mir!", denn indem er sich selbst verkleinert, ermutigt er den anderen zu helfen, für ihn da zu sein, die Verantwortung zu übernehmen. An späterer Stelle wird bei den einzelnen Kommunikationsstilen (S. 194 ff.) noch auf solche unterschiedlichen Kommunikationshaltungen eingegangen.
Erklärtes Lernziel auf dieser Ebene ist, sich annehmen zu lernen, mit all seinen Stärken und Schwächen und entsprechend auch nach außen zu geben, wie einem innerlich zumute ist. Diese Forderungen finden wir auch bei Rogers in seinen Gesprächspostulaten nach *Kongruenz* und *Authentizität* in der Selbstdarstellung.

Die Beziehungsseite der Nachricht
Beziehungsbotschaften stimmen grundsätzlich betroffen. Langfristig formen sie das Selbstbild des Empfängers. Durch zwei Techniken kann sich der Empfänger misshandelt fühlen: durch **herabsetzende** und **bevormundende** Botschaften. Diese Mitteilungen wiederum hängen von dem Bild ab, das der Sender vom Empfänger hat. Beziehungsstörungen ergeben sich dann, wenn ich den anderen ganz anders wahrnehme als er sich selbst sieht.

Die Appellseite der Nachricht
Die Wirksamkeit des Appells hängt stark von der Beziehung der Kommunikationspartner ab. Oftmals dient die Zurückweisung eines Appells einer *„Ehrenrettung"* des Empfängers auf der Beziehungsebene.

Beispiel:

> So kommt die Tochter, die eben die Wohnung verlassen möchte, um in die Kneipe zu gehen, der Aufforderung der Mutter „Und zieh dir 'ne Jacke an, ja!" schon deshalb nicht nach, weil sie sich wie ein kleines Kind behandelt fühlt, selbst wenn sie sachlich mit der Mutter übereinstimmt.

Weitere Situationen, in denen der Appell wirkungslos bleibt
- Wenn der Appell ein *untaugliches Mittel zur Lösung* des Problems ist (vgl. hierzu paradoxe Kommunikation Kapitel 6.2.4), wäre es z. B. unsinnig, einem traurigen Menschen zu empfehlen „Sei doch mal lustig, lach doch mal!".
- Wenn der Appell eine *bestimmte Handlung,* die man ausführen wollte, in der Weise *entwertet,* dass sie nun nicht mehr freiwillig ausgeführt werden kann, z. B. im Diebstahl des Urhebererlebnisses. Ein Kind, das sich vorgenommen hat, sein Zimmer aufzuräumen, verliert nun, nachdem es dazu aufgefordert wird, die Lust und ignoriert den Appell.
- Appelle, die *den inneren Seelenfrieden* des Empfängers *stören,* da ihr Inhalt seinen Überzeugungen widerspricht", z. B. einen leidenschaftlichen Raucher von seinem gesundheitsschädigendem Tun überzeugen zu wollen.

Für eine erfolgreiche Kommunikation fordert Schulz von Thun **offene Appelle,** hier werden die eigenen Wünsche ausgesprochen und dem Empfänger die Möglichkeit gegeben, sich für oder gegen den Appell zu entscheiden.

Hinweise für den Umgang mit Kommunikationsstörungen

Eine erfolgreiche Kommunikation hängt von dem guten Willen der Beteiligten, der Fähigkeit, den komplizierten Vorgang der zwischenmenschlichen Kommunikation zu durchschauen und gewissen kommunikativen Grundregeln ab.
Einige Gegenmaßnahmen zum einseitigen Nachrichtenempfang bzw. zur einseitigen Nachrichtenübermittlung wurden bereits vorher erwähnt.
Als Heilmittel für misslungene, gestörte Kommunikation wird einheitlich die **Metakommunikation** empfohlen.

Gute Metakommunikation verlangt nach Schulz von Thun in erster Linie einen vertieften Einblick in die eigene Innenwelt und den Mut zur Selbstoffenbarung in den Fragen, was geht in mir vor, wie erlebe ich dich und was spielt sich zwischen uns ab? (vgl. Schulz von Thun, Band 1 1992, S. 91).
Nach Schulz von Thun müssen wir lernen, unsere Reaktionen im Umgang mit anderen Menschen zu verstehen und entsprechend diesen verdrängten Gefühlen zu handeln.

Bei unseren Interaktionen mit wichtigen Bezugspersonen haben wir Verhaltensweisen entwickelt, die uns wie eine kunstvolle Maske vor Verletzungen durch andere schützen. Dieser Teil der Persönlichkeit prägt unsere zwischenmenschlichen Beziehungen in besonderer Weise. In diesem Zusammenhang gebraucht Schulz von Thun nicht mehr den Begriff „Fassade", sondern versteht die **Maske** als Außenseite des Kommunikationsverhaltens und als wertvollen Teil der Persönlichkeit.

6.3.5 Typologie menschlicher Kommunikationsstile

Unter drei Gesichtspunkten werden nun einzelne Interaktionsstile betrachtet:
- Welche grundlegenden Botschaften enthalten die verschiedenen Nachrichtenseiten?
- Welche Funktionen haben sie in der jeweiligen Beziehungsstruktur?
- Welche Veränderung der Persönlichkeit in eine bestimmte Entwicklungsrichtung erscheint erstrebenswert, um diesen Teufelskreisen entgegenzuwirken?

Exemplarisch wird nun an der Darstellung von drei Kommunikationsstilen deutlich gemacht, wie sich zwischenmenschliche Beziehungen zu Teufelskreisen entwickeln können und wodurch sie sich beseitigen bzw. vermeiden lassen.

Der bedürftig-abhängige Kommunikationsstil

Abb. 13: Modifizierte Grundpose des bedürftig-abhängigen Stils (nach Schulz von Thun, Band 2 1992, S. 61)

Der Sender stellt sich selbst als hilflos und überfordert dar und verleiht dem anderen damit das Gefühl, überlegen zu sein, helfen zu müssen, verantwortlich für den anderen zu sein. Entstanden ist dieser Mangel an Selbstvertrauen durch Ur-Erfahrungen in der Kindheit. Ein solcher Mensch trägt die Ur-Botschaft in sich „Ich bin schwach und hilflos und allein dem Leben nicht gewachsen" (vgl. Schulz von Thun, Band 2 1989, S. 63).
Im Sinne des Nachrichtenquadrats betrachtet ist ein solcher Appell „Hilf mir!" „Unterstütze mich!", gekoppelt mit unterwürfigen, hilflos erscheinenden Kommunikationsmitteln, für den Kommunikationspartner verführerisch, da er die Position der Stärke und Kompetenz auf der Beziehungsebene signalisiert bekommt.
Welche Personen nun bevorzugt auf solche Angebote eingehen und den Köder, den der hilflose Sender auswirft, bereitwillig annehmen, wird im Folgenden geklärt.
Die Empfänger hilfloser Appelle können sich grundlegend verschieden verhalten.

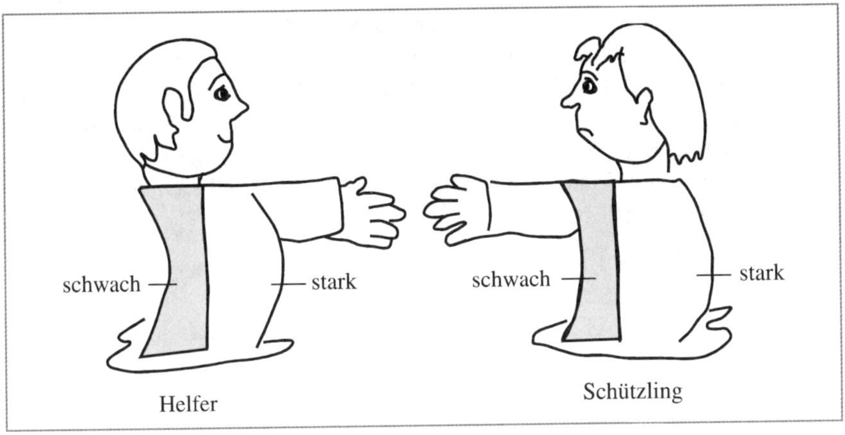

Abb. 14: Zusammentreffen der „passenden" kontaktzugewandten Seiten (modifiziert nach Schulz von Thun, Band 2 1992, S. 67)

Sie können sich im obigen Sinne einander **komplementär** zuwenden. Hat der Bedürftig-Abhängige einen „passenden" Partner gefunden, kann er zunächst seine Angst vor Eigenständigkeit unterdrücken. Auch der starke Helfer zieht seine Vorteile aus dieser Situation. Dennoch entwickelt sich mit der Zeit ein solches Beziehungsgefüge zum **Teufelskreis.** Nach jeder geleisteten Hilfestellung durch den Kommunikationspartner wird dem Abhängigen erneut seine Unterlegenheit und Hilflosigkeit bewusst und er muss eine erneute Kränkung seines schwachen Selbst hinnehmen. Diese Kränkungen erzürnen den Schwachen und er entwickelt eine innere Wut, die sich paradoxerweise gegen den starken Helfer richtet. Und auch der starke Helfer wird allmählich der unfähigen Haltung seines Schützlings überdrüssig, was sich auf Dauer auch nicht mehr durch Überlegenheitsgefühle kompensieren lässt. Auch bei ihm entsteht ein eigenartiges Gefühl aus Mitleid und Zorn über die Vereinnahmung durch seinen Schützling.

Ein ganz anderer *Teufelskreis* entsteht, wenn der Partner sich deutlich abgrenzt und den Bedürftig-Abhängigen „kurz hält". Dieser fühlt sich daraufhin elend und alleingelassen und intensiviert seine Anstrengungen, doch noch etwas Fürsorglichkeit und Unterstützung zu erhalten. Aber gerade diese verstärkten Bemühungen erhöhen die Angst des Partners, ausgesaugt zu werden. Der Bedürftige wird immer abhängiger.

Beide hier beschriebenen Teufelskreise können in ein- und derselben Beziehung wirksam werden, zum Beispiel wenn der Partner zunächst fürsorglich reagiert, aber irgendwann, wenn er sich verausgabt hat, sich zunehmend distanziert und dann wiederum ein schlechtes Gewissen bekommt.

Wie lassen sich diese Teufelskreise durchbrechen?
Zweifellos muss man das Ziel in Richtung Autonomie und Selbstverantwortung verfolgen. Ein erster Schritt in diese Richtung ist, dass der Mensch zur Einsicht kommt und alles unternimmt, um sich unabhängig zu machen. So ist es durchaus möglich, dass er bevor er zu Eigenständigkeit gelangt erst noch in der Therapie nachholen muss, was früher zu kurz gekommen ist, nämlich beschützt und gehalten, umsorgt und gepflegt zu werden.

Der selbstlose Stil

Abb. 15: Grundpose des selbstlosen Stils (modifiziert nach Schulz von Thun, Band 2. 1992, S. 93)

Der Selbstlose hält sich selbst für unwichtig und ist nur im Einsatz für andere zu etwas nütze.
Er definiert sein Selbstbild durch den Einsatz für andere. Als Kind hat er gelernt, einen eigenen Wert nur darin zu erleben, indem er für andere zweckhaft ist. Verführerisch sendet der Selbstlose auf der Beziehungsebene „Du bist maßgeblich" und auf der Appellebene „Sag mir, wie du mich haben willst!". In der Selbstoffenbarung werden alle unbequemen, schwachen und hilfsbedürftigen Anteile herausgehalten, um sie nicht dem Partner zuzumuten bzw. ihn nicht zu enttäuschen. Ständig auf der Appelllauer liegend, möchte er dem Partner erwartungsgerecht entgegentreten und sich selbst als unwichtig zurücknehmen. Er scheut Konflikte und verfügt über ein ausgesprochenes Harmoniebedürfnis.

Worin liegt aber nun die Wirkung eines solchen Verhaltens, das andere verpflichtet und gefühlsmäßig gefangen nimmt?

Beispiel:

> Die selbstlose „märtyrerhafte“ Mutter, die immer nur bietet und nichts verlangt, stets aber die eigene Schwäche zur Schau stellt und bei ihren Kindern Schuldgefühle hervorruft. Mithilfe subtiler Mittel setzt sie dabei den eigenen Egoismus durch (vgl. Schulz von Thun, Band 2 1992, S. 99).

Das **Teufelskreisschema** zum selbstlosen Kommunikationsstil lässt sich folgendermaßen beschreiben. Wir haben einen selbstlosen Partner, der dem anderen durch die eigene Verkleinerungstendenz und Selbstentwertung zu verstehen gibt, wie überlegen und grandios er doch ist. Irgendwann fühlt sich der Partner genervt von dieser Haltung und zeigt ihm gegenüber neben der bisher wohlwollenden Herablassung auch abweisende Verhaltensweisen, zumal er merkt, dass er keinen vollwertigen Partner vor sich hat.
Der Selbstlose möchte aus Angst vor Verlust des Partners diesem noch mehr entsprechen und bewirkt dabei das Gegenteil, nämlich Ekel und Verachtung. „Dadurch, dass der andere ihn fertigmacht, fühlt sich der Selbstlose vollends in seiner Nichtigkeit bestätigt, duckt sich und erträgt mit der Kraft des Märtyrers all die Gemeinheiten. Was ihn für diese Erniedrigung entschädigt, ist das Bewusstsein seiner moralischen Überlegenheit und diese Karte spielt er auch aus, sodass der andere noch mehr Schuldgefühle bekommt“ (Schulz von Thun, Band 2 1992, S. 101).
Ein „selbstloser Engel“ und ein „mieser Teufel“ stehen sich gegenüber. Will man nun dem Opfer beistehen, wundert man sich über den Widerstand, der von beiden entgegengebracht wird.
Erstrebenswerte **Entwicklungsziele** für den Selbstlosen sind Selbstbehauptung, Selbstbewusstsein, eigene Wünsche äußern und an sich selbst zu denken. Denn schon in der Bibel steht, „Liebe deinen Nächsten wie dich selbst“. In der Verbindung mit einem gut entwickelten Selbstbewusstsein liegt der positive Keim des selbstlosen Stils. Dazu gehört es, „Ich“ und „Nein“ sagen zu können.

Der mitteilungsfreudig-dramatisierende Stil

Abb. 16: Grundpose des mitteilungsfreudig-dramatisierenden Stils (modifiziert nach Schulz von Thun, Band 2 1992, S. 229)

Dieser Kommunikationsstil äußert sich genau gegensätzlich zum vorangegangenen; der Mitteilungsfreudige genießt es, viel über sich selbst preiszugeben. Vom Publikum umringt, liebt er es, dramatische Äußerungen von sich zu geben. Solche Personen verstehen es, Leben in die Bude zu bringen.

Nur: muss soviel schrille Selbstkundgabe den Zuhörer nicht auch zu gewissen Zweifeln veranlassen? Kann sich nicht dahinter die Angst verstecken, doch nicht so beachtenswert zu sein? In der Tat scheint die seelische Grundbotschaft solcher Menschen zu lauten: „Ich bin unwichtig. Wie mir wirklich zumute ist, interessiert niemanden". Nur wenn ich mich geschickt oder mit starken Mitteln in den Vordergrund dränge, werde ich beachtet (vgl. Schulz von Thun, Band 2 1992, S. 231).

Im Sinne des Nachrichtenquadrats verkündet die Beziehungsbotschaft des Mitteilungsfreudigen aufmerksame Zuwendung, andrerseits spüren die Zuhörer aber nach einiger Zeit, dass sie als Publikum eben doch austauschbar sind.

Der Grundappell dieses Stils lautet: „Wende dich mit deiner Aufmerksamkeit mir zu und werde beständiger Zeuge meiner Selbstdarstellung" (Schulz von Thun, Band 2 1992, S. 231).

Primärer Gewinn dieser Mitteilungsfreudigkeit ist nicht mal unbedingt das, was man beim Gegenüber erreicht, sondern die Entlastung des eigenen Selbstbilds von inneren Bedrohungen. Dadurch, dass der Mitspieler in die bloße Zuhörerrolle gebannt wird, kann der Mitteilungsfreudige die Situation meist unbewusst kontrollieren und braucht keine Angst zu haben, sich inneren tabuisierten Fragen stellen zu müssen.
Funktional wurde in den eben beschriebenen Wirkungen der komplementäre Gesprächskreislauf angesprochen. Er entwickelt sich zum **Teufelskreis,** wenn die dramatischen Mitteilungen den Partner langweilen und sich zur Faszination über das Mitgeteilte ein Gefühl der Genervtheit darüber gesellt, einseitig und zweckhaft eingespannt zu werden.
Umso mehr dreht dann der Mitteilungsfreudige auf. Oftmals entwickeln solche Personen eine selbstbezogene Geschwätzigkeit.
Neben der besinnlichen Schweigsamkeit, dem bewussten Innehalten müssen Mittel des dialogischen Gesprächsverhaltens eingeübt werden. Dazu gehören u. a. das „aktive Zuhören" und die Rückbesinnung auf eben Erlebtes.

Zusammenfassung

Bei der Typologie menschlicher Kommunikationsstile müssen wir immer von Kombinationen und Mischungen typischer Verhaltensweisen in bestimmten Situationen ausgehen. In jedem von uns steckt eine Vielzahl der beschriebenen Muster. Zudem sind es die verinnerlichten Werte, die in ganz spezifischer Weise die Entwicklung von zwischenmenschlichen Beziehungen beeinflussen.
Wesentlich geprägt von diesen Grundhaltungen, sind wir unterschiedlich anfällig für die „Köder" unserer Mitmenschen und lassen uns andrerseits auch bestimmte Verhaltensweisen von anderen auf die Nerven gehen. Dabei ist es wichtig, dass wir unsere Persönlichkeit entsprechend unseren Grundtendenzen in positiver Richtung weiterentwickeln.

6.3.6 Klärungshilfe bei Interaktionsstörungen

„Das Gespräch ist aus, wir brauchen den dritten Mann dazu" – so formulierte es ein Ehemann gegenüber Schulz von Thun (vgl. Schulz von Thun 1995, S. 12). Treffend drückt sich in diesem Satz das Anliegen der Klärungshilfe aus, nämlich dann in Aktion zu treten, wenn das Miteinander von Menschen gestört ist, die im täglichen Leben miteinander zu schaffen haben bzw. einander zu schaffen machen.

In ihrem Buch **Klärungshilfe** haben Schulz von Thun und Christoph Thomann versucht, eine Handlungsanleitung zur Kommunikationshilfe und Interaktionsbewältigung zu erarbeiten. Sie bezeichnen dieses Grundrüstzeug als das „kleine und große Einmaleins der Klärungshilfe“ (vgl. Thomann und Schulz von Thun 1995, S. 14).

Phasen und Prinzipien des Gesprächsverlaufs

Bei der Klärungshilfe ist es wichtig, dass der Klärungshelfer Oberhand über das Geschehen behält; dies gelingt ihm, wenn er den Gesprächsverlauf klar strukturiert und „erziehlich“ auch neue Werte und Weltanschauungen vermittelt.
Folgende Gliederungspunkte haben sich als zweckmäßig für die Ablaufsplanung vieler Sitzungen erwiesen:
Zunächst wird eine *Kontakt-* und *Situationsklärung* vorgenommen. In dieser Arbeitsphase geht es um Organisatorisches und die Formalien; am Ende entsteht ein mündlicher Kontrakt. Die Klienten können hier gleichermaßen Erwartungen und Befürchtungen zum Ausdruck bringen.
In der zweiten Phase einigen sich die Gruppenmitglieder auf ein gemeinsames Thema, das sich gleichsam wie ein roter Faden durch die Sitzung zieht.
In der dritten Phase beginnt nun die eigentliche *Klärungsarbeit.* Hier wird die subjektive Sichtweise jedes Einzelnen zu Problemsituationen bzw. zu konkreten Themen interessant. Die Klienten sollen lernen, einander zuzuhören und zu verstehen.
In der vierten Phase kommunizieren die Klienten über *belastende Ereignisse* und berichten darüber, was sie an konkreten Gefühlen dabei empfinden. Der Klärungshelfer greift nur dann ein, wenn die Kommunikation in alte Sackgassen zu geraten droht.
In der fünften Phase übt der Kommunikationshelfer *nonverbale Kommunikationsmittel* ein, mit deren Hilfe Gefühle plastisch dargestellt werden können: Spielerisch werden eigene Wünsche verbal und handelnd geübt.
In der sechsten Phase müssen die Klienten lernen, neben egozentrischen Erlebnisinhalten einen *Blick* für vorhandene zwischenmenschliche Interaktionsabläufe zu entwickeln.
Die siebte Phase dient als *abschließende Bewertung* und *Kontrolle* des bisher „Erreichten“ bzw. noch zu „Bewältigendem“.

Prinzipien für die Moderation

Probleme und Störungen im *Hier und Jetzt* haben stets Vorrang vor thematischen Zielen. Ebenso muss der Klärungshelfer auf Fragen des Klienten, nach Vorgehensweisen und Absichten der Klärungshilfe eingehen und dessen Zweifel bzw. Misstrauen zerstreuen.
Eine *einfühlsame* und *vertrauensvolle* Beziehung zwischen Klient und Klärungshelfer ermöglicht es dem Klienten, zu sich selbst zu finden.

Methoden und Techniken der Moderation

Der Klärungshelfer kann an vier Bereichen ansetzen:
- Selbstklärung
- Kommunikationsklärung
- Persönlichkeitsklärung
- Systemklärung

Selbstklärung
Bei der *Selbstklärung* verhilft der Klärungshelfer schrittweise dem Klienten, sich mit der Bedeutung der eigenen Aussagen vertieft auseinander zu setzen, dahinterliegende Anliegen, Wünsche, Enttäuschungen und Erwartungen zu erkunden und zu akzeptieren.
Der Klärungshelfer fungiert hier quasi als … „geduldige, einfühlsame und kundige Hebamme“ (Thomann und Schulz von Thun 1995, S. 55).
Durch welche Methoden kann nun der Klärungshelfer seinen Aufgaben entsprechen?
Er muss sich mit den Hindernissen und Widerständen verbünden. Denn hinter der Verweigerung einer Selbstaussage stecken wichtige Anhaltspunkte zum Inneren der Person.
Dies erreicht er durch *einfache, offene Fragen* nach dem aktuellen Befinden, den derzeitigen Wünschen und Gefühlen. „Was geht in Ihnen vor? Was möchten Sie jetzt am liebsten tun? Was stört Sie jetzt am meisten?“
Die klassische Methode zur **Selbstklärung** ist das *einfühlende, aktive Zuhören.* Der Klärungshelfer versucht, das emotional Wichtige aus den Mitteilungen des Klienten herauszufiltern und in seiner Sprache akzeptierend zurückzuspielen. In dem Maße, wie sich der Klient verstanden fühlt, ist er angeregt, sich weiter zu erforschen und ohne Angst hinter die eigenen Kulissen zu schauen (Thomann und Schulz von Thun 1995, S. 78). Durch die Methode der **Kontrasuggestion**

wird in provozierender Weise dem Klienten das Gegenteil dessen, wie er beeinflusst werden soll, unterstellt. Die Kontrasuggestion soll den Widerspruch reizen, falls vorhanden.

Beispiel:

> „Wenn der Klärungshelfer im Gespräch ein seiner Ansicht nach wichtiges Thema entdeckt (z. B. Alkoholproblem), von dem er Grund hat anzunehmen, dass einer der Beteiligten es nicht behandeln möchte – und sich das sogar bewahrheitet („Komm nicht schon wieder damit“), kann er ihm kontrasuggestiv folgendermaßen zuhören:

„Sie möchten das Thema Alkohol also nicht nur nicht jetzt, sondern überhaupt nicht angesprochen haben, weil es mit Ihrer Ehe gar nichts zu tun hat. … Sie trinken Alkohol – wenn überhaupt – dann nur mäßig und nicht übertrieben. Wie man eben trinkt, wenn man Durst hat. Das ist eigentlich gar kein Problem, weder für Sie noch für Ihre Frau“ (sinngemäß nach Thomann und Schulz von Thun 1995, S. 81).
Häufig *vermutet der Therapeut etwas ins Blaue*, um beim Klienten den Widerstand und den Versuch, das Ganze klarstellen zu wollen, zu provozieren.

Beispiel:

> Eine Ehefrau äußert: „Gewisse Verhaltensweisen können einem schon gegen den Strich gehen“. Der Klärungshelfer könnte nun folgendermaßen reagieren, indem er konkret die Behauptung aufstellt: „Es geht Ihnen also zum Beispiel gegen den Strich, wenn Ihr Mann seine Socken auf dem Esstisch liegen lässt.“ Höchstwahrscheinlich lehnt die Klientin diese Vermutung ab und stellt die Aussage richtig: „Nein, nein, das ist es nicht, aber zum Beispiel … wenn er …“ und dann kommt sie zu einer ganz konkreten Begebenheit, anhand derer dann ihre Gefühlslage erkundet werden kann (sinngemäß nach Thomann und Schulz von Thun 1995, S. 82).

Nachdem sich der Klärungshelfer das Einverständnis des Klienten eingeholt hat, klärt er nonverbale Botschaften des Körpers, der Gestik usw. Auch Versprecher, Körpersymptome und verbale Hinweise können als Äußerungen geheimer Absichten analysiert werden. Wenn Worte nicht mehr weiterhelfen, sind analoge und bildhafte Darstellungsformen oftmals zweckmäßig.

Kommunikationsklärung
Hier geht es um die Förderung des Kontaktes und des Dialogs zwischen den Kommunikationspartnern.
Der Kommunikationshelfer wird zum *überparteilichen Anwalt* der Interaktionspartner, d. h. er stellt den Kontaktfaden zwischen beiden wieder her, wobei er bei Bedarf mal den einen, mal den anderen stützt.
Kommunikationshilfe bedeutet auch, eine *gemeinsame Sprache* zu finden, in der das tatsächlich Gemeinte zum Ausdruck kommt, ohne dass sich einer dabei beleidigt fühlt.
Eine wichtige Methode ist hierbei das sogenannte **Doppeln.** Ausgerüstet mit einem Erlaubnisschein des Klienten trägt der Klärungshelfer dessen Gedanken leicht provokativ in der Ich-Du-Form dialoghaft vor. „Das Doppeln ist in seiner Art dem aktiven Zuhören und der Grundtechnik der Gesprächstherapie nah verwandt. Es geht jedoch beim Doppeln nicht nur um Verbalisierung emotionaler Erlebnisinhalte, sondern gleichsam um die Ergänzung, Klärung und Drastifizierung von Sache, Selbstaussage, Beziehung und Appell“ (Thomann und Schulz von Thun 1995, S. 111).
Doppeln ist eine Art Übersetzungsvorgang, der aus verworrenen Sach- und Beziehungsaussagen eine klare Aussage macht, die möglichst annehmbar für die Angesprochenen ist. Schulz von Thun vergleicht das Doppeln mit einem Blumenstrauß, aus dem der Angesprochene eine Blume herauspflückt und auf sie so reagiert, als wäre sie der ganze Strauß (sinngemäß nach Thomann und Schulz von Thun 1995, S. 114). Folgende Voraussetzungen muss der Klärungshelfer bei dieser Methode mitbringen:
- ein Gespür für Unvollständigkeit,
- eine Sensibilität für Unterschwelliges,
- aus den Tonlagen heraushören können u. a.

Beispiel:

> „Weißt du – Gerda – was mich am meisten hilflos macht, ist, wenn du jeweils wissen willst, warum ich eine Flasche gekauft habe. Das weiß ich selber auch nicht. Und ich verstehe dich, dass für dich so etwas wichtig ist zu wissen, warum ich das tue: weil du dann etwas dagegen unternehmen könntest. Aber es hat mit dir gar nichts zu tun. Du bist dabei nur noch ein verschlimmernder Faktor. Je mehr du mich „warum“ fragst, desto mehr schweige ich, desto weniger Vertrauen ist zwischen uns“ (Thomann und Schulz von Thun 1995, S. 112).

Zwar werden hier auch Enttäuschungen, Hoffnungslosigkeit und Resignation angesprochen, jedoch liegt in ihrer Aussprache eine leise Hoffnung, Dialogbereitschaft und ein Eingestehen beider Interaktionspartner an der Misere schuld zu sein.
Gefährlich an dieser Methode ist, dass der Klient meint, der Klärungshelfer kann das recht gut in meinem Sinne ausdrücken und eine passive Haltung entwickelt; deshalb muss er sich im Anschluss an die gedoppelten Äußerungen des Klärungshelfers mit eigenen Worten gegenüber dem Partner äußern.

Persönlichkeitsklärung
Dabei will der Klärungshelfer dem Klienten eine Karte seiner Persönlichkeit mit darin enthaltenen Höhen und Tiefen aufzeichnen. Und zwar in dem Sinne, dass er für sich und seinen Partner berechenbar wird.
Vier grundlegende Bestrebungen und Neigungen sind in jedem Menschen mehr oder weniger anzutreffen und wirken sich mehr oder weniger hilfreich im zwischenmenschlichen Bereich aus. Der Klärungshelfer legt sie seinen Überlegungen (als *persönlichkeitstheoretische Wegweiser*) zugrunde:
- Zum einen der Mensch, der nach Nähe, Geborgenheit, Bindung, Harmonie, Mitleid verlangt, alles hinunterschluckt und Auseinandersetzungen aus dem Weg geht.
- Zum anderen der distanzierte Mensch mit einem starken Ego und dem Bedürfnis nach Freiheit, Unabhängigkeit und Autonomie.
- Daneben gibt es noch den Dauermenschen, der verlässlich, zielbewusst, sicherheitsbewusst, respektierend, teilweise pedantisch ist, wenig Flexibilität zeigt und so dauerhaft ist, dass er überhaupt nicht lebt.
- Und schließlich den Wechsler-Typ, der spontan reagiert, begeisterungsfähig, risikofreudig, kontaktfreudig, unkonventionell ist und Angst vor dem Dauerhaften hat. Alle vier Grundtendenzen treffen für die meisten Menschen zu; die graduelle Abstufung ist unterschiedlich, von extremen bis hin zu pathologischen Übersteigerungen und zum anderen eher Mischformen.

Angewendet auf zwischenmenschliche Beziehungen stellen sich nun folgende Fragen: „Was aktiviert jeweils den Partner in einer zwischenmenschlichen Beziehung?“ „Was verkümmert?“ „Was ist die Würze der Begegnung und was lässt den anderen versauern?“
Zu Beginn der Klärungshilfe entscheidet sich der Helfer für die jeweils optimale Form der Kommunikation zum Klienten: beim **Nähemenschen** bringt er *Verständnis und Bestätigung* ein, dem **Distanzler** überlässt er die Initiative für Annäherung und Öffnung, dem **Dauermenschen** kommt er dadurch entgegen,

dass er sich seine teilweisen ausufernden Erklärungen zur Beziehungschronik anhört, dem **Wechsler** folgt er in seiner chaotischen sprunghaften Beschreibungsweise. Diese akzeptierende Haltung des Klärungshelfers muss sich im weiteren Verlauf der Kommunikation mit kleinen Schritten dem gegensätzlichen Verhalten nähern, da sonst keine Persönlichkeitsveränderung erfolgen würde.
Das heißt also für den Nähemenschen, dass er sich in Richtung Eigenständigkeit verändern muss, für den *Distanzler* einmal Nähe zu riskieren, für den *Dauermenschen* lockerer zu werden und für den *Wechsler* klare Abmachungen einzuhalten.

Interventionsmöglichkeiten

- Den Klienten kennen lernen wollen, ohne ihn gleich zu verändern. Gemäß dem paradoxen Gesetz der Veränderung nach Carl Rogers, kann eine konstruktive Entwicklung nur von innen heraus, ohne Außendruck stattfinden. „Die Stimme der Vernunft ist in dem Klienten selbst wirksam, er braucht sie nicht zusätzlich von außen …" (Thomann und Schulz von Thun 1995, S. 214).
- Der Klärungshelfer darf sich nicht zweckhaft einseitig „einspannen" lassen und sucht auch keine unmittelbare Lösung der anfallenden Probleme.
- Er weckt beim Klienten Lust darauf, sich selbst zu erfahren, indem er spekulative Aussagen macht.
- Er stellt sich nicht als Experte dar, sondern der Klient findet die „guten Gründe" selbst.
- Er verstärkt die vertrauensvolle Beziehung, indem er den Klienten ohne Veränderungsdruck annimmt.

Bei diesem behutsamen Vordringen in das Innere der Persönlichkeit ermutigt der Klärungshelfer, gibt behutsam Rückhalt, unterstützt und regt an.
Schulz von Thun vergleicht hier den Klärungshelfer mit einem Blinden, der durch den Lahmen (Klienten) geführt wird. Umgekehrt wird der Lahme vom Klärungshelfer gestützt.
Durch weitere Erkundung des Klienten, Aufmunterung, Aufdecken und Analysieren von Widersprüchen, wählt der Klärungshelfer aus, ordnet, deutet um und steuert das Geschehen.

Systemklärung

Menschen, die zum Klärungshelfer kommen, befinden sich meist in einer Kampfpause und erscheinen auf den ersten Blick ruhig und vernünftig zu sein. Jedoch geht es dem Klärungshelfer um das Aufdecken von Teufelskreisen, und er muss aus den Äußerungen der Klienten einzelne Mosaiksteine dieser Beziehungseskalationen herausfinden. Hinweise für bestehende Teufelskreise und deren Langlebigkeit sind:

- Jeder der Beteiligten sieht sich als Opfer, das auf die bösen Taten des anderen hin reagiert.
- Der annähernde Kontakt über bestehende oder zurückliegende Probleme bleibt nach den Gewitterstürmen aus.
- Allein die Einsicht in die Teufelskreisautomatik „weil er so … verhalte ich mich …" reicht nicht aus für eine Veränderung.
- Ein eingeschliffener Teufelskreis erhält sich selbst lebendig, d. h. Reiz-Reaktion-Automatismen verfestigen sich.

Schulz von Thun hat mehrere Hinweisschilder für das Erkennen eines Teufelskreises entwickelt. Bei Teufelskreisdiagnosen muss sich der Klärungshelfer davor hüten, vom Gesprächspartner Charakterbeschreibungen des anderen zu übernehmen und zugewiesene Schuldzuschreibungen zu übertragen.
Interventionsmöglichkeiten bei der Analyse und Bearbeitung von Teufelskreisen sind vor allem bildhafte, verbale, grafische sowie paradoxe Mittel.

Beispiel für ein Teufelskreisschema

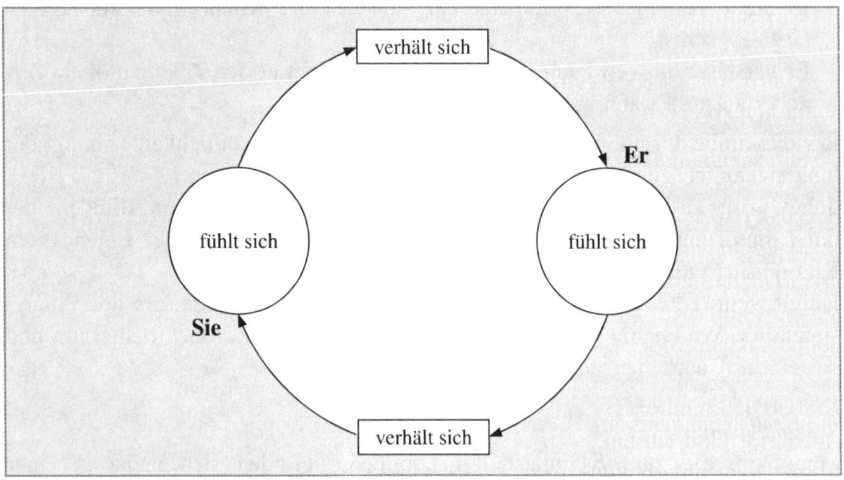

Abb. 17: Teufelskreis = allgemeine Struktur eines zwischenmenschlichen Kreislaufs mit vier Stationen (modifiziert nach Schulz von Thun 1992, S. 28 ff. sowie Thomann und Schulz von Thun 1995, S. 226 ff.)

Beispiel:

Der Vater hat Probleme mit seiner zwölfjährigen Tochter, weil sie fortwährend etwas ausfrisst. Der Vater erfährt, dass seine Tochter im Supermarkt Schokolade gestohlen hat.

Interpretation:
ER – der Vater – ist entsetzt (innere Reaktion).
ER: „Aus dir wird eine Kriminelle" (Verhalten).
SIE fühlt sich abgelehnt und abgestempelt.
SIE verhält sich entsprechend und frisst etwas aus.
ER fühlt sich dadurch entsetzt, alarmiert …

Aufgrund dieser „Tatsachen" ergibt sich der Teufelskreis analog zu Abbildung 17.
Ein paradoxes Mittel, vergleichbar mit der Kontrasuggestion, ist die Taktik des Klärungshelfers, die beiden Klienten dazu aufzufordern, genau das zu tun, was sie sowieso schon immer getan haben. Das weckt den Widerspruch bei den Klienten und ermöglicht ihnen Spontanhandlungen. Hierbei handelt es sich um eine *Anti-Veränderungsstrategie,* wie sie auch Watzlawick als „Lösung zweiter Ordnung" beschrieben hat. Der Klärungshelfer macht sich zum Anwalt des Bestehenden, um einc spontane gegensätzliche Reaktion zu provozieren. Er vergleicht hier Teufelskreise mit einem Riesenrad, das sich schlecht anhalten lässt und in dessen Gondeln die Klienten gefangen sitzen. Aufgabe des Klärungshelfers ist es nun, Kontakt zu den Klienten in den Gondeln herzustellen und sie auf die Abschaltknüppel aufmerksam zu machen (sinngemäß nach Thomann und Schulz von Thun 1995, S. 293).
Ziel der Klärungshilfe ist hier die Entwicklung zu einem **Engelskreis** und zwar in dem Sinne, dass eigene Fehler und Möglichkeiten wie auch die des Partners akzeptiert werden.

6.3.7 Kritische Würdigung der Theorie

Stärken der Theorie

Schulz von Thun befasst sich mit Vorgängen, an denen jeder täglich teilnimmt und erklärt Zusammenhänge für das Miteinander. Sein *erklärtes Ziel* ist es, kommunikationspsychologische Erkenntnisse in einer einfachen, verständlichen und stimulierenden Sprache einer breiten Öffentlichkeit zugänglich zu machen.

„Als Brücke zwischen Wissenschaften und Lebenswelt" sind deshalb seine beiden Bände „Miteinander reden" verständlich und anregend in ihren Beispielen. Inzwischen besteht das Interesse an der Psychologie der zwischenmenschlichen Kommunikation nicht nur im spezifischen Bildungssektor der Sozialwissenschaften, sondern hat auch einen festen Stellenwert in der Weiterbildung von Führungkräften der Wirtschaft sowie in den Einrichtungen der Erwachsenenbildung. Wie kein anderer hat es Schulz von Thun verstanden, innere und äußere Voraussetzungen des zwischenmenschlichen Dialogs zu erhellen und Werkzeuge einer erfolgreichen Kommunikation dem Leser in die Hand zu geben. Gerade die Methode der Metakommunikation sollte auch Zaungäste einladen, Störungen zu erkennen, eigene Möglichkeiten und Grenzen zu erfahren.
Ausgehend von den Axiomen Paul Watzlawicks, über das „Was" und „Wie" der zwischenmenschlichen Kommunikation, legt er mit dem Modell des Nachrichtenquadrats eine Sicht zwischenmenschlicher Botschaften nahe, in der die Beziehungs- und Selbstoffenbarungsanteile einer differenzierten Betrachtung unterzogen werden.
Die von ihm entwickelten Wegweiser zur Analyse von Kommunikationsstörungen sensibilisieren den Blick für eigene seelische Vorgänge und deren Auswirkungen im Handeln.
Individuelle Varianten menschlichen Kommunikationsverhaltens sowie situative Aspekte arbeitet er im Band 2 in idealtypisch dargestellten Kommunikationsstilen heraus. In dieser Gesamtschau individueller, aktueller, entwicklungsbedingter und systemischer Determinanten zwischenmenschlicher Kommunikation liegt der Verdienst seiner Arbeiten. Zudem öffnet er hierdurch auch den Blick für die eigene Weiterentwicklung.

Schwächen der Theorie

Die Annahmen Schulz von Thuns ergeben keine in sich geschlossene und systematische Kommunikationstheorie, sondern segmenthafte Erklärungsansätze. Indem er alle möglichen individualpsychologischen, tiefenpsychologischen, gestaltspsychologischen, humanistischen, motivationspsychologischen Ansätze in seine Erklärungen zu integrieren versucht, entsteht der Eindruck der Aneinanderreihung zwar einsichtiger Teile, die aber insgesamt unsystematisch und aneinander gereiht wirken.

Außerdem stehen noch groß angelegte empirische Überprüfungen darüber aus, ob mit diesen klassischen Wegweisern auch tatsächlich eine Verhaltensmodifikation erreicht werden kann. Allein die Einsicht in die Zusammenhänge reicht noch nicht aus, um festgefahrene, geronnene Beziehungs- und Kommunikationsstrukturen zu verändern.

6.4 Praktische Hinweise zur erfolgreichen Kommunikation

Bevor nun auf einzelne Möglichkeiten erfolgreicher Kommunikation eingegangen wird, muss davor gewarnt werden, in ihnen ein stets anzuwendendes Allheilmittel zu sehen.
Sie müssen stets in der Abwägung mit eigenen Merkmalen der Persönlichkeit, der Individualität des Gesprächspartners und der Situation zum Einsatz kommen. Also Vorsicht vor einem überstrapazierten Einsatz, losgelöst vom Gesamtkontext. So darf aktives Zuhören nicht zu einem mechanischen, stereotypen Spiegeln werden, sondern muss stimmig zur eigenen inneren Verfassung erfolgen.
In den vorangegangenen Ausführungen wurden viele Hinweise zu einer erfolgreichen Kommunikation schon besprochen, deshalb sollen sie hier nur noch einmal kurz angerissen werden. **Selbstklärung** als grundlegende Voraussetzung authentischer Kommunikation und Chance zu stimmiger Selbstoffenbarung. „Versuche du selbst zu sein! Versuche dich nach außen so zu geben, wie dir innerlich zumute ist! Habe **Mut zur Metakommunikation,** d. h. sprecht darüber, „Wie stehen wir zueinander? Was hat mich bewegt zu widersprechen? Warum habe ich Angst, meinen Standpunkt zu vertreten? Wie fühle ich mich durch dich behandelt? „Versuche niemanden mit deinem Wissen imponieren zu wollen!“
Behandle deinen Gesprächspartner als achtenswerte, gleichberechtigte Person. Bringe ihm insbesondere eine respektierende Haltung in sachlichen Kontroversen entgegen. Denke daran: Was du nicht willst, dass man dir tu', das füg' auch keinem anderen zu!
Konzentriere dich auf das Wahrnehmbare und nutze die Chance des Spiegelns und der Abklärung eigener Fantasien. Suche eigenes Verhalten nicht mit den „Untaten“ deines Partners zu erklären, und ihn ändern zu wollen, sondern begreife dich als Person mit eigenen Fehlern, die ihren eigenen Teil an Verantwortung für die Entstehung von Konflikten trägt und Veränderung bei sich selbst in der eigenen Weiterentwicklung bewirken muss.

Erfolgreiche Kommunikation bestimmt im hohen Maße das private Glück und berufliche Fortkommen. Die Folgen einer gestörten Kommunikation können Quellen individueller und sozialer Probleme sein. Einsamkeit, Depression, Beziehungskonflikte, Unglücklichsein sind Auswirkungen unangenehmer, peinlicher und fruchtloser Alltagsbegegnungen. Während man früher kommunikative Grundfähigkeiten als mehr oder weniger vorhandenes Naturtalent einstufte, weiß man heute, dass kommunikative Kompetenzen trainiert werden können und zur Weiterentwicklung der Persönlichkeit beitragen. Über Watzlawick (siehe Kapitel 6.2) und Schulz von Thun hinausgehend sollen nun abschließend noch einige kommunikationspsychologische Empfehlungen für den Lebensalltag vorgestellt werden. Im Kommunikationstraining werden den Partnern dazu bestimmte Sender- und Empfängerregeln vermittelt. Ausgehend von dem Gedanken, dass jede Form der Mitteilung den Partner zu einer bestimmten Reaktion veranlasst, sollte der Sender vor allem Gefühle, Wünsche und Befürchtungen als **Ich-Botschaften** formulieren, da sie beim Empfänger keine Abwehr- und Verteidigungshaltungen hervorrufen. Insbesondere bei drohenden bzw. bestehenden Kontroversen ist darauf zu achten, dass vom „Hier und Jetzt" ausgehend, konkrete Situationen und Verhaltensweisen, die der aktuellen Problematik entsprechen, vorgetragen werden. Es darf nicht um die Aufrechnung von Altschulden gehen! Ebenso bedarf es einer Schulung des Zuhörers bzw. Empfängers, da sich Kommunikation wechselseitig aufbaut (vgl. z. B. Gordon 1994).

Durch **aktives Zuhören,** das sich in einer dem Gesprächspartner zugewandten, offenen, anteilnehmenden Haltung zeigt, wird dem anderen ein positives, ermunterndes Gefühl signalisiert. Durch Paraphrasieren sollte der Zuhörende die Aussagen des Gesprächspartners mit eigenen Worten wiederholen, um sicher zu gehen, dass er dessen Aussagen richtig aufgefasst und verstanden hat. Zwischendurch erscheinen auch offene Nachfragen als Türöffner für die Gefühle des Senders zweckmäßig und helfen als Beitrag zu dessen Selbstklärung. In Kommunikationstrainings werden diese Regeln zunächst an neutralen Themen, später im Rollenspiel im Umgang mit negativ gefühlsmäßigen Themen geübt.

Und nun zu einigen Verhaltensweisen die gerade im Umgang mit Konflikten von Bedeutung sind:

- Sich so geben, wie es einem innerlich zumute ist (Gefühle offen äußern).
- Das Vorhandensein von Konflikten akzeptieren.
- Den Partner aussprechen und zu Wort kommen lassen.
- Am Ende des Gesprächs den Stand der Thematik zusammenfassen und freundlich mit einer Ich-Aussage das eigene Erlebte mitteilen, z. B. „Ich bin jetzt sehr erleichtert, dass wir …".

Weiterhin lassen sich folgende bedeutsame Regeln aufstellen:
- Was funktioniert, bedarf keiner Reparatur!
- Mach' mehr von dem, was klappt!
- Wiederhole nicht, was nicht funktioniert, sondern mach etwas anderes (vgl. Güttler 1996, S. 52; siehe ferner S. 268)

6.5 Zusammenfassung

Menschliche Interaktion versteht Watzlawick als ein System, das auf Regeln beruht. Bei erfolgreicher Kommunikation werden diese Regeln eingehalten, bei gestörter Kommunikation werden sie nicht berücksichtigt. Diese Regeln menschlicher Interaktion hat er in seinen 5 Axiomen zusammengefasst.

Axiom 1: Die Unmöglichkeit, nicht zu kommunizieren: Der Begriff Kommunikation ist hier gleichbedeutend mit *Verhalten.* Denn Kommunikation findet nicht nur durch *Worte* statt, sondern auch durch *nonverbale Signale* wie Lachen, Tonfall und Körpersprache. Deshalb hat alles Verhalten in einer zwischenmenschlichen Situation *Mitteilungscharakter* und es ist nicht möglich, nicht zu kommunizieren. Misslungen ist die Kommunikation beispielsweise dann, wenn eine Person die Botschaft aussendet, in Ruhe gelassen zu werden, und dies von anderen Personen nicht beachtet wird. Diese Person hat dann, da sie der Situation physisch nicht ausweichen kann, nur vier Reaktionsmöglichkeiten: *Annahme, Abweisung oder Entwertung* der Kommunikation bzw. *Vortäuschung eines Symptoms.*

Axiom 2: Mitteilungen haben einen Inhalts- und einen Beziehungsaspekt: Der *Inhaltsaspekt* einer Kommunikation wird *verbal* übermittelt und vermittelt Informationen und Daten. Der *Beziehungsaspekt* wird *nonverbal* vermittelt und bestimmt, *wie* der Sender diese Daten vom Empfänger verstanden haben möchte. Deshalb liegt in einer Mitteilung auch eine persönliche Stellungnahme zum anderen. Da der Beziehungsaspekt dem Empfänger vermittelt, *wie* eine Kommunikation zu verstehen ist, wird er als *Metakommunikation* bezeichnet. Die Kommunikation ist misslungen, wenn eine Diskrepanz zwischen Inhalts- und Beziehungsaspekt vorliegt.

Axiom 4: Digitale und analoge Kommunikation: Digitale und analoge Kommunikationsweisen ergänzen sich gegenseitig, denn der Inhaltsaspekt einer Kommunikation wird *digital (sprachlich),* der Beziehungsaspekt dagegen *analog (nichtsprachlich)* übermittelt. Bei der Übersetzung zwischen den beiden Kommunikationsarten kann es zu Kommunikatinsstörungen kommen. Denn *analoge*

Mitteilungen sind oftmals *mehrdeutig* und können deshalb vom Empfänger missverstanden werden. Stimmen digitale und analoge Botschaften nicht überein, ist die Kommunikation ebenfalls misslungen.

Axiom 5: Symmetrische und komplementäre Interaktionen: Bei der *symmetrischen* Interaktion nehmen beide Partner *gleichrangige* Positionen ein, sie sind ebenbürtig und gleichberechtigt hinsichtlich Wissen, Rang, Status. Die Beziehung zwischen den Partnern beruht auf Gleichheit. Die *komplementäre* Interaktion verläuft *hierarchisch.* Ein Partner nimmt eine übergeordnete *(Primärposition),* der andere eine untergeordnete *Rolle (Sekundärposition)* ein. Die Beziehung zwischen den Partnern beruht auf *Unterschiedlichkeit.* Bei gesunden und tragfähigen Beziehungen wirken symmetrische und komplementäre Interaktionen zusammen – allerdings abwechselnd und auf verschiedenen Gebieten der Partnerschaft. Kommunikationsstörungen ergeben sich durch die *symmetrische Eskalation* und die *starre Komplementarität.*

Axiom 3: Die Interpunktion von Ereignisfolgen: Jeder Kommunikationsteilnehmer legt der Kommunikation seine eigene Struktur und Gliederung der Abläufe zugrunde, Kommunikationsabläufe werden also *aufgrund subjektiver Wahrnehmungen interpunktiert.* Widersprüchliche Interpunktionen sind jedoch der Auslöser vieler Beziehungskonflikte, da häufig das Verhalten des anderen als ursächlich angesehen wird und selten das eigene. Entgegen der subjektiven Wahrnehmung der einzelnen Kommunikationsteilnehmer ist die *menschliche Interaktion kreisförmig,* das heißt, sie hat weder Anfang noch Ende. Jedes Verhalten ist sowohl Ursache als auch Wirkung. Die **selbsterfüllende Prophezeiung** ist ein „Spezialfall" der Interpunktion von Ereignisfolgen. Denn hier gibt es, entgegen der sonst kreisförmigen Kommunikationsabläufe, tatsächlich einen Anfangspunkt. Durch eine *ursprünglich falsche Annahme* einer Person (Sender) wird bewirkt, dass sich andere Personen dieser Prognose entsprechend verhalten und sie sich dadurch bewahrheitet. Problematisch dabei ist, dass diese Person ihr Verhalten nicht als auslösend, sondern nur als Reaktion auf das Verhalten anderer Personen sieht.

Liegt eine **Doppelbindung** vor, kann man von einer gestörten Kommunikation sprechen. Sie stellt einen Spezialfall der **pragmatischen Paradoxie** dar und hat eine krankmachende Wirkung, da sich der Empfänger der paradoxen Mitteilung zwischen zwei Alternativen entscheiden muss, aber eine echte Wahl zwischen den scheinbaren Alternativen nicht vorhanden ist, sodass er an beide Wahlmöglichkeiten gebunden bleibt.

Paul Watzlawick stellt mit seiner Kommunikationstheorie komplexes menschliches Verhalten anschaulich dar. Er betrachtet den Menschen nicht als isoliertes Individuum, sondern als ständig in Beziehung zu seiner Umwelt stehend und daher von dieser auch beeinflussbar.

Schulz von Thun entwickelte das **Vier-Seiten-Modell der Nachricht.** Jede Mitteilung enthält demnach einen Sachinhalt, eine Selbstoffenbarung (mehr oder weniger offen), eine Beziehungsseite und eine Appellseite. Abhängig vom Kommunikationsziel finden diese Aspekte der Botschaft unterschiedliche Beachtung. Liegt die Betonung auf dem Sachinhalt, der Beziehungsklärung, soll die Person des Empfängers beschrieben werden oder möchte sich der Sender vorteilhaft selbst darstellen.

Auch der Nachrichtenempfang und das Feedback müssen im Sinne des Nachrichtenquadrats unter dem Aspekt der Kommunikation gesehen werden. Grundsätzlich hat der Empfänger freie Auswahl beim Nachrichtenempfang. Bei einseitigem Nachrichtenempfang sind Störungen zu erwarten.
Der Nachrichtenempfang erfolgt auf drei Empfangsebenen. Der Wahrnehmungsebene, der Interpretationsebene und der Gefühlsebene. Für seinen Nachrichtenempfang hat der Empfänger eigene Verantwortung zu tragen, da er in bestimmter Weise mit ihr umgeht. Häufig ist seine Reaktion durch Fantasien und gefühlsmäßige Interpretationen bestimmt, die den Sender „verletzen und ihm nicht entsprechen". Oftmals ist der Empfänger auch taub auf dem Ohr, das dem Sender wichtig war, auch dann können Störungen auftreten.
Auf den verschiedenen Botschaftsebenen können psychologische Probleme entstehen. Ihre Kenntnis und Beachtung lässt Kommunikation erfolgreicher verlaufen.

Wenn wir nun miteinander reden, entwickeln wir unterschiedliche Arten und Weisen, den Kontakt zu gestalten. So setzt der eine sich herab und schiebt seinem Gegenüber die volle Verantwortung zu; ein anderer gibt sich betont distanziert und sachlich und macht seinen Mitmenschen von sich umso abhängiger. Diese unterschiedlichen Beziehungsmuster hat Schulz von Thun in unterschiedlichen Kommunikationsstilen zusammengefasst. Sie können sich im Miteinander über Jahre **Teufelskreise** entwickeln. Für die Analyse solcher zwischenmenschlichen Verwicklungen müssen immer drei Gesichtspunkte (Werkzeuge kommunikationspsychologischen Denkens) zugrunde gelegt werden.
Was teilt sich durch einen bestimmten Stil im Sinne des Nachrichtenquadrats als Grundbotschaften mit?
Was teilen diese kommunikativen Eigentümlichkeiten über gegenseitige Behandlungsweisen und nutzbringende Funktionen füreinander mit?

Wichtig für die Kommunikationspartner ist die eigene Selbstklärung und die Fähigkeit, in sich hineinzuhorchen. Dadurch werden Botschaften stimmiger und wirksamer.

Im **Werte- und Entwicklungsquadrat** lassen sich Persönlichkeitsrückstände, Charakterschwächen und persönliche Unarten als einseitige überwertig gelebte Haltungen deutlich machen und gleichzeitig die Entwicklungsrichtung der Persönlichkeit angeben.

Treten nun schwierige Sach- und Beziehungsprobleme bei Paaren, Familien oder Arbeitsgremien auf, empfiehlt sich der „dritte Mann" in Form des **Klärungshelfers** bzw. Moderators. Er führt die Gesprächsbeteiligten wieder zusammen, stellt gleichsam eine „Kontaktbrücke" von „Herz zu Herz" her.
Einzeltherapie und Interaktionstherapie werden hier in einem sinnvollen Zusammenhang verknüpft. Dabei interessieren Regeln des Miteinander als aktuelle und gewordene Gesetze.

Bedingungen von Störungen sind fast immer undurchschaute, unausgedrückte Wünsche und Gefühle der Gesprächspartner. Klärungshilfe orientiert sich an einem **Vier-Felder-Modell**, das ihre wichtigsten Ziele enthält, zur individuellen aber immer auch systembezogenen Klärung.
Selbstklärung, Kommunikationsklärung, Persönlichkeitsklärung und Systemklärung sind erklärte Ziele der Klärungshilfe. Dabei bedient sich der Klärungshelfer spezieller Methoden u. a. das Doppeln, paradoxe Ansätze, aktives Zuhören, die Kontrasuggestion, aber auch bildhafte Darstellungsmethoden.

Aufgaben

18. Der Ehemann kommt abends nach Hause und fragt seine Frau, ob sie einen schönen Tag gehabt habe. Noch ehe sie antworten kann, geht er zum Telefon, um einen Freund anzurufen.
Analysieren Sie diese Kommunikationssituation im Sinne der Theorie von Watzlawick.

19. Ehepaar B:
Er: Musst du denn immer so viel reden, kannst du denn nicht einmal 5 Minuten ruhig sein?
Sie: Du erzählst ja nie etwas. Wenn ich nicht reden würde, dann würde zwischen uns Totenstille herrschen.
Er: Ich bin ja nur so schweigsam, weil ich bei dir sowieso nie zu Wort komme.
Versuchen Sie darzustellen, wie Herr und Frau B ihre Beziehung zueinander sehen. Fertigen Sie eine Skizze an im Sinne der Theorie von Watzlawick.

20. Zeigen Sie an folgendem Beispiel die vier Seiten einer Nachricht und ihre Ziele auf.
Ein Ehepaar sitzt abends beim Fernsehen. Sagt der Mann: „Erna, das Bier ist alle!"

21. Stellen Sie am folgenden Beispiel das Modell der zwischenmenschlichen Kommunikation dar und erläutern Sie den Nachrichtenempfang auf den verschiedenen Empfangsebenen.
Beispiel:
Eine Mutter sagt zu ihrem Kind, das auf den Weg zum Kindergarten trödelt: „Mutter wäre es lieb, wenn du ihr gegenüber rücksichtsvoller wärst!"

22. Zeigen Sie psychologische Probleme auf, die auf den verschiedenen Nachrichtenseiten bei der gesendeten und empfangenen Nachricht zu Kommunikationsstörungen führen können.

23. Erläutern Sie verschiedene Möglichkeiten zur Vorbeugung von Kommunikationsstörungen als Wegweiser einer erfolgreichen Kommunikation.

7 Einstellungen

7.1 Einführung

Als klassische Jugendprobleme gelten Identitätsfindung, Partnerwahl und Selbstbestimmung. Bei **Einstellungsbefragungen** hingegen stehen Probleme der Arbeitswelt an erster Stelle: Arbeitslosigkeit, Lehrstellenmangel, Sozialabbau und Verarmungsprozesse. Die steigende Arbeitslosenzahl wird dabei als besonders problematisch empfunden. Für mehr als 92 % der Jugendlichen (Befragte zwischen 12 und 24 Jahren) steht Arbeitslosigkeit an der Spitze der gesellschaftlichen und politischen Probleme (vgl. Jugendwerk der deutschen Shell 1997, S. 14 sowie Emnid 1997; Schmidtchen 1997). Auch was die persönlichen Sorgen der Jugendlichen angeht, gehören Arbeitslosigkeit und Umweltverschmutzung zu den Themen, die sie am meisten beschäftigen.
In einer Befragung Jugendlicher zum **Einstellungsobjekt** *Arbeit* bzw. *Arbeitslosigkeit* ergaben sich die nachfolgenden Ergebnisse (vgl. Tab. 1).

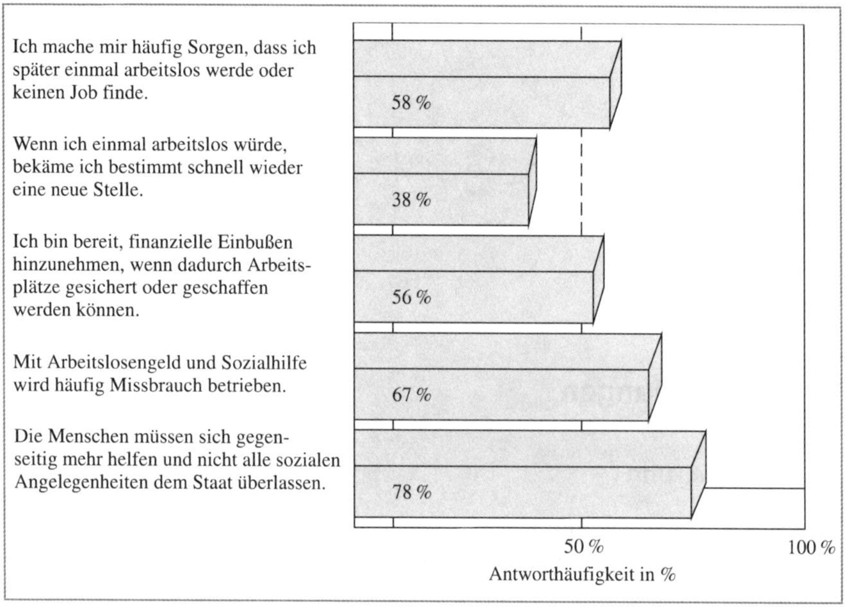

Tab. 1: Einstellungen zum Thema Arbeit (aus: Institut für Empirische Psychologie 1995, S. 16)

Unsere **Einstellungen** nehmen Einfluss darauf, was wir bemerken und was wir schätzen, woran wir uns erinnern und was uns zum Handeln veranlasst.
Einstellungen werden beispielsweise erforscht im Rahmen der

- *Konsumforschung:* Einstellungen gegenüber bestimmten Produkten und Markenartikeln wie z. B. Biersorten, Zigarettenmarken, Waschmitteln usw.
- *Tourismusforschung:* Einstellungen gegenüber Urlaubsorten, Touristikunternehmen, Fluggesellschaften usw.
- *Sozialforschung:* Einstellungen gegenüber Minderheiten bzw. Randgruppen der Gesellschaft wie Ausländern, Asylbewerbern, Obdachlosen, AIDS-Kranken, Behinderten usw.
- *Wahlforschung:* Einstellungen gegenüber Politikern und politischen Parteien

Die Umfrageforschung untersucht Bildung und Änderung von Einstellungen, da man annimmt, dass **Einstellungen** das **Verhalten** beeinflussen.
Das Konzept der Einstellung ist deshalb eines der bedeutendsten und unentbehrlichsten der Sozialpsychologie (vgl. Stahlberg und Frey 1996, S. 219).

7.2 Struktur von Einstellungen

7.2.1 Einstellungsmerkmale

Obwohl sich die Wissenschaft schon seit langem mit Einstellungen beschäftigt, wird der Einstellungsbegriff nicht einheitlich definiert.
Hier sollen Einstellungen mithilfe von inhaltlichen Kriterien beschrieben werden. Eine **Einstellung** lässt sich durch folgende **Merkmale** kennzeichnen (siehe auch Kap. 7.2.3):
- als hypothetisches Konstrukt,
- mit Objektbezug,
- Erworbenheit,
- mit einer Richtung,
- mit unterschiedlicher individueller Bedeutsamkeit.

Außerdem wird eine Einstellung häufig als eine komplexe Einheit angesehen, die aus drei **Komponenten** besteht (vgl. hierzu Kap. 7.2.2).

Hypothetisches Konstrukt

Die Einstellung ist etwas gedanklich Konstruiertes; sie ist nicht direkt beobachtbar und dient zur Erklärung und Vorhersage von Verhalten.

Objektbezug

Jeder Mensch hat eine bestimmte Einstellung zu allem, was ihn umgibt. Alles was Inhalt des Erlebens ist, kann Objekt einer Einstellung sein.

Einstellungsobjekte können sein:
- *Personen:* Nachbarn, Verwandte, Schüler, Lehrer, Arbeitslose, Manager, Ausländer sowie die eigene Person (= Selbstbild);
- *konkrete Gegenstände:* Porsche, Atomkraftwerke, Bio-Lebensmittel usw.
- *Sachverhalte:* Religionen, Programme politischer Parteien usw.
- *soziale Probleme:* Alkohol, Drogen, Abtreibung, Gewalt, Waldsterben usw.
- *Verhalten:* S-Bahn fahren, rauchen, kochen usw.

Erworbenheit

Eine Einstellung ist erworben; sie basiert auf Erfahrungen, Erziehung, Beeinflussung durch Werbung, politische Propaganda usw. Damit lässt sich der Einstellungserwerb durch *Lerntheorien* erklären (vgl. Kap. 7.3). Einstellungen entwickeln und wandeln sich im Verlauf der individuellen Lerngeschichte.

Richtung

Jede Einstellung ist positiv oder negativ ausgerichtet. Eine Person hat z. B. eine *positive* Einstellung zum Umweltschutz, eine *negative* Einstellung zum Leistungssport.

Bedeutsamkeit

Die Person X hat eine negative Einstellung zum Leistungssport, wobei diese Einstellung für sie relativ *unwichtig* ist. Dagegen ist für X ihre positive Einstellung zum Umweltschutz *sehr wichtig*.

Einstellungen bzw. Einstellungsobjekte können für verschiedene Personen ganz unterschiedlich bedeutsam sein. Dies lässt sich auf einem fortschreitenden Kontinuum darstellen:

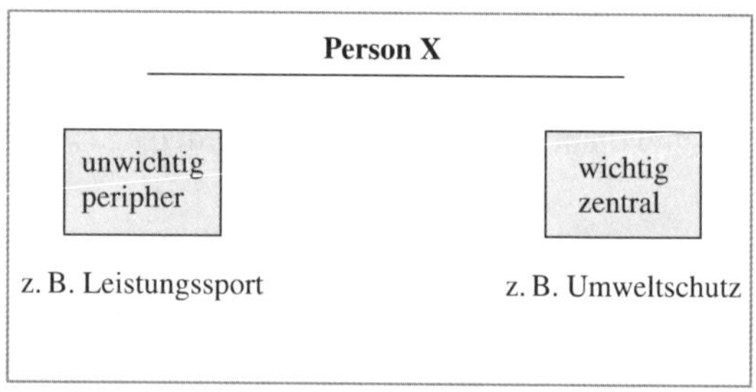

Abb. 1: Bedeutsamkeit einer Einstellung

Zentrale Einstellungen erkennt man daran, dass sie von einer Person *subjektiv* als wichtig bzw. bedeutsam empfunden werden. Für zentrale Einstellungen gilt allgemein (vgl. Schiefele 1990, S. 25 f.):
- Sie sind weitgehend situationsunabhängig;
- sie steuern das Verhalten und erlauben Vorhersagen über das Verhalten;
- sie sind begleitet von hoher Ich-Beteiligung bzw. von hohem Engagement;
- sie wurzeln im Selbstkonzept einer Person (vgl. auch Kap. 4.2);
- je **zentraler** eine **Einstellung** ist, desto stabiler ist sie und damit widerstandsfähig gegenüber Änderungsversuchen.

Das Gegenteilige gilt für **periphere** bzw. **unwichtige Einstellungen.** Diese sind:
- weitgehend situationsabhängig;
- steuern kaum oder überhaupt nicht das Verhalten;
- lassen sich relativ leicht verändern;
- sind begleitet von einer geringen oder keiner Ich-Beteiligung.

Die mögliche Beziehung zwischen **Bedeutsamkeit,** Steuerung des Verhaltens sowie Widerstand gegenüber Einstellungsänderung erläutert die nachfolgende Abbildung:

Bedeutsamkeit einer Einstellung	
unwichtig	wichtig
peripher	zentral
labil	stabil
Einstellungsänderung leicht möglich	Einstellungsänderung schwierig
Einstellung steuert nicht oder kaum das Verhalten	Einstellung steuert das Verhalten

Tab. 2: Hohe versus niedrige Bedeutsamkeit einer Einstellung

Der Tabelle lässt sich entnehmen: Eine *zentrale Bedeutsamkeit* ist mit einer hohen Steuerung des Verhaltens verbunden und der Widerstand gegenüber Änderungsversuchen ist sehr hoch – und umgekehrt.

7.2.2 Einstellungskomponenten

Der Drei-Komponenten-Ansatz

Man unterscheidet drei Komponenten, diese ergeben zusammen die Einstellung (vgl. Irle 1975, S. 278; Upmeyer 1985, S. 99; Krech u. a. 1962, S. 146; Stahlberg und Frey 1996, S. 220 sowie Bierbrauer 1996).

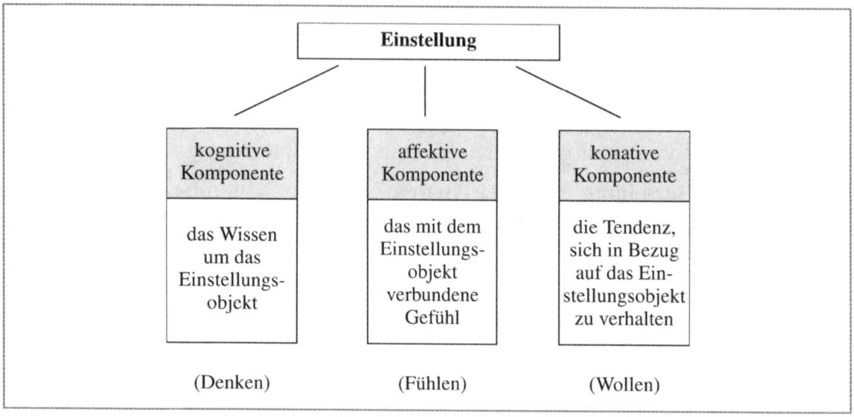

Die **kognitive Komponente** bezieht sich auf Wissen, Meinungen, Überzeugungen, Ideen, Gedanken, Vermutungen, Pseudowissen über das Einstellungsobjekt.

Beispiel:

Lehrer sind Beamte.
Lehrer sind autoritär.

Die **affektive Komponente** beschreibt die *Gefühle*, die wir einem Einstellungsobjekt gegenüber empfinden bzw. die *emotionale Bewertung*. Derartige Gefühle lassen sich letztendlich meist auf ein „Für" oder „Gegen", „Mögen" oder „Nichtmögen" zurückführen. Eine Person äußert sich also ablehnend oder zustimmend, mit negativ oder positiv getöntem Affekt über ein Einstellungsobjekt.

Beispiel:

Lehrer machen mir Angst.
Schüler mögen den Lehrer.

Zudem wird die affektive Komponente oft als Kern einer Einstellung bezeichnet. Die emotionale „Ladung" gibt der Einstellung einen motivationalen bzw. handlungsaktivierenden Charakter (vgl. Schiefele 1990).

Die **konative Komponente** meint die Art, wie wir uns dem Objekt gegenüber verhalten wollen; diese Komponente drückt also eine *Verhaltensabsicht aus.*

Beispiel:

> Die Schülerin *will* den Unterricht regelmäßig besuchen und sich aktiv beteiligen.
> Der Schüler *will* den Unterricht des Lehrers stören.

Die Abbildung 2 soll den Drei-Komponenten-Ansatz anhand eines Beispiels nochmals verdeutlichen.

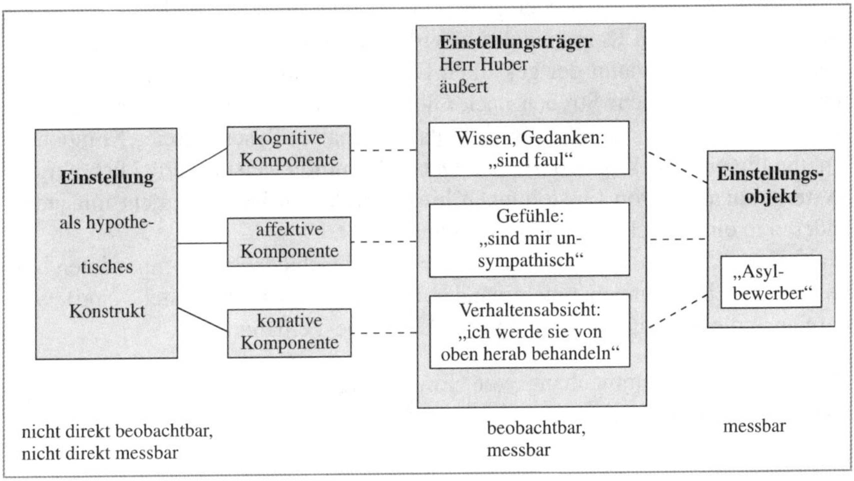

Abb. 2: Drei-Komponenten-Ansatz am Beispiel negativer Einstellungen gegenüber Asylbewerbern (stark modifiziert nach Rosenberg und Hovland 1960, zit. nach Heidenreich 1988, S. 87)

Somit kann man Einstellungen definieren: als dauerhaftes System dreier Komponenten, die auf ein **Objekt** ausgerichtet sind (vgl. Krech u. a. 1962, S. 146).
Der Drei-Komponenten-Ansatz unterstellt außerdem ein **Streben nach Konsistenz** zwischen den Komponenten, also *Meinungen, Gefühlen und Verhaltensabsichten:* Eine Person, die immer wieder dem gleichen Objekt begegnet, wird ihre Wahrnehmung, ihre Meinung, ihre Gefühle und ihre Handlungsabsichten dem Objekt gegenüber vereinheitlichen und verfestigen.
Demnach werden alle drei Komponenten übereinstimmend entweder positiv oder negativ ausgerichtet.

Beispiel:

> Seit langem hatte Herr Müller vor Herrn Waller großen Respekt, bis er eines Tages aus der Tageszeitung erfuhr, dass Herrn Waller betrügerische Handlungen nachgewiesen worden waren. Daraufhin änderte Herr Müller schlagartig seine vorher so positive Meinung *(kognitive Komponente);* seine Sympathie gegenüber Herrn Waller wurde zur Antipathie *(affektive Komponente),* und er nahm sich vor, künftig jeden Kontakt zu Herrn Waller zu meiden *(konative Komponente).*

Aus diesem Beispiel ergibt sich: Die Veränderung eines Teils einer Einstellung (hier: der kognitiven Komponente) bewirkt die Veränderung der beiden anderen Komponenten und damit der gesamten Einstellung; dies entspricht dem **Konsistenzprinzip,** d. h. dem Streben nach Gleichgewicht zwischen den drei Komponenten. So wird Einstellung definiert als dauerhaftes System dreier Komponenten, die um ein Objekt zentriert sind. Diese Definition weist ausdrücklich auf den **Systemcharakter** von Einstellungen hin, in welchem jedes Element mit jedem anderen in einer wechselseitigen Beziehung steht.
Man nimmt zudem an, dass nicht nur die verschiedenen Komponenten und bestimmte Einstellungen untereinander übereinstimmen (konsistent sind), sondern auch die gesamte Einstellung und das offene Verhalten.

Diesen Systemzusammenhang von Einstellungen untereinander erläutert das nachfolgende Beispiel.

Beispiel:

> Herr Hurtig ist sehr religiös orientiert, er hat also eine positive Einstellung zur christlichen Religion. Diese Einstellung wiederum steht in Beziehung zu einer Vielzahl weiterer Einstellungen: zur Erziehung, zur Politik, zum Kommunismus, zu Tierversuchen, zur Gentechnologie, zu vorehelichen sexuellen Beziehungen usw.

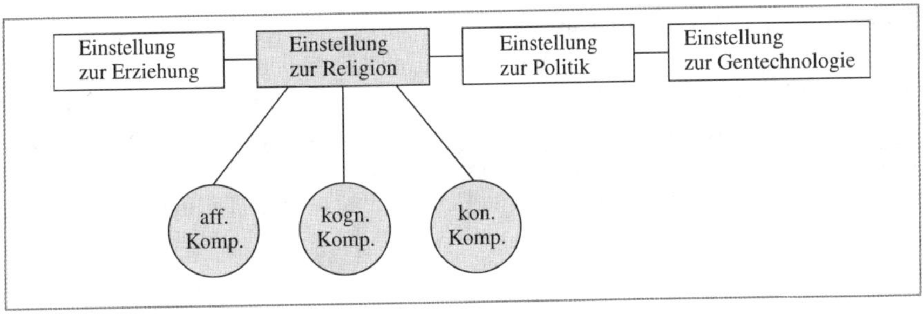

Abb. 3: Möglicher Systemzusammenhang mehrerer Einstellungen

Das Zwei-Komponenten-Modell

Andere Definitionen beschränken sich auf die Beziehung zwischen *Affekt* und *Kognition.* Hier steht die Konsistenz zwischen kognitiver und affektiver Komponente im Vordergrund (vgl. Rosenberg 1960, zit. nach Schiefele 1990, S. 6 f.; Stroebe 1980; Klauer 1991).
Katz geht bei seinem funktionalen Ansatz ebenfalls von zwei Komponenten aus (vgl. Katz 1967, S. 459 f.; siehe auch Kap. 7.3.2).

Das Ein-Komponenten-Modell

Einige Forscher sehen die Einstellung als eindimensionales Konzept, bestehend aus nur einer Komponente; hier wird die *Einstellung als affektive Größe* gesehen. Ein bedeutender Vertreter dieser Auffassung ist Thurstone, der bereits 1931 die Einstellung als Affekt für oder gegen ein psychologisches Objekt definiert hat (vgl. Thurstone 1931, zit. nach Schiefele 1990, S. 10 f.).
Fishbein sieht die Einstellung als ein *affektives bzw. bewertendes* Konzept, wobei Ausmaß und Richtung eines Affektes gegenüber einem Objekt bestimmend sind. Überzeugungen bzw. Meinungen und Verhaltensabsichten werden nicht als Teile von Einstellungen angesehen, sondern als selbstständige Größen (vgl. Fishbein 1967, S. 478 f.; vgl. ferner Kap. 7.2.3).
Petty und Mitarbeiter reduzieren Einstellungen ebenfalls auf ihre affektive Komponente (vgl. Petty und Cacioppo 1986, S. 5; siehe ferner Kap. 7.3.4).
Jonas fasst die Einstellung gleichfalls eindimensional auf und definiert sie als *Tendenz,* ein Einstellungsobjekt *positiv* oder *negativ zu bewerten* (vgl. Jonas 1995).

Einstellung und Vorurteil: Unter einem *Vorurteil* versteht man meist *negative* Einstellungen, die auf einer irrigen und hartnäckig behaupteten Verallgemeinerung beruhen; sie können sich gefühlsmäßig, gedanklich oder in Verhaltenstendenzen gegen eine Gruppe von Menschen als Ganzes richten oder gegen einen Einzelnen, wenn er einer bestimmten Gruppe angehört. Einstellung wird hier als Oberbegriff angesehen; Vorurteile stellen demnach eine Teilmenge von Einstellungen dar (vgl. z. B. Heidenreich 1988).

7.2.3 Einstellung und Verhalten

Die Forschung hat die vermutete Übereinstimmung (Konsistenz) zwischen Einstellung und Verhalten kaum bestätigt; man kann daher vorläufig nur von einer schwachen Beziehung zwischen diesen beiden Größen sprechen (vgl. Meinefeld 1977; Triandis 1975, S. 20 ff.; Wicker 1969, zit. nach Metz-Göckel 1996, S. 26; Zimbardo 1995, S. 709 ff.). Ein spezifisches Verhalten wird nicht allein von Einstellungen bestimmt, sondern es beruht auf vielfältigen Einflüssen und Wechselwirkungen.

Was Menschen angesichts bestimmter Fragen oder Probleme glauben und fühlen, unterscheidet sich oft davon, wie sie sich wirklich verhalten. Zwischen Sagen und Tun, zwischen Wollen und Handeln besteht ein Unterschied. So folgen wir z. B. der Einladung zu einer Party, obwohl wir keine Lust verspüren, oder ein Angestellter isst bei einem Arbeitsessen Fisch, obwohl er Fisch nicht mag, weil der Vorgesetzte anwesend ist.

Ein wesentlicher Grund für die fehlende Übereinstimmung von Einstellung und Verhalten stellt der *situative Kontext* dar. Verhalten wird einmal durch die Macht der situativen Kräfte bestimmt, zum anderen durch soziale Normen, Bedürfnisse, Gewohnheiten, Verstärkungserwartungen, bestimmte Persönlichkeitsmerkmale usw.

In vielen Studien wurden Einstellungen in sehr allgemeiner Form erfasst, das Verhalten hingegen in sehr spezifischer. Eine enge Beziehung zwischen Einstellung und Verhalten kann deshalb nicht erwartet werden.

Man muss folglich spezifische Einstellungen mit spezifischen Verhaltensweisen in Beziehung setzen und vergleichen. Neuere Untersuchungen zeigen engere Zusammenhänge von Einstellungen und Verhalten (vgl. Frey u. a. 1993; Kraus 1995; Six und Eckes 1993; Stahlberg und Frey 1996, S. 239; Bierbrauer 1996).

Theorien zur Einstellungs-Verhaltens-Forschung

Ihnen liegt die Annahme zugrunde, dass Menschen relativ rational und in Übereinstimmung mit ihren Absichten handeln.
Um das *Verhalten* einer Person vorhersagen zu können, muss man deren Verhaltensabsicht *(Intention)* kennen; die Intention jedoch wird bestimmt durch zwei Größen:
- *Einstellung zum Verhalten* und
- *subjektive Normen.*

Beide Größen werden nach ihrer Bedeutung gewichtet: Personen werden sich dann zu einem Verhalten entschließen, wenn sie es positiv bewerten (= Einstellung zum Verhalten) und wenn sie glauben, dass das Verhalten von anderen ebenfalls positiv bewertet wird (= subjektive Norm). Je stärker die Intention ist, desto eher wird sich eine Person entsprechend verhalten (vgl. Fishbein und Ajzen 1975, zit. nach Frey u. a. 1993, S. 368 sowie Herkner 1991, S. 217).

Beispiel:

- *Einstellung zum Verhalten:*
  „Ich bin der Überzeugung, dass intensive Prüfungsvorbereitungen wichtig sind."
- *Subjektive Norm:*
  „Meine Freunde und Eltern erwarten, dass ich mich gut auf die Prüfung vorbereite."

Dieses Modell wurde zur Theorie des geplanten Verhaltens weiterentwickelt (vgl. Ajzen 1991; Brehm und Kassin 1996; Herkner 1991).

Theorie des geplanten Verhaltens

Ajzen (1991) geht von der Annahme aus, dass die **Verhaltensabsicht (= Intention)** drei unmittelbare Ursachen hat:
- *Einstellungen zum Verhalten* (d. h. die positive oder negative Bewertung des eigenen Verhaltens);
- *subjektive Normen;*
- und als neue Größe: die *subjektive Kontrolle über das Verhalten,* d. h. die bewusste Verhaltenskontrolle.

Diese drei Faktoren der Intention können sich wechselseitig beeinflussen und nehmen Einfluss auf die Verhaltensabsicht und letztlich das konkrete Verhalten (vgl. Abb. 4).

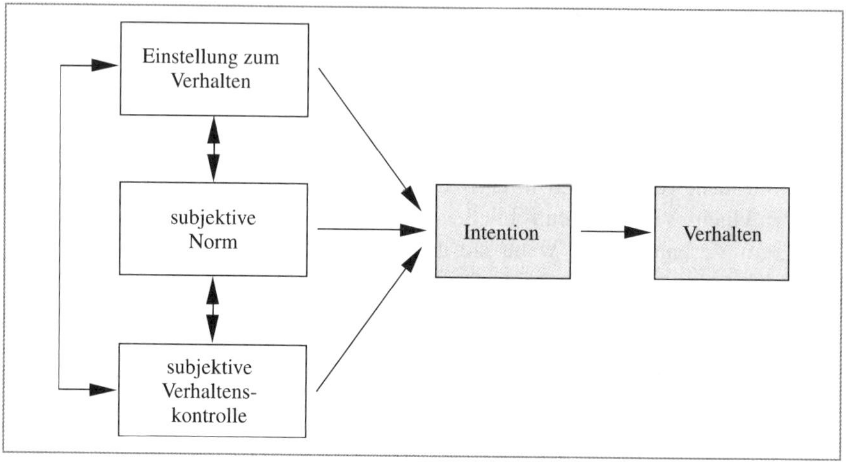

Abb. 4: Die Theorie des geplanten Verhaltens von Ajzen (modifiziert nach Brehm und Kassin 1996, S. 375; Frey u. a. 1993, S. 379; Herkner 1991, S. 220)

Bekanntlich wird ein spezifisches Verhalten durch bestimmte persönliche Einstellungen eines Menschen veranlasst.

Beispiel:

- *Einstellung zum Verhalten:*
  „Es ist gut, wenn ich heute Abend auf der Party keinen Alkohol trinke."
- *Subjektive Norm:*
  „Wie denken die anderen darüber, wie ich mich verhalten soll? Meine Freunde finden es sicherlich gut, wenn ich heute Abend keinen Alkohol zu mir nehme."
- *Subjektive Verhaltenskontrolle:*
  „Ich habe den Willen und ich schaffe es auch, heute Abend keinen Alkohol zu trinken."

Die dritte Variable ist die bewusste Verhaltenskontrolle. Sie besagt, inwieweit man sein Verhalten unter Kontrolle hat und davon überzeugt ist, es auch ausführen zu können (d. h. ob man über den nötigen Handlungsspielraum verfügt).

Hierunter fallen verhaltensrelevante Faktoren wie: Fähigkeiten, Ressourcen, Willensstärke, Gefühle, Zwänge, aber auch Zeit, Geld und Unabhängigkeit von anderen Personen.
Selbstdisziplin und Willensstärke sind wichtig, um bestimmte Verhaltensziele zu erreichen wie zum Beispiel an Gewicht abzunehmen, den Konsum von Alkohol einzuschränken oder das Rauchen aufzugeben. Menschen mit hoher Willenskraft und Selbstdisziplin besitzen eine hohe Kontrolle über ihr Verhalten. Sie werden deshalb auch bei positiven Einstellungen und subjektiven Normen eher entsprechende Verhaltensabsichten entwickeln und sind ebenfalls dazu in der Lage, einmal gefasste Intentionen in tatsächliches Verhalten umzusetzen (vgl. Frey u. a. 1993, S. 382).
Das Modell des geplanten Verhaltens berücksichtigt diese Komponente der willentlichen Kontrolle. Die Theorie von Ajzen (1991) hat sich bewährt, um Verhalten vorherzusagen (vgl. Brehm und Kassin 1996, S. 374 f., Frey u. a. 1993, S. 378 ff., Herkner 1991, S. 220 ff.).

7.3 Theorien: Erwerb und Änderung von Einstellungen

Die *Entstehung*, Entwicklung bzw. das Lernen von Einstellungen sowie deren *Änderung* werden in der Wissenschaft unterschiedlich erklärt. (Es existieren etwa 40 Theorien.)
Hier sollen selektiv vier Klassen von Einstellungstheorien dargestellt werden.

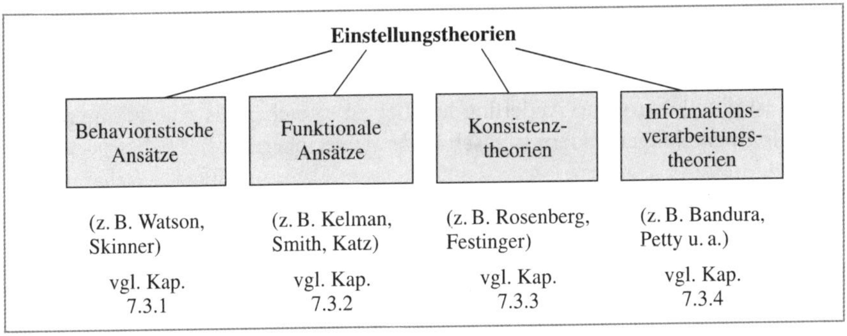

Abb. 5: Übersicht über Einstellungstheorien und ihre Einteilung

Der *Einstellungserwerb* kann gut mithilfe der behavioristischen Lerntheorien (vgl. Kap. 7.3.1) und der sozial-kognitiven Theorie von Bandura (vgl. Kap. 7.3.4) erklärt werden.

Beim *Einstellungswandel* unterscheidet man zwischen kongruenten (übereinstimmenden) und inkongruenten (nicht übereinstimmenden) Änderungen (vgl. Krech u. a. 1962).
Eine **kongruente Einstellungsänderung** liegt vor, wenn sie *im gleichen* (positiven oder negativen) *Bereich* einer bestehenden Einstellung verstärkt bzw. abgeschwächt wird.

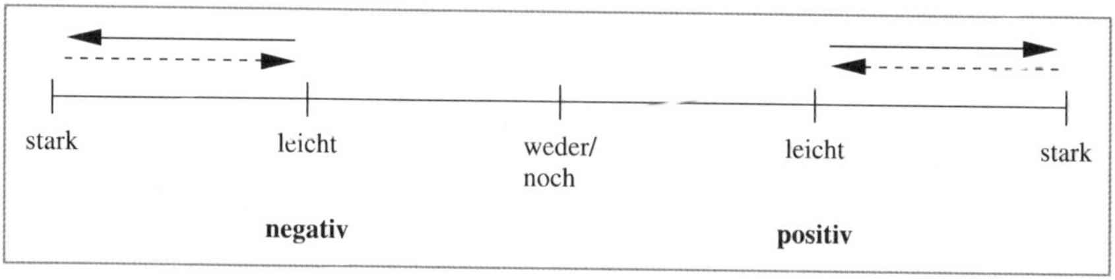

Abb. 6: Kongruente Einstellungsänderung

Eine **inkongruente Einstellungsänderung** findet statt, wenn sich die Einstellung *in entgegengesetzter Richtung* ändert, also vom positiven zum negativen Bereich – oder umgekehrt. Hier ist also eine echte Richtungsänderung gegeben.

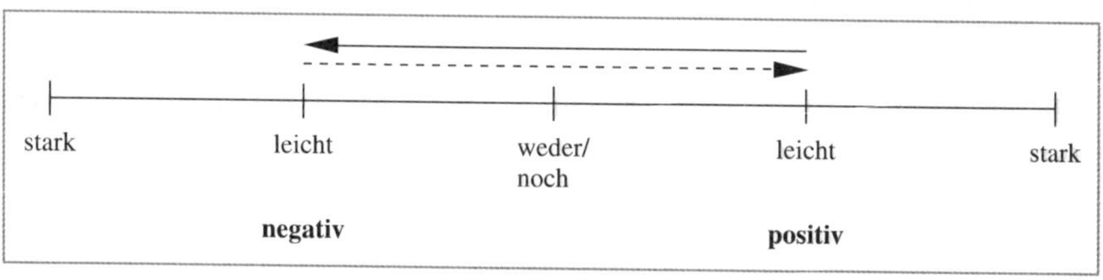

Abb. 7: Inkongruente Einstellungsänderung

Dabei ist eine kongruente Änderung leichter zu erreichen als eine inkongruente; zentrale Einstellungen ändern sich schwerer als periphere.

7.3.1 Behavioristische Ansätze

Lernmodelle des Behaviorismus – wie klassische und operante Konditionierung – werden ausführlich im Buch GRUNDWISSEN PÄDAGOGIK, Kap. 2.2 beschrieben. Hier werden deshalb nur einige Anwendungsbeispiele dargestellt.
Behavioristische Ansätze setzen sich hauptsächlich mit dem *Erwerb* von Einstellungen auseinander in der Annahme, dass der Einstellungserwerb denselben Gesetzmäßigkeiten unterliegt wie das Erlernen beliebiger anderer Verhaltensweisen.

Klassische Konditionierung

Die Basis der Klassischen Konditionierung bildet eine bereits vorhandene Verbindung unkonditionierter Stimulus (Reiz) US → unkonditionierte Reaktion UR. Wichtig für die eigentliche Konditionierung ist die Stimulus-Kopplung, d. h. die wiederholte Paarung der Stimuli US und NS (= neutraler Stimulus); daraus ergibt sich das Lernen (auch das von Einstellungen), wenn der NS zum CS (= konditionierten Stimulus) wird und die CR (= konditionierte Reaktion) auslöst.
Ausgehend von einer natürlichen Stimulus (Reiz)-Reaktions-Verbindung, z. B. Nahrung (US) und Sättigung, angenehmes Gefühl (UR), können z. B. Eltern klassische Musik als NS einsetzen, indem sie ihr Kind bei klassischer Musik füttern.

1. Voraussetzung: US Nahrung → UR Sättigung, angenehmes Gefühl
NS klassische Musik → OR Orientierungsreaktion Hinwenden

2. Erwerb: NS Musik + US Nahrung → UR Sättigung, angenehmes Gefühl

3. Ergebnis: NS wird zu CS
CS Musik → CR angenehmes Gefühl

So ermöglicht man dem Kind, eine positive Einstellung zu klassischer Musik zu erwerben.
Die klassische Musik kann man nun wiederum als CS für andere Einstellungsobjekte einsetzen. Beispielsweise lässt sich das Wort „Demokratie“ (NS) mit klassischer Musik darbieten; um im Rahmen der Konditionierung höherer Ordnung eine positive Einstellung zur Demokratie auszubilden.

1. Voraussetzung: CS_1 klassische Musik → CR angenehmes Gefühl
NS_2 Demokratie → OR Orientierungsreaktion

2. Erwerb: NS_2 Demokratie + CS_1 klassische Musik → CR angenehmes Gefühl

3. Ergebnis: NS_2 wird zu CS_2
CS_2 Demokratie → CR angenehmes Gefühl

In einem Experiment zum Erwerb von Einstellungen gegenüber Nationalitäten hat man gleichzeitig positive oder negative Eigenschaftswörter vorgegeben, z. B.: „Holländer" mit „schön, gesund, glücklich" und „Schweden" mit „schmutzig, unansehnlich, sauer". Das Ergebnis war: eine positive Einstellung gegenüber Holländern und eine negative Einstellung gegenüber Schweden.
Solche Verbindungen zwischen Adjektiven und Nationalitäten sind auch in unserem Alltag weit verbreitet, z. B. ehrliche Schweizer, schmutzige Inder usw. Das führt bereits bei kleinen Kindern zu entsprechenden Einstellungen (vgl. Witte 1994, S. 370).

Operante Konditionierung

Der Erwerb von Einstellungen kann auch mithilfe der operanten Konditionierung erklärt werden. Hierbei werden Aussagen über ein Einstellungsobjekt entweder verstärkt bzw. belohnt oder bestraft. So werden Äußerungen über die Schule, Behinderte, Franzosen, Gewerkschaften, Wissenschaftler usw. positiv verstärkt durch verbale Verstärker wie z. B. „gut", „richtig", „hm". Andererseits können bestimmte Aussagen auch bestraft werden durch Darbietung eines unangenehmen Reizes wie z. B. einer Ohrfeige.
Es werden diejenigen Einstellungen beibehalten und verfestigt, auf deren Äußerung ein angenehmer Reiz folgt. Das Gegenteil ergibt sich bei Bestrafung unerwünschter Einstellungen. Werden Einstellungen bzw. Einstellungsäußerungen über einen bestimmten Zeitraum nicht mehr verstärkt bzw. nicht beachtet, besteht die Möglichkeit der Abschwächung und Löschung. (Weitere Beispiele finden sich in Stroebe (1980), Upmeyer (1985), Triandis (1975), Witte (1994).)

7.3.2 Funktionale Theorien: Einstellungsfunktionen

Funktionale Einstellungstheorien veröffentlichten Kelman, Smith und Katz. Auf die Überlegungen von Kelman gehen z. B. Stroebe (1980) und Witte (1990, S. 371 f.) ein. Da die Ansätze von Katz und Smith relativ ähnlich sind, wird hier nur der Ansatz von Katz dargestellt (vgl. Katz 1967).
Für Katz sind folgende Fragen von Interesse: Warum haben Personen überhaupt Einstellungen? Welche Auswirkungen hat es, wenn Personen eine Einstellung vertreten? Welche (motivationalen) Wurzeln haben Einstellungen? Wie kann man Einstellungen ändern? Katz geht davon aus, dass Einstellungen *auf grundlegende Bedürfnisse bezogen* sind und sich im Verlauf einer *direkten* oder *sozial vermittelten Auseinandersetzung* mit dem Einstellungsobjekt bilden. (Zur Theo-

rie von Katz siehe ferner Six und Schäfer 1985; Stahlberg und Frey 1996, S. 155 f.; Triandis 1975.)
Einstellungen erfüllen also bestimmte Funktionen bei der Befriedigung subjektiver Bedürfnisse („Motive"). Demnach unterscheidet Katz vier Funktionen:
- die Nützlichkeits- bzw. Anpassungsfunktion,
- die Wissens- bzw. Orientierungsfunktion,
- die Wertausdrucksfunktion und
- die Ich-Verteidigungs- bzw. Abwehrfunktion.

Nützlichkeitsfunktion (Anpassungsfunktion)

Menschen streben nach *positiven Erlebnissen* (Belohnungen) und vermeiden negative Erfahrungen (Bestrafungen). Dies führt zu Lernprozessen, durch die Einstellungen entstehen. Je enger Gegenstände, Personen oder Symbole mit Belohnungen verknüpft sind, um so größer ist die Wahrscheinlichkeit, dass positive Einstellungen zu diesen Objekten erworben werden. Eine Einstellung wird somit gelernt, aufrechterhalten bzw. geäußert, weil das Individuum persönlichen Nutzen ziehen oder unangenehme Folgen vermeiden kann. Wir haben hier das bekannte Mitläuferproblem: Man vertritt eine Einstellung nicht, weil man wirklich davon überzeugt ist, sondern weil man auf diese Weise seine Beziehungen zu anderen, die einem wichtig sind, verbessern kann. Man handelt nach der Zweckmäßigkeit und passt sich bereitwillig der jeweiligen Lage an, um Vorteile daraus zu ziehen nach dem Motto: „Wes' Brot ich ess', des' Lied ich sing' …"
Einstellungen sind Ausdruck der Konformität mit bedeutenden Personen oder Bezugsgruppen, deren Zustimmung als angenehm und deren Zurückhaltung als unangenehm empfunden wird. Man verhält sich folglich so, dass man ein Maximum an Belohnung von der sozialen Umwelt erhält und Bestrafungen vermeidet.

Beispiele:

> Ein Arbeitnehmer wird eine politische Partei unterstützen bzw. wählen, von der er annimmt, dass sie sich in wirtschaftlichen Fragen für ihn einsetzt.
>
> Oder:
>
> Die Äußerung einer bestimmten Einstellung im Beisein des Vorgesetzten ist darauf gerichtet, ihm gegenüber einen möglichst günstigen Eindruck zu machen. Einstellungen besitzen also einen *sozialen Anpassungswert.*

Erhält nun diese Person einen neuen Vorgesetzten mit anderen Einstellungen und ist sie sehr opportunistisch, so ist es wahrscheinlich, dass sie sich den Einstellungen des neuen Chefs anpasst und eine *Einstellungsänderung* vollzieht.

Wissensfunktion (Orientierungsfunktion)

Diese Funktion entspringt dem Bedürfnis nach *Sinngebung* und *Vereinfachung* der mehrdeutigen, oft nicht überschaubaren Lebenswirklichkeiten. Sie zielt darauf ab, Ungewissheiten und Unstimmigkeiten aufzuheben, „sicheres Wissen" und „gute Gestalten" zu erreichen (vgl. Gestaltpsychologie sowie Konsistenztheorien). Der Mensch strebt nach widerspruchsfreien Informationen; diese erzeugen in ihm einen angenehmen, spannungsfreien Zustand. Einstellungen geben uns somit einen Orientierungsrahmen in unterschiedlichen Situationen, sie geben uns Sicherheit und Handlungsfähigkeit.
Einstellungen, die für neue oder sich *ändernde* Situationen unangenehm sind, werden abgelegt, da sie zu Widersprüchen führen. Was uns an Tatsachen unangenehm ist, versuchen wir zu ignorieren (vgl. selektive Wahrnehmung), weil unangenehme Dinge und widersprüchliche Informationen zu Inkonsistenzen führen, zum Ungleichgewicht und damit zu inneren Spannungen.
Einstellungen spielen auch eine wichtige Rolle bei der Einordnung bzw. der Bewertung von Informationen. Sie erleichtern die Aufnahme und das Behalten von Informationen, die zu dieser Einstellung passen; z. B. bei sozialen Ereignissen wie bei einem Arztbesuch oder dem Zusammentreffen mit bestimmten Personentypen wie einem Handelsvertreter usw.

Wertausdrucksfunktion (Selbstdarstellungsfunktion)

Diese Funktion betont die Bedeutung der Selbst-Entwicklung, die Aufrechterhaltung der Selbst-Identität und die Verbesserung des Selbstbildes (vgl. Ich-Psychologie, Kap. 4.4.4 und Humanistische Psychologie, Kap. 4.5 sowie Katz 1967, S. 461 ff.).
Eine bestimmte Einstellung wird also zur positiven Darstellung der eigenen Person eingesetzt, sie hilft, die eigenen Wertvorstellungen zu verwirklichen, dient der Selbstbestätigung, der Stärkung des Selbstbildes. Wir suchen eine Bestätigung unserer zentralen Werte, die mit unserem Selbstbild eng zusammenhängen. Andererseits bemühen wir uns, das bedrohte Selbstbild zu verteidigen. Einstellungen, die auf der Wertausdrucksfunktion basieren, werden meist in der Kindheit erlernt und entstehen aus der Identifizierung mit den Eltern und anderen

wichtigen Personen. Religiöse und ideologische Wertvorstellungen beruhen gewöhnlich auf dieser Funktion.
Ein ganz wesentlicher Weg der Identitätsfindung liegt darin, dass man „einen Standpunkt entwickelt".

Beispiele :

> Wer bin ich? Ich bin der, dessen Standpunkt es ist, nicht bei Klassenarbeiten abzuschreiben!
>
> Oder:
>
> Ich vertrete voller Engagement den Wert unangreifbarer Menschenrechte. So bin ich entschieden gegen die Wiedereinführung der Todesstrafe.

Solcherart geäußerte Einstellungen zielen in erster Linie auf die Bestätigung des eigenen Selbstbildes. Wenn junge Menschen beginnen, einen eigenen Standpunkt einzunehmen bzw. eine bestimmte Einstellung zu vertreten, fühlen sie sich sicherer. Sie nutzen damit die Möglichkeit, ihre eigene Identität zu entwickeln und werden sich z. B. darüber klar, mit wem, wo und wie sie gerne ihre Freizeit verbringen.
So verstanden sind Einstellungen aber nicht nur ein Mittel der Selbstbestimmung, sondern auch der Selbstrechtfertigung. Wer z. B. der Meinung ist, dass bereits kleine Kinder auf den Lebenskampf vorbereitet werden müssen, der wird sich auf die Härte und Lieblosigkeit seiner Erziehungsmethoden sogar noch etwas einbilden.

Ich-Verteidigungsfunktion (Abwehrfunktion)

Das Ich-Verteidigungssystem hilft einem Menschen, sein Selbstwertgefühl zu erhalten und zu verbessern. In vielen Fällen dienen unsere Einstellungen dazu, unsere persönlichen Probleme zu bewältigen. So helfen uns Einstellungen mit unerfreulichen Grundtatsachen wie Krankheit, Tod, Schwäche, Unsicherheit etc. leichter fertig zu werden. Angstabwehr soll uns *vor Verlust* des *Selbstwertgefühls* bewahren und davon abhalten, wenig schmeichelhafte Grundwahrheiten über uns selbst anerkennen zu müssen. Unsere Einstellung charakterisiert dann mehr uns selber als das Objekt, auf das sie gerichtet ist.
Katz (1967) greift hier auf Abwehrmechanismen der Psychoanalyse zurück. Einstellungen können uns demnach eine Rechtfertigung für negative Gefühle wie Hass geben und zu Vorurteilen führen (z. B. Antisemitismus). Vorurteile gegen-

über einer sozialen Gruppe oder Minderheit werden somit als „begründet" angesehen, der Sündenbock hilft, das Gefühl der eigenen Minderwertigkeit zu überspielen. Dieser Mechanismus wird *Ich-Verteidigung* genannt.
Das **Vorurteil** stellt eine Einstellung zur Ich-Verteidigung dar. Klassisches Beispiel ist der Gedanke, dass Antisemitismus nicht auf irgendwelchen Erfahrungen mit Juden beruht, sondern einen Abwehrmechanismus darstellt, um z. B. mit den eigenen verdrängten Hassgefühlen gegen den autoritären Vater fertig zu werden.
Einstellungen in dieser Abwehrfunktion können eine Person z. B. vor negativen Gefühlen gegenüber sich selbst oder der eigenen Gruppe schützen. In diesem Falle werden Einstellungen auf andere Personen wie z. B. Minderheiten projiziert.

Beispiele :

> Nicht ich hasse als Deutscher die Afrikaner, vielmehr hassen die Afrikaner die Deutschen und damit mich; das berechtigt mich wiederum dazu, die Afrikaner zu hassen.
>
> Oder:
>
> Personen bekämpfen die „Unmoral" der heutigen Jugend nicht, weil diese Jugend tatsächlich so unmoralisch ist, sondern damit sie mit ihrer eigenen verdrängten Sexualität und ihren Neidgefühlen besser fertig werden.

Einstellungen bzw. Vorurteile entstehen hiernach als Folge eines innerpsychischen Konfliktes und dem Versuch, ihn zu bewältigen bzw. abzuwehren. Die Einstellung hilft dem Menschen, sein Ich zu bewahren.
Die oben beschriebenen vier Funktionen der Einstellung schließen sich gegenseitig keineswegs aus. Es handelt sich vielmehr um eine analytische Unterscheidung. Im konkreten Fall kann eine Einstellung einer Funktion dienen. Es ist aber auch denkbar, dass die gleiche Einstellung mehrere Funktionen erfüllt.
Katz betont, dass die funktionale Bedeutung für die eigene Person darüber entscheidet, dass eine Einstellung entstehen, aufrechterhalten bzw. stabilisiert oder verändert wird.
Wenn eine Einstellung nicht mehr ihre ursprüngliche Funktion erfüllen kann, wird sie geändert (vgl. Katz 1967, S. 465). Wenn man genau weiß, welcher Funktion eine bestimmte Einstellung dient, kann man eine gezielte Änderungsstrategie entwerfen (vgl. nachfolgende Beispiele).

Beispiele:

Anpassungsfunktion: Erreicht Herr Müller mit seiner negativen Einstellung zur Europäischen Union bei seinen Freunden keine soziale Anerkennung mehr, sondern Kritik und Spott, so wird Herr Müller seine Einstellung entsprechend ändern.

Wissensfunktion: Ein Mensch, der keine Ahnung (kein exaktes Wissen) über Behinderungen und Behinderte hat und diese deshalb ablehnt, kann durch neue Erfahrungen mit ihnen und Informationen über deren Lebenslage und Bedürfnisse seine Einstellung gegenüber Behinderten ändern; in diesem Fall also durch gezielte Zufuhr neuer Informationen.

Wertausdrucksfunktion: So wird ein engagierter Grüner Einstellungen über Natur- und Umweltschutz zum Ausdruck bringen, die er als Grundlage seiner Weltauffassung betrachtet; er wird sich rückhaltlos zu Aktionen von Greenpeace bekennen. Das stabilisiert sein Selbstbild und seine Weltanschauung; er wird dadurch immer „grüner".

Ich-Verteidigungsfunktion: Hier sind Einstellungsänderungen vor allem dadurch möglich, dass das Individuum die funktionale Bedeutung seiner jeweiligen Einstellung innerhalb seiner Persönlichkeit kennen lernt, die Wirkungsweise spezieller Abwehrmechanismen, seine Ängste und Ich-Schwäche erfährt und dass er letztlich durch Selbsteinsicht in der Lage ist, seine Einstellung zu verändern.
Dass Frau Mühsam z. B. ihre ablehnende Einstellung gegenüber Ausländern aufrecht erhält, darf also – laut dieser Funktion – nicht mit Fehlinformation erklärt werden. Die eigentliche Ursache ist die Ich-Verteidigung gegen innere Konflikte z. B. mithilfe von Projektionen. Eine gezielte Zufuhr sachlicher, positiver Informationen über das Einstellungsobjekt wird nicht bzw. kaum zur Einstellungsänderung führen. Gibt man Frau Mühsam dagegen Informationen über den Mechanismus der Ich-Verteidigung, so führt das sehr wahrscheinlich zur Einstellungsänderung. Allerdings ändern in einem solchen Fall Personen mit starker Ich-Verteidigung ihre Einstellung weniger leicht als Personen mit schwacher Ich-Verteidigung.

7.3.3 Konsistenztheorien

Die Konsistenztheorien gehen von der Annahme aus, dass der Mensch nach innerer Ausgeglichenheit strebt, nach Harmonie, nach einem Gleichgewicht, nach Konsistenz; wesentlich sind dabei gedankliche Vorstellungen bzw. kognitive Prozesse. Menschen versuchen demnach Informationen so zu ordnen, dass Widersprüche vermieden werden. Falls nun Inkonsistenz eintritt, ist der Mensch darum bemüht, wieder Konsistenz herzustellen; denn Inkonsistenz erzeugt eine als unangenehm erlebte Spannung und damit eine Tendenz, erneut Konsistenz herzustellen.
Für *Konsistenz* werden auch die Begriffe Gleichgewicht, Balance, Konsonanz benutzt; für *Inkonsistenz* Ungleichgewicht, Imbalance, Dissonanz.
Aus der Vielzahl der Konsistenztheorien wird hier nur die Theorie der kognitiven Dissonanz von Festinger vorgestellt.

Theorie der kognitiven Dissonanz

Die wohl am meisten verbreitete Einstellungstheorie ist die 1957 von Festinger entwickelte Dissonanztheorie. Sie führte zu einer Fülle von Forschungsaktivitäten; bis heute liegen mehr als 1 000 Arbeiten zu diesem Ansatz vor.

Grundlegende Annahmen und Begriffe

Die Dissonanztheorie unterstellt, dass Personen um ein Gleichgewicht in ihrem kognitiven System bemüht sind; sie streben konsistente Beziehungen an zwischen einzelnen Kognitionen sowie zwischen Kognition und Verhalten.
Unter **Kognitionen** bzw. **kognitiven Elementen** versteht Festinger (1978, S. 17) Einstellungen, Vorstellungen, Glaubensinhalte, Wissen, also alle möglichen Gedanken einer Person über

- sich selbst,
- ihr eigenes Verhalten und
- ihre Umwelt.

Kognitive Elemente stehen in unterschiedlicher Beziehung zueinander, sie können relevant oder irrelevant sein.

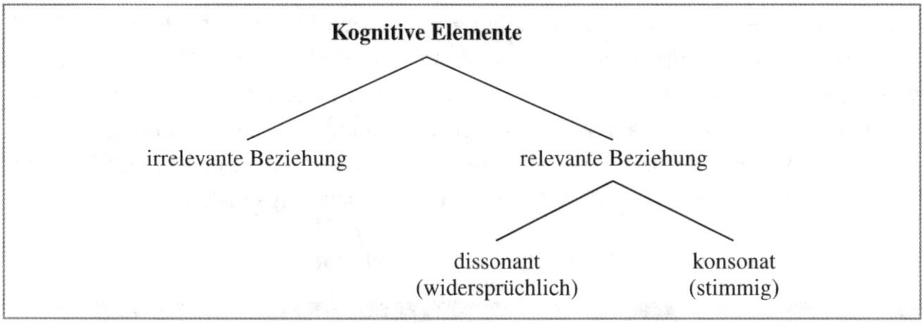

Abb. 8: Mögliche Beziehungen zwischen kognitiven Elementen

Zwei Kognitionen stehen in einer *irrelevanten Beziehung,* wenn sie zusammenhanglos nebeneinander auftreten, voneinander unabhängig sind.

Beispiele :

„Ich studiere Sozialpädagogik"
„Es regnet in München"

Oder:

„Ich halte diese Partei für sehr gut"
„Am liebsten verbringe ich meinen Urlaub am Meer"

Zwei Kognitionen stehen dagegen in *relevanter Beziehung* zueinander, wenn sie inhaltlich etwas miteinander zu tun haben. Die Beziehung ist **konsonant,** wenn das eine kognitive Element aus dem anderen folgt.

Beispiele :

„Ich halte diese Partei für sehr gut"
„Ich habe diese Partei gewählt"

„Ich halte nichts vom Rauchen"
„Rauchen erzeugt Krebs"

Dissonanz besteht zwischen zwei Kognitionen, wenn die zwei Elemente einander widersprechen.

Beispiele :

„Ich rauche"
„Rauchen erzeugt Krebs"

„Ich halte diese Partei für sehr gut"
„Ich habe diese Partei nicht gewählt"

Während bei der konsonanten Beziehung die beiden kognitiven Elemente widerspruchslos zusammenpassen, widersprechen sich die kognitiven Elemente, die in dissonanter Beziehung zueinander stehen. Wenn nun derartige dissonante Beziehungen vorhanden sind, entsteht dadurch ein unangenehmer Spannungszustand, die **kognitive Dissonanz.** Dieser Zustand erzeugt Druck in Richtung auf Verminderung der Dissonanz, d. h. Abschaffung dieses Spannungszustandes.

DIESER TISCH IST FÜR RAUCHER RESERVIERT

Abb. 9: Diese Art von Information wird sehr wahrscheinlich auch bei einem starken Raucher zu kognitiven Dissonanzen führen. (Abb. modifiziert nach Stahlberg und Frey 1996, S. 233)

Beispiel:

Der Fachoberschüler Robert besucht an einem sonnigen Tag den Unterricht; dabei weiß er, dass seine Freundin sich zur selben Zeit im Freibad aufhält. Dieses Wissen, dass er nicht mit ihr zusammen sein kann, ist ein dissonantes kognitives Element. Dagegen stellt das Wissen, dass Robert durch den Unterrichtsbesuch seine Chancen erhöht, seine Prüfungsleistungen zu verbessern, ein konsonantes kognitives Element dar.

Wenn dissonante kognitive Elemente auftreten, bewirken sie einen unangenehmen emotionalen Zustand, der Dissonanz genannt wird. Das Ausmaß der Dissonanz – und die Motivation, diese zu verringern – hängt von der Anzahl bzw. der Bedeutsamkeit der dissonanten Elemente ab.

Wenn Robert wüsste, dass dies die letzte Gelegenheit gewesen wäre, einen Tag mit seiner Freundin zu verbringen, bevor sie verreist, würde seine Dissonanz höher sein, als wenn er lediglich eine Gelegenheit verpasst hätte, zu baden und eine Weile in der Sonne zu liegen.

Robert stehen verschiedene Strategien zur Reduktion seiner Dissonanz zur Verfügung. Er könnte die subjektive Bedeutsamkeit der konsonanten Elemente erhöhen, indem er sich z. B. einredet, dass der an diesem Tag im Unterricht behandelte Stoff sehr wichtig für die Prüfung und zudem äußerst interessant ist.
Robert könnte aber auch die Bedeutsamkeit der dissonanten Elemente reduzieren, indem er sich beispielsweise sagt, dass ihm das Schwimmen heute keinen besonderen Spaß gemacht hätte.

Die Annahmen über Konsonanz und Dissonanz lauten (vgl. Festinger 1978, S. 16 ff. sowie Irle 1975, S. 310 ff.):
- Der Mensch strebt nach Konsonanz, er bevorzugt harmonische und ausgewogene Beziehungen.
- Eine kognitive Dissonanz ist unangenehm; sie motiviert die Person dazu, die Dissonanz zu verringern und Konsonanz herzustellen.
- Wenn Dissonanz besteht, wird die Person außerdem aktiv Situationen und Informationen vermeiden, die möglicherweise die Dissonanz vergrößern könnten.
- Je stärker die kognitive Dissonanz ist, desto größer ist die erlebte Spannung als aversiver Zustand und um so stärker ist die Tendenz zur Reduktion kognitiver Dissonanz (= Dissonanzdruck).

Konsonanz besteht bzw. wird angestrebt in folgenden drei Fällen:

1. Zwischen verschiedenen Einstellungen eines Menschen:

Beispiel:

Person X hat eine positive Einstellung zur freien Marktwirtschaft; sehr wahrscheinlich wird sie auch positive Einstellungen zu einzelnen Zielen und Maßnahmen der liberalen Wirtschaftspolitik haben.

2. Zwischen Einstellung und Verhaltensweisen:

Beispiel:

Die Person X wird sich ihren Einstellungen entsprechend verhalten und jene Partei wählen, die die freie Marktwirtschaft unterstützt.

3. Zwischen zwei Verhaltensweisen:

Beispiel:

Die Person X wählt jene Partei, für die sie auch Spenden gibt.

Das Ausmaß der **Dissonanz** bzw. die Dissonanzstärke hängt ab:
- vom Verhältnis der dissonanten zu den konsonanten Elementen; d. h., wenn
  - die Summe dissonanter Elemente die Anzahl der konsonanten übersteigt und/oder
  - die Summe der konsonanten Elemente gegen null geht;
- wie wichtig die einzelnen dissonanten Elemente für die Person sind.

Zwei kognitive Elemente A und B stehen dann in dissonanter Beziehung, wenn A das Gegenteil von B darstellt:

Beispiel (nach Festinger 1978, S. 19 ff.; Herkner 1991, S. 34 f.):

A = „Ich rauche viel"
B = „Rauchen verursacht Krebs"

Die kognitiven Elemente A und B stehen hier in einer Beziehung der Dissonanz, des Widerspruchs. Beim Bemühen, dissonante Beziehungen in konsonante umzuwandeln, sind drei Strategien möglich:

1. Strategie: Veränderung kognitiver Elemente

C = „Rauchen kann nicht sehr gesundheitsschädigend sein; ich kenne viele Leute, die mehr rauchen als ich und dabei gesund und zum Teil auch schon sehr alt sind."

D = „Die Richtigkeit der Forschungsergebnisse über den Zusammenhang Rauchen und Krebs muss man ernsthaft bezweifeln, sie sind eindeutig übertrieben."

E = „Man kann übrigens feststellen, dass Lungenkrebs immer noch eine sehr seltene Erkrankung darstellt und andere Todesursachen wesentlich höhere Eintrittswahrscheinlichkeiten haben."

2. Strategie: Suche nach neuer Information,

d. h. Hinzufügen neuer kognitiver Elemente

F = „Rauchen sieht gut aus."
G = „Rauchen ist entspannend."
H = „Rauchen fördert die Konzentration."
I = „Fast alle meine Freunde/Freundinnen rauchen ebenfalls."

Die Beziehungen zwischen dem ursprünglichen Element A („Ich rauche viel") und den neuen Elementen C, D, E, F, G, H, I sind alle *konsonant*. Damit sind zu der anfänglich einzigen und noch dazu dissonanten Beziehung zwischen A und B mehrere neue konsonante Beziehungen hinzugefügt worden. Das Ausmaß der Dissonanz ist damit auf ein sehr erträgliches Maß gesunken.

3. Strategie: Änderung des Verhaltens
Am wirksamsten ließe sich die kognitive Dissonanz beim Rauchen vermindern, wenn man sein Verhalten ändern würde, also das Rauchen aufgäbe. Die Kognition „Ich rauche nicht" und die Kognition „Rauchen verursacht Krebs" wären dann konsonant. *Einstellungen* sind aber bekanntlich leichter zu ändern als das *Verhalten* (hier: das Rauchen einzustellen).
Wohlgemerkt schließen die drei Strategien der Dissonanzreduktion einander keineswegs aus. Man kann sie wahlweise oder gleichzeitig einsetzen.

Beispiel (modifiziert nach Liebel 1996, S. 296):

> Wir gehen von zwei Elementen K und L aus, die in *dissonanter* Beziehung stehen
> K = „Das Tragen des Sicherheitsgurtes ist unbequem."
> L = „Der Sicherheitsgurt verringert das Verletzungsrisiko bei Unfällen erheblich."

Wir haben drei Möglichkeiten zur Dissonanzreduktion:

1. Strategie: Veränderung kognitiver Elemente
(= Umwertung von Informationen)
M = „Ein Unfall ist bei mir höchst unwahrscheinlich."
N = „Mir passiert nichts."

Die beiden neuen Elemente und das Element K wären **konsonant**.

2. Strategie: Hinzufügen neuer kognitiver Elemente
(oder Schein- bzw. Pseudoargumente)
O = „Ich vertraue auf Gott."
P = „Ich misstraue den Ergebnissen der Unfallforschung."

Die beiden Elemente O und P und das Element K wären wiederum konsonant. Damit ist das Ausmaß der Dissonanz insgesamt auf ein erträgliches Maß gesunken.

3. Strategie: Änderung des Verhaltens
R = Ich schnalle mich ab sofort an."

Dieses neue kognitive Element führt zu einer Reduzierung der Dissonanz, falls die 1. und 2. Strategie entfallen würden. Die neue Kognition R und das Element L wären konsonant.

Nach der Dissonanztheorie wird also eine Einstellung dann geändert, wenn ein Mensch sich in einem dissonanten Zustand befindet und die Konsonanz nur durch eine Einstellungsänderung erreicht werden kann.
Die bisherige Darstellung konzentrierte sich vor allem auf das Bestreben, Dissonanz zu verringern bzw. zu beseitigen. Unter bestimmten Umständen gibt es auch starke Bestrebungen, die darauf abzielen, die Zunahme von Dissonanz zu vermeiden oder das Entstehen von Dissonanz generell zu verhindern (vgl. Festinger 1978, S. 40 ff.). Alles, was die Dissonanz erhöhen könnte, wird erst gar nicht wahrgenommen. Man vermeidet Situationen, in denen man befürchtet, Wahrnehmungen zu machen, die zu einer Erhöhung der Dissonanz führen.

7.3.4 Theorien der Informationsverarbeitung

Wie bereits an anderer Stelle erläutert, ist das Konzept der Informationsverarbeitung der Kern der Kognitionspsychologie (vgl. Kap. 2.1).
Der Mensch nimmt Informationen auf und verarbeitet sie, indem er wahrnimmt, denkt, verbalisiert, speichert, Vorstellungen entwickelt usw. Aus verarbeiteter Information entsteht Wissen. **Lernen** kann definiert werden als *Wissenserwerb* durch *kognitive Informationsverarbeitung* (vgl. Bandura 1986).
Einstellungsbildung wie Einstellungsänderung werden als aktive, kognitive Prozesse angesehen. Neue Informationen lösen demnach bei den Empfängern der Botschaft kognitive Prozesse aus.

Die sozial-kognitive Theorie von Bandura

Die Grundlagen dieser Theorie werden ausführlich im Buch GRUNDWISSEN PÄDAGOGIK, Kapitel 2.4 beschrieben. Hier seien deswegen nur einige Anwendungsbeispiele angeführt. Es geht dabei um Lernen, Umlernen, Verlernen von Einstellungen.

Einstellungserwerb

Bandura (1986) geht davon aus, dass in den meisten Fällen über *Beobachtung* und *Instruktion* gelernt wird und weniger über eigene Erfahrung mit Versuch und Irrtum. Müssten alle Einstellungen durch direkte Erfahrungen erworben werden, wäre der Erwerb von Einstellungen ein äußerst mühsames Unterfangen. Es kann auch *selbstvertretend* gelernt werden, d. h.

- durch Beobachtung des Verhaltens anderer Menschen sowie der Konsequenzen, die das Verhalten für sie hat oder
- dadurch, dass die Konsequenzen möglicher Handlungsalternativen in überredender bzw. überzeugender Kommunikation beschrieben werden.

Beispiel :

> Stefan beobachtet zu wiederholten Malen, wie sein Vater sich verächtlich über Farbige äußert und dabei ein wütendes Gesicht macht.

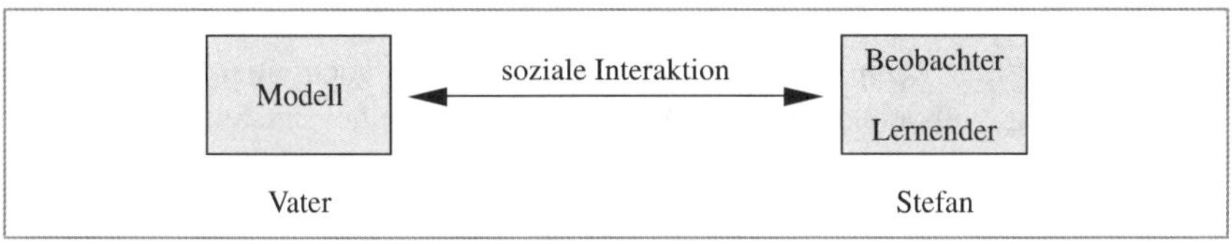

Stefan wird die negative Einstellung des Vaters übernehmen, da der Vater als Modell für das Kind **glaubwürdig** ist *(vgl. Aufmerksamkeitsprozess)* und das Nachplappern seines Sohnes belohnt *(vgl. Motivationsprozess: direkte Verstärkung).* Wenn Stefan daraufhin auch noch von seiner Großmutter gelobt wird, stellt das eine weitere **direkte Verstärkung** dar. Beobachtet Stefan außerdem, wie der Vater von einer anderen Person (z. B. Großvater) für derartige Äußerungen Beifall erhält *(= stellvertretende Verstärkung),* wird das Kind häufiger ähnliche Sprüche von sich geben.

Insgesamt müssen beim Modelllernen alle vier Teilprozesse erfüllt sein: *Aufmerksamkeit, Gedächtnis, Reproduktion, Motivation.* Zudem sollten die **Effekte** des **Modelllernens** wie *Aneignung, Hemmung, Enthemmung* oder *Reaktionserleichterung* erfüllt sein.

Beispiel :

> Ein Fernsehzuschauer, der bemerkt, wie ein Sprecher bei Erwähnung eines bestimmten Produktes (= Einstellungsgegenstand) durch Stimme und Mimik Freude zum Ausdruck bringt, kann durch massenmediale Kommunikation eine positive Einstellung zu diesem Objekt erwerben.

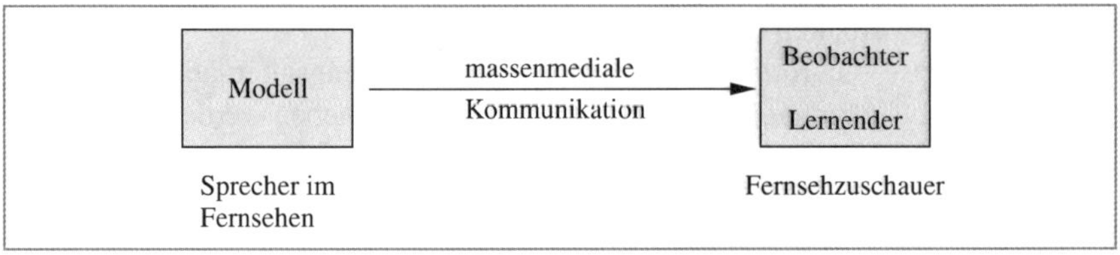

Auch hier müssen die vier Teilprozesse des Modelllernens erfüllt sein, damit eine neue Einstellung erworben wird (vgl. GRUNDWISSEN PÄDAGOGIK, Kap. 2.4).

Selbstverständlich kann sich die Einstellungsbildung auch über die **kreative Modellierung** vollziehen. Ein Schüler erwirbt z. B. eine Einstellung zu einer bestimmten Partei über:
- seine Eltern,
- seine Freunde,
- seine Lehrer,
- Politiker im Fernsehen,
- über Zeitungen.

Hierbei werden die *Einflüsse mehrerer Modelle* von Lernenden bzw. Beobachtern zusammengefügt. Informationen werden so umstrukturiert, dass eine neue Einstellung entsteht.

Einstellungsänderung

Wenn sich ein Beobachter über Lernen am Modell eine neue Einstellung aneignet, so ist sie vermutlich zunächst nur schwach positiv ausgebildet. Durch *stellvertretende* und/oder *direkte Verstärkung* sowie *Selbstverstärkung* und/oder *kreatives Modellieren* kann sie weiter verfestigt werden.
So entwickelt sie sich im Laufe der Zeit zu einer stark positiven Einstellung und wird wahrscheinlich auch in ihrer Bedeutsamkeit anwachsen, d. h. für den Einstellungsträger wichtiger, zentraler werden. Diesen Vorgang nennt man **kongruente Einstellungsänderung** (siehe S. 230).

Anders verhält es sich bei einer inkongruenten Änderung von Einstellungen.

Beispiel:

Die Realschülerin Bettina hat eine negative Einstellung zu psychisch Kranken als Beobachterin bzw. Lernende von ihrem Klassenkameraden Martin *(als Modell)* übernommen, der ihr klarmachte: „Die liegen der Gesellschaft doch nur auf der Tasche", „sind selber schuld".
Nun trifft Bettina ihre Freundin Monika, die als Fachoberschülerin gerade ein Praktikum in einer Klinik absolviert. Monika erzählt ihrer Freundin Bettina ausführlich über ihre Begegnung mit psychisch kranken Menschen im Krankenhaus und erwähnt dabei, dass solche Erkrankungen erworben werden: z. B. durch Ablehnung des Kindes durch die Mutter, Scheidung der Eltern oder Misshandlung des Kindes durch den Vater.
Bettina hört ihrer Freundin Monika, die sie für kompetent und vertrauenswürdig hält, aufmerksam zu, denkt darüber nach, hält die Äußerungen für nützlich und lässt sich von den Aussagen Monikas überzeugen, ändert also ihre Einstellung. Bettina äußert sich von nun an positiv über psychisch Kranke und wird sogleich von Monika dafür gelobt (= *direkte Verstärkung*). Ihren Klassenkameraden Martin sieht sie jetzt als üblen Schwätzer an, der von Dingen wie Krankheit und Klinik keine Ahnung hat.

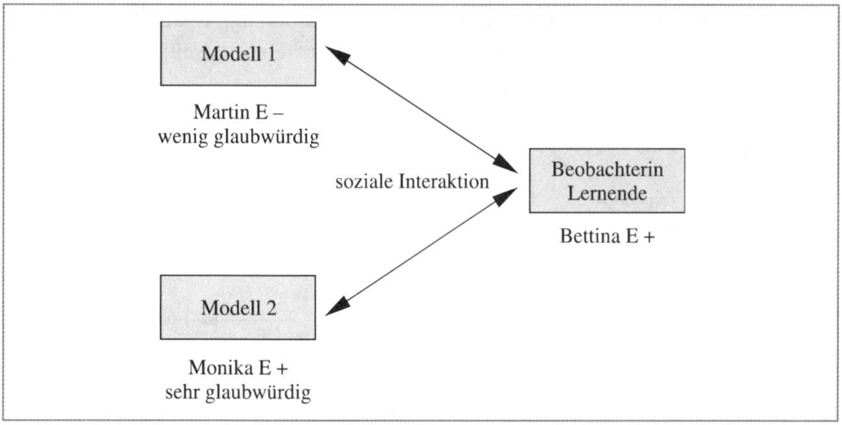

Abb. 10: Inkongruente Einstellungsänderung auf Basis des Modelllernens (wobei $M_2 > M_1$)

Bettina vollzieht hier eine Einstellungsänderung im Sinne ihrer Freundin Monika, die als sehr glaubwürdiges Modell von Bettina angesehen wird.
Eine Einstellungsänderung kann sich auch einfach dadurch ergeben, dass die Mutter (als Modell) ihre Einstellung ändert und ihre Tochter (als Beobachterin) diesen Einstellungswandel mitmacht bzw. imitiert.
Einstellungsänderungen im Sinne der sozial-kognitiven Theorie können auch erklärt werden durch *kreatives Modellieren, abstraktes Modellieren, Lernen aus eigener Erfahrung, Rollenspiel* (vgl. GRUNDWISSEN PÄDAGOGIK).

Der Informationsverarbeitungsansatz von Petty

Auf der Grundlage des Konzeptes der kognitiven Informationsverarbeitung (vgl. Kap. 2.1) entwickelten Petty und Mitarbeiter (vgl. Petty u. a. 1986) eine Theorie, die u. a. vom Sender-Empfänger-Modell ausgeht:

Sender/ Kommunikator	→	Botschaft/ Mitteilung	→	Empfänger/ Rezipient	} kognitive Verarbeitung der Botschaft

Im Mittelpunkt dieser Theorie steht das sogenannte **Zwei-Wege-Modell.** Danach können Einstellungen entweder über den *zentralen* oder den *peripheren* Weg der Informationsverarbeitung gebildet bzw. verändert werden. Beide Wege können zur **Einstellungsbildung** und **Einstellungsänderung** führen, haben aber verschiedene Ursachen bzw. Bedingungen und unterschiedliche Wirkungen. Ob der periphere oder der zentrale Weg eingeschlagen wird, hängt zunächst einmal von der Motivation und der Fähigkeit (kognitive Kompetenz: Intelligenz, Wissen, Denkvermögen) des Rezipienten ab, sich mit der Botschaft auseinanderzusetzen.

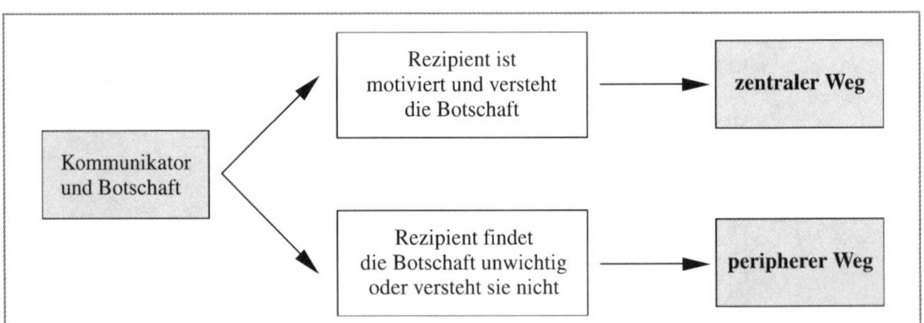

Abb. 11: Zwei-Wege-Modell der Informationsverarbeitung nach Petty u. a.

Der mit Anstrengungen verbundene **zentrale Weg** wird nur eingeschlagen, wenn dazu die Motivation vorhanden ist; d. h. die Information muss für die betreffende Person nützlich bzw. interessant oder wichtig sein. Zudem muss die Fähigkeit zur Informationsverarbeitung vorhanden sein. Die Fähigkeit ist wichtig, weil ein bestimmtes Maß an Intelligenz, spezifischem Wissen, aber auch Zeit nötig ist, um die Gültigkeit bzw. Stichhaltigkeit der in einer Botschaft enthaltenen Argumente einzuschätzen. Der Empfänger muss also die Nachricht verstehen können, und er darf nicht abgelenkt sein. Wenn Motivation und geistige Fähigkeit vorliegen, wird der zentrale Weg bevorzugt. Der Empfänger prüft in diesem Fall kritisch die Inhalte der Botschaft; er wird beeinflusst durch die Überzeugungskraft und Schlüssigkeit der Argumente. Diese lösen beim Rezipienten vorwiegend Zustimmung aus. Der Rezipient wendet ein beträchtliches Maß an Zeit und Anstrengung auf für eine *kritische Analyse des Inhalts*. Er versucht sich an das zu erinnern, was er bereits über das Thema weiß, und setzt dann dieses Wissen in Beziehung zu den in der Botschaft enthaltenen Argumenten. Ein klarer, geordneter Aufbau der Mitteilung mit schlüssigen Argumenten erhöht die Fähigkeit zur Informationsverarbeitung. Überzeugende Argumente sind solche, die sich nicht (bzw. nur schwer) widerlegen lassen. Derartige Argumente beeinflussen den Rezipienten. Dadurch wird er zu einer dauerhaften Einstellungsänderung veranlassen, die widerstandsfähig ist gegenüber Änderungsversuchen; diese neue Einstellung hat zudem eine enge Beziehung zu seinem Verhalten.

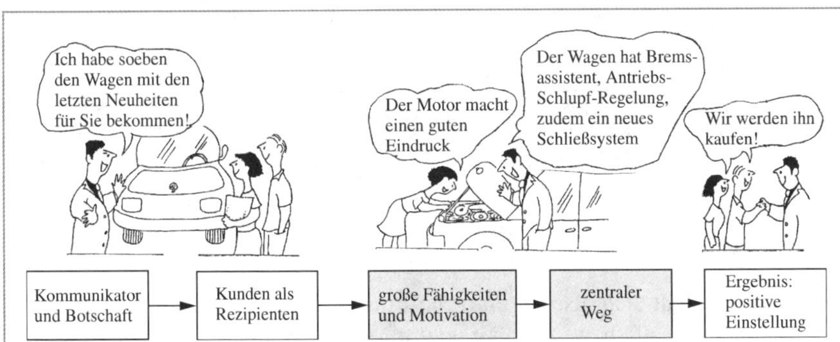

Abb. 12: Zwei-Wege-Modell: zentraler Weg der Informationsverarbeitung mit positiver (*stabiler*) Einstellungsbildung bzw. -änderung (modifiziert nach: Brehm, Sharon and Saul Kassin 1996)

Falls nun Motivation oder Fähigkeit (kognitive Kompetenz) schwach sind bzw. fehlen, wird der **periphere Weg** bevorzugt.

- Bei *geringer Motivation* ist das Einstellungsobjekt unwichtig oder uninteressant; die Person besitzt kein Wissen darüber oder sie ist nicht willens, sich auf die Überprüfung der Botschaft einzulassen.
- Besitzt der Rezipient nur *geringe geistige Fähigkeiten*, so überfordern ihn die Argumente der Botschaft und es wird ebenfalls der periphere Weg gewählt.
- Umfangreiche und kompliziert formulierte Mitteilungen verringern die Fähigkeit zur Informationsverarbeitung. Dasselbe tritt ein bei Ablenkung (z. B. durch Lärm) oder Zeitdruck.

Der periphere Weg wird immer dann eingeschlagen, wenn wir Informationen aufnehmen, ohne viel darüber nachzudenken. Anstatt die Argumentation sorgfältig zu prüfen, stützt man sich bei der Entscheidung über Annahme oder Ablehnung der Botschaft auf einen *peripheren Aspekt* wie z. B. die Glaubwürdigkeit des Senders bzw. durch die Botschaft ausgelöste angenehme Gefühle.

Abb. 13: Zwei-Wege-Modell: peripherer Weg der Informationsverarbeitung mit positiver (*labiler*) Einstellungsbildung bzw. -änderung (modifiziert nach: Brehm, Sharon and Saul Kassin 1996)

Der Rezipient hält sich also an einfache Entscheidungsregeln zur Einschätzung des Wahrheitsgehalts bzw. Schlüssigkeit einer Botschaft, bevor er diese akzeptiert. Er lässt sich durch periphere bzw. oberflächliche Hinweisreize lenken wie Macht, Glaubwürdigkeit oder Attraktivität des Kommunikators. Beispiele für solche einfachen Regeln sind: „Aussagen von Experten kann man trauen", „Sympathische Menschen haben meistens recht", „Personen, die man mag, vertreten eine akzeptierbare Meinung", „Je länger die Anzahl der Argumente, desto überzeugender der Inhalt".

Diese einfachen Regeln bei der Übermittlung einer Botschaft werden eingesetzt, wenn man *wenig Fachkenntnisse* hat, das Thema subjektiv unwichtig ist bzw. einen nicht interessiert.
Einstellungen, die auf dem **peripheren Weg** entstehen, sind **nicht sehr langlebig,** leicht zu verändern und erlauben keine Verhaltensvorhersagen. Liegen allerdings in einer solchen Situation keine positiven Hinweisreize vor, so bleibt der Überredungsversuch erfolglos.

Weitere Strategien im Rahmen des **peripheren Weges** sind:
- *Klassisches Konditionieren:* Das Einstellungsobjekt ist mit einem relativ starken positiven emotionalen Hinweisreiz assoziiert.
- *Operantes Konditionieren:* In der Überredungssituation sind bestimmte positive Reize vorhanden, d. h. positive Verstärker wie z. B. die Attraktivität des Kommunikators, die den Rezipienten zu einer Annahme der Botschaft verleiten, weil diese die Botschaft mit angenehmen Gefühlen verbinden.
- *Modelllernen:* Der Rezipient imitiert die Verhaltensweisen bzw. Einstellungen von Vorbildern, d. h. Modellpersonen.

Was passiert nun im Rahmen dieses Prozessmodells, wenn der Rezipient zwar motiviert und fähig ist, über die Mitteilung nachzudenken, aber die Botschaft aus schwachen, widersprüchlichen Argumenten und einem unklaren Aufbau besteht? Im Rahmen des zentralen Weges ruft eine derartige Situation beim Rezipienten vorwiegend Widerstand und Ablehnung hervor. Solche Informationen verursachen negative Gedanken, hier tritt ein sogenannter **Bumerangeffekt** auf, d. h. es ergibt sich eine Einstellungsänderung *entgegen* der vom Sender beabsichtigten Richtung.
Wenn nun eine Person motiviert ist, einer Mitteilung Aufmerksamkeit zu schenken, ist sie möglicherweise daran gehindert, aufmerksam zu sein und die Botschaft zu verstehen.

Beispiel:

> Jemand möchte beim Autofahren einer Radiosendung über die Sicherheit von Atomkraftwerken zuhören, ist aber dazu nicht in der Lage, weil die Aufnahme der Botschaft wegen schlechter Straßenverhältnisse erschwert wird und die beiden Mitfahrer sich zu laut unterhalten. Dadurch kann der Betreffende sich nicht auf die Argumente des Fachmannes – eines Physikprofessors – konzentrieren.

In diesem Fall stützt sich der Zuhörer bei seiner Entscheidung auf einen *peripheren Aspekt*, die Glaubwürdigkeit des Kommunikators, nach dem Motto: „Ein Fachmann wird es am besten wissen". In unserem Beispiel ergibt sich folglich eine *periphere Einstellungsänderung*.

Ablenkung erschwert bzw. verhindert also die Verarbeitung der Mitteilung. Daher ist eine starke, überzeugende Mitteilung, die zustimmende Gedanken auslöst, umso wirksamer, je weniger der Empfänger abgelenkt wird.

Beispiel:

> Im Rahmen einer empirischen Untersuchung – mit drei Versuchsgruppen – hören Studenten eine Mitteilung, die für die Erweiterung des Unterrichts um 20 % an ihrer Universität argumentiert. Wir können hier eine hohe Motivation der Probanden unterstellen, da das Thema für die Studenten sehr bedeutsam ist.

Die erste Versuchsgruppe wird stark abgelenkt, während sie die geschickt und logisch aufgebaute Mitteilung hört. Die Probanden müssen einen Bildschirm beobachten und bei jedem Aufblitzen eines X (ca. alle drei Sekunden) aufmerksam aufschreiben, in welchem Quadranten des Bildschirms es erschienen war. Hier ergibt sich keine Zustimmung zur Botschaft. Die Probanden sind zwar motiviert, aber nicht fähig, sich in Ruhe mit der Botschaft auseinander zu setzen und über die Argumente nachzudenken. Da periphere Hinweisreize fehlen, erfolgt kein Einstellungswandel, die ursprüngliche Einstellung wird beibehalten.
Die zweite Gruppe hörte dieselbe Mitteilung, allerdings ohne Ablenkung. Hier zeigt sich eine hohe Zustimmung zur Botschaft des Senders. Die hohe Qualität der Mitteilung bzw. der Argumente spielt also für die zentrale positive Einstellungsänderung eine wichtige Rolle.
Einer dritten Gruppe wird eine schwache Mitteilung mit nicht überzeugenden, widersprüchlichen Argumenten über die Erhöhung des Unterrichts präsentiert; dabei werden die Probanden nicht abgelenkt. Diese Botschaft löst bei den Studenten vorwiegend ablehnende Gedanken aus; es ergibt sich deshalb eine Einstellungsänderung entgegen der Absicht des Senders, also ein *Bumerangeffekt* (vgl. Petty u. a., zit. nach Herkner 1991, S. 242).
Basierend auf dem Sender-Empfänger-Modell sollen nun die Faktoren aufgeführt werden, die eine Einstellungsänderung begünstigen (vgl. hierzu Brehm und Kassin 1996; Herkner 1991; Horowitz und Bordens 1995; Six und Schäfer 1985; Stroebe und Jonas 1996; Witte 1994).

Die Variablen der Quelle bzw. des Kommunikators

Glaubwürdigkeit
Dieses Merkmal ist von zwei Elementen abhängig.
- *Kompetenz* (Expertentum), d. h. der Rezipient schreibt dem Sender Sachkenntnis zu.
- *Vertrauenswürdigkeit,* d. h. der Rezipient unterstellt dem Sender Redlichkeit, also die Absicht zu korrekter und wahrer Information.

Nur wenn ein Kommunikator beide Eigenschaften besitzt, gilt er als glaubwürdig.

Macht
Ein Kommunikator hat die Macht, das Verhalten der Rezipienten zu bewerten, d. h. zu belohnen oder zu bestrafen; dieser ist bestrebt, Belohnungen zu erhalten und Nachteile zu vermeiden.

Attraktivität
Dieser Begriff wird in der Literatur nicht einheitlich definiert.
- *Sympathie:* Beliebte Personen sind einflussreicher als unbeliebte.
- *Ähnlichkeit* zwischen Sender und Empfänger; gemeint sind hier Übereinstimmungen von:
  - Einstellungen, Werten, Interessen;
  - ethnischer und sozialer Gruppenzugehörigkeit;
  - Alter und Geschlecht.
- *Körperliche Attraktivität* (bzw. Schönheit) begünstigen die Einstellungsbildung bzw. -änderung; offensichtlich bedient sich deshalb die Werbung der „Supermodels". Die Erklärung liegt in dem weit verbreiteten Glauben, dass attraktive Menschen auch emotional warm, freundlich, interessant, stark, hilfsbereit und gesund sind.
- In einigen Studien wird die Attraktivität des Kommunikators durch folgende *Eigenschaften* charakterisiert: fair, sauber, geschmackvoll, gut, angenehm, wertvoll.

Die genannten Faktoren werden beim **peripheren Weg** beachtet.

Die Variablen der Botschaft

Die beiden Wege der Überredung

- Wenn Leute *kritisch* über eine Mitteilung nachdenken, nehmen sie den **zentralen Weg,** und sie werden beeinflusst durch die *Qualität der Argumente.*
- Wenn Menschen *nicht sorgfältig* über eine Botschaft nachdenken, wählen sie den **peripheren Weg;** sie werden dann durch oberflächliche Hinweisreize beeinflusst. Im Rahmen des peripheren Weges wirkt eine umfangreiche bzw. lange Mitteilung überzeugend.

Gefühle

- *Angst:* Eine stark angsteinflößende Botschaft (z. B. mit der Warnung vor Krebs oder Aids), die gleichzeitig überzeugende Argumente und Hinweise enthält, wie man dieser drohenden Gefahr entgehen kann, bewirkt eine Einstellungsänderung. Bei geringer Angst und stark überzeugenden Argumenten ergibt sich ebenfalls eine bedeutsame Einstellungsänderung; bei schwachen Argumenten hingegen ist die Einstellungsänderung weitaus geringer.
  Angst motiviert die Rezipienten, die Botschaft sorgfältig zu prüfen; folglich wirkt eine Überredung mit starken Argumenten überzeugender.
- *Positive Gefühle:* Erhält ein Mensch in guter Stimmung eine Botschaft, spielt die Qualität der Argumente keine Rolle. Er wird sich nur oberflächlich mit ihr auseinandersetzen und von einer genauen Inhaltsanalyse absehen. Bei guter Stimmung wird im Menschen die Akzeptanz einer Botschaft erhöht, da er sie mit positiven Assoziationen verbindet.

Wiederholungen

Die dreimalige Wiederholung einer Mitteilung mit überzeugenden Argumenten ermöglicht eine besonders intensive Auseinandersetzung und führt zu einer positiveren Einstellung als eine einmalige Darbietung. Zu viele Wiederholungen (über 5) führen dagegen zu ablehnenden Gedanken und begünstigen einen Bumerangeffekt.

Die Rezipienten-Merkmale

Aktive Rolle

Um Personen zu aktivieren, greift man häufig zur Technik des Rollenspiels. Die *aktive Teilnahme* führt zu größeren und dauerhaften Effekten der Einstellungsänderung. So belegen z. B. Untersuchungen zur Raucherentwöhnung die einstellungsändernden Effekte durch aktives Rollenspiel. Im Schulunterricht sind Rollenspiele vielfach mit gutem Erfolg durchgeführt worden, z. B. zur Einstellungsänderung gegenüber Völkern.

Bedürfnis nach Wissen und Wahrheit

Es wurde festgestellt, dass Personen mit hohem Wissensbedürfnis eher den zentralen Weg der Einstellungsänderung wählen und stärker von der Qualität der Argumente beeinflusst werden als Personen mit niedrigem Wissensbedürfnis, deren Einstellungen stärker von peripheren Hinweisreizen abhängen – und vielleicht eher affektiv fundiert sind.

Abschließend soll das Prozessmodell von Petty und Mitarbeitern nochmals umfassend in einem Schaubild dargestellt werden.

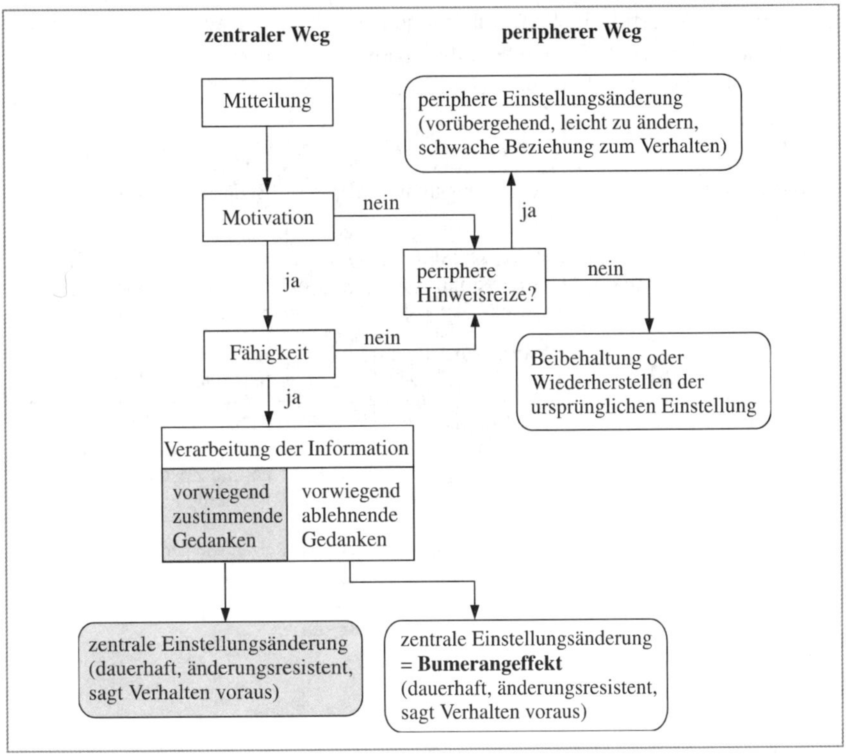

Abb. 14: Prozessmodell nach Petty u. a.: Ablauf der Informationsverarbeitung bei gegebenem peripheren oder zentralen Weg (modifiziert nach Herkner 1991, S. 241 sowie Horowitz und Bordens 1995, S. 608)

7.4 Zusammenfassung

Der **Einstellungsbegriff** lässt sich durch folgende Merkmale bestimmen: Einstellungen werden als *hypothetische Konstrukte* aufgefasst, sie sind *erworben*, d. h. Ergebnisse einer individuellen Lerngeschichte; sie sind *auf Objekte bezogen* und weisen eine *Richtung* auf; zudem lassen sie sich durch ihre *Bedeutsamkeit* charakterisieren. Außerdem sind Einstellungen *komplexe Einheiten* und bestehen aus einer *kognitiven, affektiven* und *konativen* (verhaltensorientierten) *Komponente*.
In klassischer Sicht der Einstellungsforschung ist **Vorurteil** eine relativ überdauernde negative Einstellung gegenüber sozialen Objekten.
Eine Einstellung ist keine notwendige Verhaltensursache. Verhalten ist nicht nur das Resultat von Einstellungen, sondern auch bedingt durch Normen, Gewohnheiten, Motive, Erwartungen usw.
Eine Einstellung erfüllt mehrere Funktionen: Sie hilft dem Einzelnen, sich anzupassen, seine Umwelt zu verstehen, die eigenen Wertvorstellungen zu verwirklichen und sein Selbst zu bewahren (vgl. Katz).

Reize	**Funktionen**	**Persönliche Bedürfnisse**
erfolgversprechend, gewinnbringend	Anpassungsfunktion	Bedürfnis nach Erfolg
unbekannt, neuartig, komplex, ambivalent	Wissensfunktion bzw. Orientierungsfunktion (strukturiert etwas)	Bedürfnis nach Sicherheit, Ordnung, Klarheit, Sinngebung
wertvoll, sozial erwünscht, moralisch	Wertausdrucksfunktion	Bedürfnis nach Selbstverwirklichung
bedrohlich	Ich-Verteidigungs-funktion	Bedürfnis, sein Selbst zu bewahren und unangenehme Zustände zu vermeiden

Tab. 3: Einstellungsfunktionen nach Katz im Zusammenhang mit Reizen und persönlichen Bedürfnissen

Einstellungstheorien: Es existieren zahlreiche Erklärungsansätze.

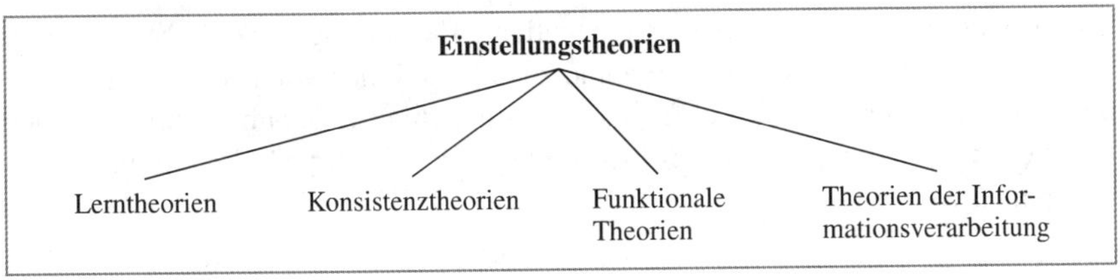

Abb. 15: Überblick über Einstellungstheorien

- Die *Entstehung* von Einstellungen lässt sich mit den unterschiedlichen **Lerntheorien** erklären.
- Die *Änderung* von Einstellungen hingegen lassen sich mit den **Konsistenztheorien** beschreiben; diese gehen von bereits vorhandenen Einstellungen aus und machen keine speziellen Aussagen über primäre Entstehungsprozesse.
- Die *Resistenz* von Einstellungen lässt sich günstig mit der **funktionalen Theorie** begründen (vgl. z. B. Ich-Verteidigungsfunktion).
- **Theorien der Informationsverarbeitung** (vgl. Petty, Bandura) eignen sich zur Erklärung des *Einstellungserwerbs* und der *Einstellungsänderung*.

Die **Einstellungsforschung** beschäftigt sich mit vielen Bereichen unseres täglichen Lebens. Für den Erfolg erzieherischer Arbeit in der Schule sind Einstellungen z. B. in folgendem Zusammenhang von Bedeutung:
- Interesse und Aufmerksamkeit für einen Gegenstandsbereich sowie das Behalten von Inhalten.
- Die sozialen Beziehungen der Mitglieder einer Schulklasse; sie sind einstellungsbedingt.
- Wie ein Lehrer Schüler und ihre Leistungen beurteilt und wie Schüler den Lehrer bzw. sich selbst untereinander beurteilen, hängt von allgemeinen Einstellungen des Urteilenden zum Beurteilten ab.
- Erziehung muss neben dem Vermitteln von Fertigkeiten und Kompetenzen die systematische Bildung von Einstellungen sowie den gezielten Abbau von Vorurteilen betreiben.

Aufgaben

24. Erläutern Sie am Beispiel der negativen Einstellung gegenüber psychisch Kranken die drei Komponenten und zwei Funktionen von Einstellungen.

25. Viele Menschen haben eine positive Einstellung gegenüber ihrem eigenen Selbst. Beschreiben Sie diese Einstellung anhand der Merkmale und Komponenten.

Lösungen

In der Regel gibt es keine eindeutigen und idealen Lösungen von Prüfungsaufgaben, deshalb können hier nur Vorschläge bzw. Angebote gemacht werden.

1. *Strukturierte Beobachtung:* Proband Peter oder Petra

Grob-Kategorie	**Fein-Kategorie**
fröhliche Natur	grinst /schmunzelt singt lacht hüpft herum tanzt macht Faxen

2. *Strukturierte Beobachtung mit vier Probanden*

Konkrete Verhaltensweisen = Fein-Kategorien	Anna	Maria	Niklas	Michael	Σ
schlägt andere Kinder					
schreit andere Kinder an					
nimmt anderen Spielsachen weg					
beschädigt Gegenstände					
beschimpft Erzieherin					
wirft mit Spielsachen					
Σ					

Wenn die Behauptung der Kinderpflegerin zutreffend sein sollte, dann müssten Niklas und Michael wesentlich mehr aggressive Verhaltensweisen zeigen als die beiden Mädchen Anna und Maria.

3. Das Sprichwort „Liebe macht blind“ lässt sich als passendes Beispiel anführen. Wenn jemand Gefühle des Verliebtseins erlebt, nimmt er seine(n) Partner(in) überwiegend positiv wahr. Negative Eigenschaften werden in der Regel ignoriert. Man spricht auch davon, dass man die Welt durch eine „rosarote Brille“ sieht.

4. Angst beeinflusst das Denken dahingehend, dass es sich stärker auf die eigene Person richtet. Im Zustand der Angst denken wir verstärkt über mögliche Gefahren und Bedrohungen nach. Dies beeinträchtigt gleichzeitig die Fähigkeit, sich mit Herausforderungen in der Umwelt zu beschäftigen (z. B. einer zu lösenden Aufgabe). Auf der anderen Seite können wir durch gezielte Denkvorgänge das Gefühl der Angst beeinflussen, indem wir uns beispielsweise in Gedanken vorsagen, dass wir das zu lösende Problem bewältigen können.

5. Es handelt sich hier um ein Problem, da wohl nur wenige Menschen ohne weiteres wissen (also eine Methode haben), wie die Sahara zu durchqueren ist. Zudem gibt es vermutlich sogar für Experten einige Unwägbarkeiten (z. B. politische Verhältnisse in den zu durchquerenden Ländern), die das Unterfangen auch für sie zum Problem machten. Zur Problemlösung braucht man nun sowohl deklaratives als auch prozedurales Wissen. Deklarativ wäre beispielsweise das Wissen um die Wetter- oder Straßenverhältnisse, prozedural wären Fertigkeiten wie z. B. Autofahren, aber auch kognitive Strategien wie z. B. das Wissen, wie man analysiert, plant und organisiert.

6. Der zentrale Unterschied ist, dass der Begriff der „Motivation“ den momentanen Zustand einer Person bezeichnet (z. B. Fritz ist **im Moment** motiviert, seine Aufgabe zu erledigen). Der Begriff „Motiv“ bezieht sich dagegen auf ein relativ stabiles Persönlichkeitsmerkmal (z. B. wenn Fritz ein ausgeprägtes Anschlussmotiv hat, dann hat er **stärker** bzw. **häufiger** als andere Menschen das Bedürfnis, mit anderen zusammen zu sein; er neigt dazu, mit anderen Leuten zusammen sein zu wollen.)

7. a) Die Erkrankung der Gruppenleiterin und die damit verbundene Übertragung des Projektes stellen für die Praktikantin einen Stressor (schulisch) dar. Ob nun Stress erlebt wird, hängt von der subjektiven Bewertung seitens der Praktikantin ab.
Wird in einem ersten Bewertungsprozess die Aufforderung zur Übernahme des Projektes als nicht bedrohlich erlebt, sondern als Herausforderung verstanden („Endlich kann ich zeigen, was ich kann!“) und sieht sich die Praktikantin aufgrund eines zweiten Bewertungsprozesses in der Lage, diese Situation zu meistern („Ich war glücklicherweise bei den Vorbesprechungen dabei!“), entsteht kein Stress.
Stress entsteht, wenn diese unerwartete Aufgabe als bedrohlich eingestuft wird (1. Bewertungsprozess: „Meine Beurteilung hängt davon ab!“) und nach eigener Abschätzung auch keinerlei Ressourcen zur Verfügung stehen, die eine Bewältigung der Aufgabe wahrscheinlich machen (2. Bewertungsprozess: „Ich steh das nicht durch, ich verfüge nicht über die notwendige Autorität bei den Kindern!“).
Die psychische Belastung kann noch verstärkt werden, wenn andere außerschulische Stressoren hinzukommen.

b)
- Die Praktikantin lässt sich die Ausarbeitungen der Gruppenleiterin aushändigen (= Informationssuche).
- Sie geht mit einer Erzieherin die einzelnen Teilphasen der Projektumsetzung durch, bittet diese um Unterstützung (= direkte Aktion).
- Sie erinnert sich an frühere Situationen, die sie ganz alleine gemeistert hat; zudem redet sie sich ein, dass man ihr das Projekt nicht übertragen hätte, wenn man ihr es nicht zutrauen würde. Sie interpretiert die Übertragung des Projekts als Anerkennung ihrer bisherigen Leistungen (= intrapsychische Bewältigungsform).
- Bevor sie den Gruppenraum betritt,versucht sie, sich zu entspannen, „loszulassen“, sich von quälenden Gedanken („Was ist wenn …?“) zu befreien (= intrapsychische Bewältigungsform).

8. Das Selbstkonzept besteht aus einzelnen Selbstbildern, die verschiedene Lebensbereiche betreffen. Sie können zentral und damit schwer zu ändern oder peripher und damit leicht zu ändern sein. Das Selbstkonzept setzt sich aus vergangenen Erfahrungen zusammen und wird durch neue Erfahrungen ergänzt. Es entsteht aus Selbstbeobachtung, sozialen Interaktionen und einem Vergleich mit anderen Menschen.

9. Im Mittelpunkt der Freud'schen Theorie steht das Triebmodell (libido und destrudo) und das Instanzenmodell (Ich, Es, Über-Ich). Die Triebe sind dabei der „Motor" des Menschen, die Instanzen erklären den Aufbau der Persönlichkeit. Dabei spielen das Unbewusste und die Abwehrmechanismen eine große Rolle. Die Struktur des Menschen wird weitgehend durch die Erlebnisse in den frühkindlichen Phasen bestimmt. Freud spricht von einem oralen, einem analen und einem phallisch-ödipalen Typus.
Dem Ich kommt zwar als Anpassungsorgan an die Realität eine gewisse Eigenständigkeit zu, aber beherrschend bleibt das Triebgeschehen.

10. In der modernen Psychoanalyse wird dem Ich wesentlich mehr Bedeutung beigemessen. Außerdem wird die Entwicklung des Ich zum Gegenstand der Forschung gemacht. Es finden empirische Untersuchungen statt und keine Deutungen zurückliegender Ereignisse wie noch bei Freud. Während Mahler, Spitz und andere die Ich-Entwicklung aber noch in Verbindung zur Triebtheorie sehen, wendet sich Kohut vollends von ihr ab. Sein Modell der Selbstkohärenz stellt das Ich in den Mittelpunkt – völlig unabhängig von einem Triebgeschehen.

11. **Differenzierung** der Emotionen bedeutet Ausgliederung voneinander unterscheidbarer Emotionen aus zunächst noch dafür verschwommen emotionalen Zuständen, die nach der Geburt erkennbar sind, sogenannte Emotionsvorläufern: Vergnügen/Freude, Ängstlichkeit/Furcht, Wut/Ärger. Daraus gehen im Lauf der folgenden Entwicklung deutlich erkennbare neue Emotionen hervor: Neugier, Interesse und Freude im 2.–3. Monat, Freude mit Wut und Enttäuschung im 3.–5. Monat usw. Dies geschieht in Abhängigkeit von kognitiver und sozialkognitiver Entwicklung. **Integration** bedeutet, dass die Emotionen zueinander in Beziehung gesetzt werden.

12. **Anlagen** sind genetische Determinanten der Entwicklung. Zu ihnen gehören Reifungsprozesse als biologisch bedingte Veränderungsprozesse. Die Anlagen enthalten den Zeitpunkt, die Geschwindigkeit und die Dauer der Reifungsprozesse. Reifungsprozesse sind an bestimmte Zeitpunkte gebunden, haben einen bestimmten Ablauf und sind bei allen Individuen einer Art zu beobachten. **Umwelt** bedeutet alle von außen kommenden Einflüsse, denen Menschen ausgesetzt sind. Es gibt die soziale, kulturelle, materielle und natürliche Umwelt. Die Einflüsse können direkt oder indirekt auf das Verhalten und Erleben sein. Die Umwelt wirkt über das Lernen. Lernen bedeutet relativ dauerhafte Verhaltensveränderungen aufgrund von Erfahrungen. Das

Individuum nimmt Einfluss auf seine Entwicklung über die **Selbststeuerung.** Selbststeuerung ist die Fähigkeit einer Person, eigenes Verhalten selbst zu lenken bzw. zu verändern. Entwicklung ist dann als Eigenleistung des Individuums zu betrachten, die durch die Wechselwirkung zwischen Anlagen, Umwelt und Individuum zustande kommt. Keine der Bedingungen ist für sich entscheidend. Die Wirkung der Anlagen ist von Umwelt und Individuum abhängig. Die Wirkung der Umwelt wird durch die Anlagen und das Individuum bestimmt. Das Individuum ist kein Spielball von Anlage und Umwelt, sondern an seiner Entwicklung aktiv beteiligt.

13. Die Libidoentwicklung beschreibt die Triebentwicklung in enger Beziehung zur Persönlichkeitsentwicklung, die sich in den jeweiligen Phasen vollzieht. Daher ist das Instanzenmodell für das Verständnis der Libidoentwicklung notwendig.

14. Sexuelle Entwicklung beginnt bereits im ersten Lebensjahr. Die ersten Lebensjahre sind für die Perönlichkeitsentwicklung von großer Bedeutung. Die Eltern-Kind-Beziehung ist für die individuelle Entwicklung sehr wichtig.

15. Anlagen enthalten die Libido und den phasenhaften Ablauf der Entwicklung. Umwelt bedeutet Erfahrungen bei der Triebbefriedigung, die zu individueller Entwicklung führt. Das Individuum ist durch sein individuelles Ich beteiligt.

16. Bei **Assimilation** werden Umweltgegebenheiten so interpretiert, dass sie zu den vorhandenen Fähigkeiten passen. (Das Kind greift alles, auch Wasser.) Bei **Akkommodation** werden vorhandene Fähigkeiten erweitert, weil sie nicht ausreichen, um erfolgreich mit den Umweltgegebenheiten fertig zu werden. (Das Kind lernt, das Wasser zu schöpfen.)

17. Beschreibung: Drei verschiedenfarbige Berge aus Pappmache in einer Landschaft werden von einem Kind so beschrieben, wie die Puppe sie sehen müsste, die das Kind auf dem Schoß hat. Setzt man die Puppe auf die andere Seite der Landschaft und fordert das Kind auf, zu beschreiben, was die Puppe sieht, ist das nicht möglich. Dies zeigt den kindlichen Egozentrismus im Stadium der präoperationalen Intelligenz. Das Kind ist nicht fähig, sich in den Standpunkt eines anderen hineinzuversetzen.

18. In diesem Fall nehmen der Mann und seine Frau unterschiedliche Positionen ein. Man kann davon ausgehen, dass in der Ehe der Mann bestimmt, wann ein Gespräch stattfindet und wann nicht. Deshalb befindet er sich in der Primär-, seine Frau dagegen in der Sekundärposition. Die Kommunikation verläuft hier **hierarchisch** (Axiom 5). Befindet sich die Frau über längere Zeit ausschließlich in der Sekundärposition, besteht die Gefahr, dass es zu einer „starren Komplementarität" kommt.
Sowohl der **Inhalts- und Beziehungsaspekt** (Axiom 2) als auch die **analoge** und **digitale** Kommunikation (Axiom 4) stimmen bei dem Verhalten des Mannes nicht überein. Einerseits will er wissen, ob seine Frau einen schönen Tag gehabt hat (Inhaltsaspekt), andererseits gibt er ihr nonverbal durch seine Geste zu verstehen, dass es ihn gar nicht interessiert (Beziehungsaspekt). Seine Frau wird nicht seinen Worten (WAS wird gesagt) sondern seiner Körpersprache (WIE wird es gesagt) glauben. Durch die analoge Kommunikation des Mannes wird somit die Art der Beziehung zwischen den Eheleuten definiert: Der Mann gibt der Frau zu verstehen, dass ihm sein Freund wichtiger ist als sie. Der Beziehungsaspekt bestimmt hier, wie der Inhaltsaspekt zu verstehen ist **(Metakommunikation).** Die Frau kann nun wiederum **nicht nicht** auf das Verhalten ihres Mannes **reagieren** (Axiom 1).
Da Inhalts- und Beziehungsaspekt nicht übereinstimmen, ist die **Kommunikation misslungen.** Außerdem **entwertet** der Mann letztlich durch sein Verhalten die Frau.

19. Bei Ehepaar B verläuft die Kommunikation **symmetrisch** (Axiom 5), denn beide Partner nehmen gleichrangige Positionen ein.
Bei den beiden liegt jedoch ein **Interpunktionsproblem** (Axiom 3) vor. Jeder der Ehepartner sieht sein Verhalten nur als Reaktion auf das Verhalten des Partners.

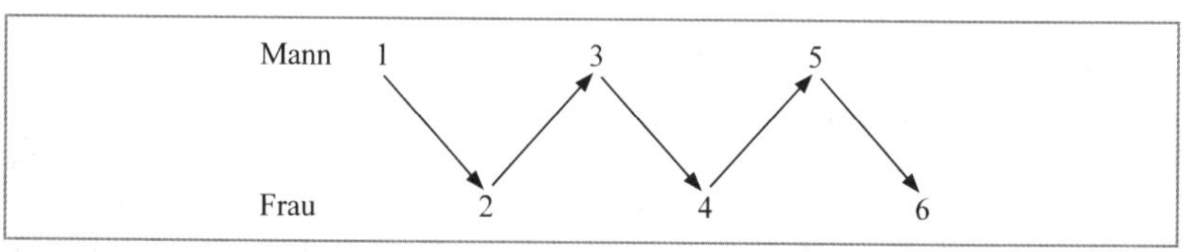

Interpunktion von Ereignisfolgen

Herr B sieht nur die Kommunikationsabläufe 2–3–4, während seine Frau nur die Kommunikationsabläufe 1–2–3 wahrnimmt. Da jeder das Verhalten des anderen als ursächlich für den Streit ansieht, ist die **Kommunikation misslungen.**

Auch haben sowohl das Schweigen des Mannes als auch das Reden der Frau Mitteilungscharakter. Beide beeinflussen damit jeweils den anderen und dieser kann seinerseits **nicht nicht** auf diese Kommunikation **reagieren** (Axiom 1).

20. Die Nachricht ist ein **vielseitiges Paket mit sprachlichen und nichtsprachlichen Anteilen.** Betrachten wir nun das Drumherum, so handelt es sich hier um eine **implizit** gesendete Botschaft, die eigentlich lauten müsste, „Erna, hol mir noch ein Bier". Implizite Botschaften teilen noch etwas mit, ohne es direkt zu sagen, legen noch etwas in die Mitteilung hinein.

Sachaussage:
„Mein Bier ist alle!"

Selbstoffenbarung:
„Ich habe noch Durst"

Beziehungsebene:
(Was halte ich von dir?
Wie stehen wir zueinander?)
Die Ehefrau erfüllt dem Mann seine Wünsche und ist ihm unterlegen:
„Von dir kann ich das verlangen!"

Appellebene:
„Geh' Bier holen!"

zum Beispiel „Weinen"

Sachseite:
hier: nonverbale Mitteilung

Selbstoffenbarung:
Trauer, seelisches Elend oder Freude, emotionale Bewegtheit

Beziehungsseite:
„So weit hast du mich gebracht, du Schuft!" – „Unsere Beziehung ist nicht viel Wert!"
(eine Bestrafung des Empfängers)

Appellseite:
Wunsch nach Zuwendung und Schonung:
„Sei doch netter und einfühlsamer!"

21. Nachrichtenquadratisch gesehen teilt die Mutter neben der Hauptaussage über sich selbst mit, dass sie es eilig hat und genervt ist von der Trödelei des Kindes. „Ich habe es eilig, habe Angst zu spät zu kommen!" Auf der Beziehungsebene, „Du bist deiner Mutter gegenüber nicht genügend rücksichts-

voll. Du musst zur Rücksichtnahme erzogen werden". Auf der Appellebene: „Sei artig und rücksichtsvoll!", „Gehe schneller!"
Grundsätzlich erfolgt der **Nachrichtenempfang im Sinne des Nachrichtenquadrats;** ein Kind kann aber noch nicht alle Anteile der Nachricht erfassen, da sein Selbstoffenbarungsohr noch nicht entsprechend entwickelt ist. Es hört nicht den Selbstoffenbarungsanteil, die geheimen Ich-Botschaften der Mutter heraus, sondern nur die Du-Botschaft, „Du bist rücksichtslos und unartig", als Zurechtweisung seiner Person. Auf der Appellebene kann es verunsichert reagieren. Wodurch kann es dem Appell der Mutter folgen, da die Aussage so unklar für das Kind formuliert ist?
Wodurch kann es rücksichtsvoller und lieber sein? Grundsätzlich **empfangen wir auf drei Ebenen:** der Wahrnehmungsebene, hier wird über die Sinne aufgenommen; der Interpretationsebene, hier wird der Nachricht Bedeutung zugeschrieben und der Gefühlsebene, auf der der Empfänger mit Gefühlen reagiert. Übertragen auf das Kind lauten die Empfangsmöglichkeiten: Sie ist böse auf mich! Das Kind reagiert mit Trauer, Enttäuschung, Unsicherheit oder Ärger.
Daraus können wir bereits sehen, dass die Reaktion des Empfängers zum großen Teil sein **eigenes Machwerk** ist. Häufig legen wir unserem Feedback Fantasien zugrunde die auf Vermutungen beruhen und die wir nicht rückkoppeln.
Insgesamt ist eine solche Nachricht für das Kind nur schwer zu erfassen; es empfehlen sich klare verständliche Ich-Botschaften auf der Selbstoffenbarungsebene, um das eigene Wollen stimmig nach außen mitzuteilen. Im vorgegebenen Beispiel: „Ich habe es eilig! Bitte lass' uns schneller gehen, sonst komme ich zu spät an meinen Arbeitsplatz!"

22. **Psychologische Probleme** bei der gesendeten Nachricht sind:
auf der Sachebene Rechthaberei, Fassadentechniken und Imponiergehabe, Unklarheiten, Unverständnis, Missbrauch durch Selbstdarstellung, herabsetzende, unsachliche, inkongruente Botschaften, die den Empfänger verunsichern; auf der Beziehungsseite durch ungeeigneten, verletzenden Tonfall und störende Begleitsignale, in denen Schuldzuweisungen liegen und den Kontext der Aussage qualifizieren.
Du-Botschaften, die den anderen bewerten, auf der Beziehungslauer liegen, den anderen bei Laune halten wollen, durch die eigene Herabsetzung und Unterwerfung bzw. durch ein übergroßes Appellohr (vgl. selbstloser Kommunikationsstil); auf der Selbstoffenbarungsebene durch Imponiertechniken oder umgekehrt Selbstverkleinerungstechniken, durch phrasenhafte, all-

gemein gehaltene Botschaften; auf der Appellseite durch ungeeignete, vorschreibende, paradoxe, dissonante Botschaften. Störungen entstehen hier allgemein dann, wenn eine Seite missbräuchlich dazu herangezogen wird, um andere Seiten zu verdecken.
Beim Nachrichtenempfang treten dann Kommunikationsstörungen bei einseitigen Empfangsgewohnheiten auf. Eine ausgewogene Vierohrigkeit sollte zur kommunikationspsychologischen Grundausstattung des Empfängers gehören. Manche Personen nehmen bevorzugt nur die Sachmitteilung wahr, andere dagegen liegen auf der Appellauer. Wenn Mitteilungen nur mit dem Selbstoffenbarungsohr aufgenommen werden und auf ihren psychologischen Motor hin untersucht werden, fühlt sich der Kommunikationspartner missbraucht. Wer mit einem übergroßen Beziehungsohr ausgestattet ist, untersucht den Inhalt der Mitteilungen auf Anteile, die sich auf ihn selbst beziehen und reagiert hier überempfindlich.
Eine erfolgreiche Kommunikation ist dann zu erwarten, wenn man sich nicht in Schnellreaktionen, sondern in **innengeleiteten Reaktionen** mitteilt.

23. a) Eine erfolgreiche Kommunikation im Sinne Watzlawicks ist dann gewährleistet, wenn nicht gegen die fünf Axiome verstoßen wird (d. h. z. B. keine Entwertungen, kein Vortäuschen von Symptomen, keine Interpunktionsstörungen, keine starre Komplementarität, keine symmetrische Eskalation usw.) und wenn paradoxe Handlungsaufforderungen sowie insbesondere Doppelbindungssituationen vermieden werden (vgl. Kap. 6.2).
Bei Kommunikationsstörungen sollte umgehend Metakommunikation betrieben werden, um diese zu beheben (siehe S. 162 f.).

b) Nach Schulz von Thun liegt dann eine gelungene Kommunikation vor, wenn bei der gesendeten und empfangenen Nachricht alle vier Seiten des Nachrichtenquadrats gleichermaßen berücksichtigt werden. Innengeleitete, richtig verschlüsselte Botschaften und eine ausgewogene Vierohrigkeit, bei der wir jeweils situationsspezifisch entscheiden, auf welche Seite wir reagieren wollen, sind Grundvoraussetzungen einer erfolgreichen Kommunikation (vgl. Kap. 6.3). Wir müssen also **mehrseitig kommunizieren:** Uns nicht-wertend in die Gefühlswelt des anderen durch aktives Zuhören hineinversetzen, Störungen gegenüber Sachthemen den Vorrang geben, d. h. wir müssen uns den Auseinandersetzungen auf der Beziehungsebene stellen und nicht auf andere Ebenen ausweichen wollen.

Zu den **kommunikativen Grundfähigkeiten** gehören die Selbstklärung, sich selbst und eigene Gefühle akzeptieren, sich eigener Ängste bewusst sein, über die Beziehung und Störungen in ihr auf der Metaebene kommunizieren, innengeleitete Ich-Botschaften mitteilen, Ursachen von Konflikten nicht im anderen Übeltäter, sondern in uns selbst suchen.

c) Über Watzlawick und Schulz von Thun hinausgehend sollen hier nun noch folgende Empfehlungen gegeben werden, um Missverständnisse bzw. Kommunikationsstörungen im Alltag zu verhindern (vgl. Kap. 6.4 sowie Gordon 1994).

Hinweise für die **Rolle des Senders:**
- Ich-Botschaften senden. (Jeder sollte nur von sich sprechen, von den eigenen Gefühlen und Wünschen; also „ich" statt „man" oder „du". Du-Äußerungen arten sonst leicht in Vorwürfe und Anklagen aus.)
- Konkrete Situationen ansprechen und Verallgemeinerungen vermeiden. (Nicht: „Immer trinkst du zu viel". Besser: „Ich mache die Erfahrung, wenn wir in Gesellschaft sind, dann trinkst du mehr als sonst.")
- Konkretes Verhalten ansprechen. (Nicht: „Du bist immer so faul." Besser: „Ich habe gestern dein Zimmer aufgeräumt. Mache es zukünftig bitte selber.")
- Beim konkreten Thema bleiben. (Das heißt keine Ausflüge in die Vergangenheit machen, sondern vom „Hier" und „Jetzt" sprechen.)
- Sich öffnen. (Gefühle, Bedürfnisse und Interessen sollten offen und ehrlich geäußert werden – vor allem in der privaten Kommunikation.)

Hinweise für die **Rolle des Empfängers:**
- Aufnehmend und konzentriert zuhören. (Dem Sender nonverbal zeigen, dass man aktiv zuhört; d. h. auch sich dem Sender zuwenden und Blickkontakt halten.)
- Rückmeldung geben. (Die Äußerungen des Partners in eigenen Worten wiederholen, um deutlich zu machen, dass man ihn verstanden hat. Wenn der Sender verletzend wirkt, sollte der Empfänger angemessen reagieren: „Ich bin erstaunt, dass du das so siehst", „Es tut mir weh, das von dir zu hören.")
- Offene Fragen stellen. (Äußert der Sender seine Gefühle nur indirekt, soll vom Empfänger nachgefragt werden.)
- Loben. (Zum Beispiel für offene Kommunikation.)
- Pause machen, wenn die Emotionen hochkochen!

24. Negative Einstellung gegenüber psychisch Kranken:
- Affektive Komponente: Ich mag keine psychisch Kranken.
- Kognitive Komponente: Ich bin davon überzeugt, dass psychisch Kranke der Gesellschaft auf der Tasche liegen.
- Konative Komponente: Ich werde psychisch Kranken aus dem Wege gehen.
- Anpassungsfunktion: Es ist nützlich, wenn ich mich im Beisein meines Chefs negativ über psychisch Kranke äußere, da ich dann von ihm Zustimmung erfahre.
- Wertausdrucksfunktion: Ich vertrete mit voller Überzeugung den Standpunkt, dass psychisch Kranke unsere Leistungs-Gesellschaft belasten.

25. Positive Einstellung gegenüber dem eigenen Selbst:
- Objektbezug: das eigene Selbst.
- Erworbenheit: Diese Einstellung wird gelernt, d. h. das Selbstbild bzw. Selbstkonzept entwickelt sich im Laufe des Lebens durch Lernprozesse (vgl. operante Konditionierung, Modell-Lernen), insbesondere über die Interaktionen mit anderen Menschen (z. B. Eltern, Verwandte, Freunde, Erzieherin, Lehrer).
- Richtung: positiv.
- Bedeutsamkeit: zentral; mein Selbst wird von mir als sehr wichtig empfunden. Diese Einstellung ist stabil und steuert auch mein Verhalten.
- Affektive Komponente: Ich fühle, dass ich eine ganze Menge positiver Eigenschaften habe.
- Kognitive Komponente: Ich weiß, dass ich intelligent bin.
- Konative Komponente: Ich werde lernen und die Abschlussprüfung schaffen.

Literaturverzeichnis

ABELE, A. (1996). Zum Einfluß positiver und negativer Stimmungen auf die kognitive Leistung. In: J. Möller u. O. Köller (Hg.), Emotionen, Kognitionen und Schulleistung. Weinheim: Psychologie Verlags Union. S. 91–111.

AEBLI, H. (1987). Grundlagen des Lehrens. Stuttgart: Klett-Cotta.

AJZEN, I. (1991). The theory of planned behavior. Organizational Behavior and Human Decision Processes, 50, S. 179–211.

AMELANG, M. u. BARTUSSEK, D. (1994). Differentielle Psychologie und Persönlichkeitsforschung. 3. Auflage. Stuttgart: Kohlhammer.

ANDERSON, J. R. (1996). Kognitive Psychologie, 2. Auflage. Heidelberg: Spektrum-der-Wissenschaft-Verlagsgesellschaft.

ARONSON, E. (1994). Sozialpsychologie. Menschliches Verhalten und gesellschaftlicher Einfluß. Heidelberg: Spektrum-der-Wissenschaft-Verlagsgesellschaft.

BANDURA, A. (1979). Sozial-kognitive Lerntheorie. Stuttgart: Klett-Cotta.

BANDURA, A. (1986). Social foundations of thought and action: A social-cognitive theory. Englewood Cliffs, N. J.: Prentice Hall.

BANYARD, P. u. a. (1995). Einführung in die Kognitionspsychologie (hg. von J. Gerstenmaier). München: Ernst Reinhardt Verlag.

BECK, E., GULDIMANN, T. u. ZUTAVERN, M. (1995). Eigenständig lernende Schülerinnen und Schüler. In: E. Beck, T. Guldimann u. M. Zutavern (Hg.), Eigenständig lernen. St. Gallen: UVK Fachverlag für Wissenschaft und Studium. S. 15–58.

BENESCH, H. (1995). Streßtheorien. In: H. Benesch (Hg.), Enzyklopädisches Wörterbuch Klinische Psychologie und Psychotherapie. Weinheim: Beltz. S. 776–784.

BIERBRAUER, G. (1996). Sozialpsychologie. Stuttgart: Kohlhammer.

BORTZ, J. (1984). Lehrbuch der empirischen Forschung für Sozialwissenschaftler. Berlin u. a.: Springer-Verlag.

BRANDER, S., KOMPA, A. u. PELTZER, U. (1989). Denken und Problemlösen. Einführung in die kognitive Psychologie. 2. Auflage. Opladen: Westdeutscher Verlag.

BRAUN, U. (1996). Entwicklung und Erziehung aus der Sicht der Psychoanalyse. In: K. Heidenreich (Hg.), Grundwissen Pädagogik. Freising: Stark Verlag. S. 89–136.

BREHM, Sh. S. u. KASSIN, S. M. (1996). Social Psychology. 3. Auflage. Boston: Houghton Mifflin Company.
BRODBECK, K.-H. (1995). Entscheidung zur Kreativität. Darmstadt: Wissenschaftliche Buchgesellschaft.
CASSELS, A. u. GREEN, P. (1995). Wahrnehmung. In: P. Banyard u. a., Einführung in die Kognitionspsychologie (hg. von J. Gerstenmaier). München: Ernst Reinhardt Verlag. S. 41–90.
CROPLEY, A. (1995). Kreativität. In: M. Amelang (Hg.), Verhaltens- und Leistungsunterschiede (Enzyklopädie der Psychologie). Göttingen: Hogrefe-Verlag. S. 229–373.
DECI, E. L. u. RYAN, R. M. (1993). Die Selbstbestimmungstheorie der Motivation und ihre Bedeutung für die Pädagogik. In: Zeitschrift für Pädagogik, H. 2. S. 224–238.
DECKER, F. Die neuen Methoden des Lernens und der Veränderung. Lern- und Organisationsentwicklung mit NLP, Kinesiologie und Mentalpädagogik. Lichtenau: AOL-Verlag.
DEITERING, F. G. (1995). Selbstgesteuertes Lernen. Göttingen: Verlag für Angewandte Psychologie.
DIEKMAN, A. (1995). Empirische Sozialforschung. Reinbek bei Hamburg: Rowohlt Verlag
DÖRNER, D. (1989). Die Logik des Mißlingens. Strategisches Denken in komplexen Situationen. Reinbek bei Hamburg: Rowohlt-Taschenbuch Verlag.
DÖRNER, D. (1995). Problemlösen und Gedächtnis. In: D. Dörner u. E. van der Meer (Hg.), Das Gedächtnis – Probleme – Trends – Perspektiven. Göttingen: Hogrefe-Verlag. S. 295–320.
DÖRNER, D. u. SELG, H. (Hg.) (1996). Psychologie. 2. Auflage. Stuttgart: Kohlhammer.
DREHER, E. u. DREHER, M. (1985). Entwicklungsaufgaben im Jugendalter: Bedeutsamkeit und Bewältigungskonzepte. In: D. Liepman u. A. Stiksrud (Hg.), Entwicklungsaufgaben und Bewältigungsprobleme in der Adoleszenz. Göttingen: Hogrefe-Verlag. S. 56–70.
EAGLE, M. N. (1988). Neuere Entwicklungen in der Psychoanalyse. München: Verlag Internationale Psychoanalyse.
EDELMANN, W. (1980). Entwicklungspsychologie. München: Kösel-Verlag.
ELHARDT, S. (1994). Tiefenpsychologie. 13. Auflage. Stuttgart: Kohlhammer.
EMNID (1997). Jugendlichen geht es nicht um Parolen und Pöstchen. In: Handelsblatt vom 30. 4. 1997. S. 33.
ERIKSON, H. E. (1965). Kindheit und Gesellschaft. 2. Auflage. Stuttgart: Klett.
FAßNACHT, G. (1995). Systematische Verhaltensbeobachtung. München: Ernst Reinhardt Verlag.
FESTINGER, L. (1978). Theorie der kognitiven Dissonanz. Bern: Huber Verlag.
FILIPP, S.-H. (1981). Ein allgemeines Modell für die Analyse kritischer Lebensereignisse. In: S.-H. Filipp (Hg.), Kritische Lebensereignisse. München: Urban und Schwarzenberg. S. 3–52.
FISHBEIN, M. (1967). Attitude and the prediction of behavior. In: M. Fishbein (Hg.), Readings in attitude theory and measurement. New York: Wiley. S. 477–492.
FLAMMER, A. (1993). Entwicklungstheorien. Bern: Huber Verlag.
FREUD, A. (1987). Das Ich und die Abwehrmechanismen. Frankfurt a. M.: Fischer-Verlag.
FREUD, S. (1926 ff.). Gesammelte Werke.
FREY, D. u. a. (1993). Einstellung und Verhalten: Die Theorie des überlegten Handelns und die Theorie des geplanten Verhaltens. In: D. Frey u. M. Irle (Hg.), Theorien der Sozialpsychologie. Bd. 1: Kognitive Theorien. Bern: Huber Verlag. S. 361–398.

FRIEDRICH, H. F. u. MANDL, H. (1992). Lern- und Denkstrategien – ein Problemaufriß. In: H. Mandl u. H. F. Friedrich (Hg.), Lern- und Denkstrategien. Analyse und Intervention. Göttingen: Hogrefe-Verlag. S. 3–54.
GADENNE, V. (1996). Bewußtsein, Kognition und Gehirn. Einführung in die Psychologie des Bewußtseins. Bern u. a.: Huber Verlag.
GEIßLER, H. H. u. HEGE, M. (1988). Konzepte sozialpädagogischen Handelns. 4. Auflage. Weinheim und Basel: Beltz Verlag.
GIRGENSOHN-MARCHAND, B. (1992). Der Mythos Watzlawick und die Folgen. Weinheim: Deutscher Studien Verlag.
GOLLER, H. (1995). Psychologie. Emotion, Motivation, Verhalten. Stuttgart: Kohlhammer.
GORDON, T.(1994). Die Neue Familienkonferenz. München: Heyne Verlag.
GRÜMER, K.-W. (1974). Beobachtung. Stuttgart: Teubner.
GUSKI, R. (1989). Wahrnehmung. Stuttgart: Kohlhammer.
GÜTTLER, P. O. (1996). Sozialpsychologie. München: Oldenbourg Verlag.
HARTMANN, H. (1975). Ichpsychologie und Anpassungsproblem. 3. Auflage. Stuttgart.
HAVIGHURST, R. J. (1956). Research on the Developmental-task Concept. In: The School Review, 64. S. 215–223.
HAVIGHURST, R. J. (1972). Developmental tasks and education. New York: McKay.
HAYES, N. (1995). Kognitive Prozesse – eine Einführung. In: P. Banyard, Einführung in die Kognitionspsychologie (hg. von J. Gerstenmaier). München: Ernst Reinhardt Verlag. S. 11–40.
HEIDENREICH, K. (1988). Einstellung und Vorurteil als Thema im Psychologieunterricht der Fachoberschule. In: S. Kowal (Hg.), Sozialpsychologie als Unterrichtsfach. Bonn: Deutscher Psychologen Verlag. S. 69–90.
HEIDENREICH, K. u. a. (1996). Grundwissen Pädagogik. Freising: Stark Verlag.
HERKNER, W. (1991). Lehrbuch der Sozialpsychologie. 5. Auflage. Bern: Huber Verlag.
HERRMANN, T. u. LANTERMANN E.-D. (Hg.) (1985). Persönlichkeitspsychologie. Ein Handbuch in Schlüsselbegriffen. München u. a.: Urban und Schwarzenberg.
HOFER, M., PEKRUN, R. u. ZIELINSKI, W. (1986). Die Psychologie des Lerners. In: B. Weidenmann u. A. Krapp (Hg.), Pädagogische Psychologie. München: Psychologie Verlags Union. S. 219–275.
HORNEY, K. (1967). The over-valuation of love. In: H. Kelman (Hg.), Feminine psychology. New York: Norton. S. 182–213.
HOROWITZ, I. A. u. BORDENS, K. S. (1995). Social Psychology. Mountain View, Cal.: Mayfield Publishing Company.
HUBER, O. (1995). Beobachtung. In E. Roth (Hg.), Sozialwissenschaftliche Methoden. 4. Auflage. München: Oldenbourg Verlag. S. 126–145.
HUSSY, W. (1993).Denken und Problemlösen. Stuttgart: Kohlhammer.
INSTITUT FÜR EMPIRISCHE PSYCHOLOGIE (1995). „Wir sind o.k.!" Stimmungen, Einstellungen, Orientierungen der Jugend in den 90er Jahren. Die IBM Jugendstudie. Köln: Bund-Verlag.
IRLE, M. (1975). Lehrbuch der Sozialpsychologie. Göttingen: Hogrefe-Verlag.
IRLE, M. u. MÖNTMANN, V. (1978). Die Theorie der kognitiven Dissonanz: Ein Resümee ihrer theoretischen Entwicklung und empirischen Ergebnisse 1957–1976. In: L. Festinger (hg. von M. Irle u. V. Möntmann), Theorie der kognitiven Dissonanz. Bern: Huber Verlag. S. 274–365
JAEGGI, E. (1990). Gibt es auch Wahnsinn, hat es doch Methoden. München: Piper.
JONAS, K. (1995). Neuere Erkenntnisse über Erwerb und Veränderung von Einstellungen (als Manuskript gedruckt).

JUGENDWERK DER DEUTSCHEN SHELL (Hg.) (1997). Jugend 97. Opladen: Leske und Budrich Verlag.

JÜTTEMANN, G. (1995). Persönlichkeitspsychologie. Heidelberg: Asanger Verlag.

KATZ, D. (1967). The functional approach to the study of attitude. In: M. Fishbein (Hg.), Readings in Attitude Theory and Measurement. New York: Wiley. S. 457–486.

KEBECK, G. (1994). Wahrnehmung. Theorien, Methoden, und Forschungsergebnisse der Wahrnehmungspsychologie. Weinheim u. München: Juventa Verlag.

KERNBERG, O. (1978). Borderline Störungen und pathologischer Narzißmus. Frankfurt a. M.: Suhrkamp Verlag.

KINTSCH, W. u. ERICSON, A. (1996). Die kognitive Funktion des Gedächtnisses. In: D. Albert u. K.-H. Stapf (Hg.), Gedächtnis (Enzyklopädie der Psychologie). Göttingen: Hogrefe-Verlag. S. 541–601.

KLEBER, E. W. (1974). Abriß der Entwicklungspsychologie. Weinheim und Basel: Beltz Verlag.

KLUWE, R. H. (1992). Gedächtnis und Wissen. In: H. Spada (Hg.), Lehrbuch Allgemeine Psychologie. 2. Auflage. Bern: Huber Verlag. S. 115–187.

KOHUT, H. (1979). Die Heilung des Selbst. Frankfurt a. M.: Suhrkamp Verlag.

KOHUT, H. (1990). Narzißmus. 7. Auflage. Frankfurt a. M.: Suhrkamp Verlag.

KRAPP, A. (1993). Die Psychologie der Lernmotivation – Perspektiven der Forschung und ihre Bedeutung für die Pädagogik. In: Zeitschrift für Pädagogik, H. 2. S. 187–206.

KRAUS, S. J. (1995). Attitudes and the prediction of behavior: A meta-analysis of the empirical literature. Personality and Social Psychology Bulletin, 21, S. 58–75.

KRECH, D. u. a. (1962). Individual in society. New York: McGraw-Hill.

KROHNE, H. W. (1996). Angst und Angstbewältigung. Stuttgart: Kohlhammer.

LANTERMANN, E.-D. (1983). Handlung und Emotion. In: H. A. Euler u. H. Mandl (Hg.), Emotionspsychologie. Ein Handbuch in Schlüsselbegriffen. München: Urban und Schwarzenberg. S. 273–282.

LAZARUS, R. S. (1981). Streß und Streßbewältigung – ein Paradigma. In: S.-H. Filipp (Hg.), Kritische Lebensereignisse. München: Urban und Schwarzenberg. S. 198–232.

LAZARUS, R. S. u. LAUNIER, R. (1981). Streßbezogene Transaktionen zwischen Personen und Umwelt. In: J. R. Nitsch (Hg.), Streß: Theorien; Untersuchungen; Maßnahmen. Bern: Huber Verlag. S. 213–260.

LIEBEL, H. J. (1996). Sozialpsychologie. In: D. Dömer u. H. Selg (Hg.), Psychologie. Stuttgart: Kohlhammer. S. 282–322.

LIPP, U. (1994). Mind-Mapping in der Schule. Pädagogik, H. 10, S. 22–26.

LÜER, G. u. SPADA, H. (1992). Denken und Problemlösen. In: H. Spada (Hg.), Lehrbuch Allgemeine Psychologie. 2. Auflage. Bern: Huber Verlag. S. 189–280.

LÜSSI, P. (1992). Systemische Sozialarbeit. 2. Auflage. Bern u. a.: Haupt Verlag.

MAHLER, M. u. a. (1978). Die psychische Geburt des Menschen – Symbiose und Individuation. Frankfurt a. M.: Fischer Verlag.

MANDL, H., FRIEDRICH, H. u. HRON, A. (1986). Psychologie des Wissenserwerbs. In: B. Weidenmann u. A. Krapp (Hg.), Pädagogische Psychologie. München: Psychologie Verlags Union. S. 143–218.

MARC, E. u. PICARD, D. (1991). Bateson, Watztawick und die Schule von Palo Alto. Frankfurt a. M.: Verlag Anton Hain.

MARTIN, E. (1991). Beobachtungslehre. Weinheim u. a.: Juventa Verlag.

MAYER, R. E. (1979). Denken und Problemlösen. Berlin: Springer Verlag.

MAYRING, P. (1991). Psychologie des Glücks. Stuttgart: Kohlhammer.

MEINEFELD, W. (1977). Einstellung und soziales Handeln. Reinbek bei Hamburg: Rowohlt Verlag.
MERTENS, W. (1981). Neue Perspektiven der Psychoanalyse. Stuttgart: Kohlhammer.
MERTENS, W. (1991). Lehrbuch der psychoanalytischen Entwicklungspsychologie. Stuttgart: Kohlhammer.
MERTENS, W. (1992a). Kompendium psychoanalytischer Grundbegriffe. München: Quintessenz Verlag.
MERTENS, W. (1992b). Psychoanalyse. 4. Auflage. Stuttgart: Kohlhammer.
METZ-GÖCKEL, H. (1996). Einstellungen und Werthaltungen in Organisationen. Essen: Verlag Die Blaue Eule.
METZIG, W. u. SCHUSTER, M. (1993). Lernen zu lernen. 2. Auflage. Lernstrategien wirkungsvolleinsetzen. Berlin: Springer Verlag.
MOGEL, H. (1985). Persönlichkeitspsychologie. Stuttgart: Kohlhammer.
MONTADA, L. (1995). Fragen, Konzepte, Perspektiven. In: R. Oerter u. L. Montada (Hg.), Entwicklungspsychologie. 3. Auflage. Weinheim: Beltz Psychologie Verlags Union. S. 1–83.
NOLTING, H.-P. u. PAULUS, P. (1994). Psychologie lernen. 5. Auflage. Weinheim: Psychologie Verlags Union.
OERTER, R. (1985). Version C Einführung (= Studieneinheit Entwicklungspsychologie 1, Kapitel ENT 1/0). In: W.F. Kugemann u. W. Toman (Hg.), Studienmaterialien FIM-Psychologie. Erlangen-Tübingen: DIFF/Universität Erlangen-Nürnberg.
PARKIN, A. J. (1996). Gedächtnis. Ein einführendes Lehrbuch. Weinheim: Psychologie Verlags Union.
PERVIN, L. A. (1993). Persönlichkeitstheorien. 3. Auflage. München u. a.: Enst Reinhardt Verlag.
PETTY, R. E. u. CACIOPPO, J. T. (1986). Communication and Persuasion: central and peripheral routes to attitude change. New York: Springer Verlag.
PIAGET, J. (1974). Biologie und Erkenntnis. Frankfurt a. M.: Fischer Verlag.
PREISER, S. (1979). Personwahrnehmung und Beurteilung. Darmstadt: Wissenschaftliche Buchgesellschaft.
PRENZEL, M. (1993). Autonomie und Motivation im Lernen Erwachsener. In: Zeitschrift für Pädagogik, H. 2. S. 239–253.
PRINZ, W. (1992). Wahrnehmung. In: H. Spada (Hg.), Lehrbuch Allgemeine Psychologie. 2. Auflage. Bern: Huber Verlag. S. 25–114.
RAMSENTHALER, H. (1982). Pragmatische Kommunikationstheorie und Pädagogik. Weinheim und Basel: Beltz Verlag.
REIFRATH, W. (1979). Theorien menschlicher Interaktion und Kommunikation. In: Deutscher Verein für öffentliche und private Fürsorge (Hg.), Arbeitshilfen. 3. Auflage. Frankfurt a. M.: Eigenverlag des Deutschen Vereins für öffentliche und private Fürsorge. S. 29–54.
REITHER, F. (1996). Denken und Sprache. In: D. Dörner u. H. Selg (Hg.), Psychologie. Eine Einführung in ihre Grundlagen und Anwendungsfelder. 2. Auflage. Stuttgart: Kohlhammer.
RHEINBERG, F. (1995). Motivation. Stuttgart: Kohlhammer.
RHEINBERG, F. (1996). Von der Lernmotivation zur Lernleistung: Was liegt dazwischen? In: J. Möller u. O. Köller (Hg.), Emotionen, Kognitionen und Schulleistung. Weinheim: Psychologie Verlags Union. S. 23–50.
RHEINBERG, F. u. MINSEL, B. (1986). Psychologie des Erziehers. In: B. Weidenmann u. A. Krapp (Hg.), Pädagogische Psychologie. München: Psychologieverlags Union. S. 277–360.

ROGERS, C. (1985). Entwicklung der Persönlichkeit. 5. Auflage. Stuttgart: Klett-Cotta.

ROGGE, K.-E. (1995). Methodenatlas. Berlin u. a.: Springer Verlag.

SCHAUB, H. u. ZENKE, K. G. (1995). Wörterbuch zur Pädagogik. München: dtv.

SCHIEFELE, U. (1990). Einstellung, Selbstkonsistenz und Verhalten. Göttingen: Hogrefe-Verlag.

SCHIEFELE, U. u. PEKRUN, R. (1996). Psychologische Modelle des fremdgesteuerten und selbstgesteuerten Lernens. In: F. E. Weinert (Hg.), Psychologie des Lernens und der Instruktion (Enzyklopädie der Psychologie). Göttingen: Hogrefe-Verlag. S. 249–278.

SCHIEFELE, U. u. SCHREYER, I. (1994). Intrinsische Lernmotivation und Lernen. In: Zeitschrift für Pädagogische Psychologie, H. 8. S. 1–13.

SCHMALT, H.-D. u. HECKHAUSEN, H. (1992). Motivation. In: H. Spada (Hg.), Lehrbuch Allgemeine Psychologie. 2. Auflage. Bern: Huber Verlag. S. 451–494.

SCHMIDT-ATZERT, L. (1996). Lehrbuch der Emotionspsychologie. Stuttgart: Kohlhammer.

SCHMIDTCHEN, G. (1997). Wie weit ist der Weg nach Deutschland? Sozialpsychologie der Jugend in der postsozialistischen Welt. Opladen: Leske und Budrich Verlag.

SCHNABEL, K. (1996). Leistungsangst und schulisches Lernen. In: J. Möller u. O. Köller (Hg.), Emotionen, Kognitionen und Schulleistung. Weinheim: Psychologie Verlags Union. S. 53–67.

SCHNEIDER, K. (1992). Emotionen. In: H. Spada (Hg.), Lehrbuch Allgemeine Psychologie. 2. Auflage. Bern: Huber Verlag. S. 403–449.

SCHÖNPFLUG, W. u. SCHÖNPFLUG, U. (1995). Psychologie, 3. Auflage. Weinheim: Psychologie Verlags Union.

SCHULZ VON THUN, F. (1992a). Miteinander reden. Störungen und Klärungen. Bd. 1. Reinbek bei Hamburg: Rowohlt Taschenbuch Verlag.

SCHULZ VON THUN, F. (1992b). Miteinander reden. Stile, Werte und Persönlichkeitsentwicklung. Bd. 2. Reinbek bei Hamburg: Rowohlt Taschenbuch Verlag.

SCHWARZER, R. (1993). Streß, Angst und Handlungsregulation. 3. Auflage. Stuttgart: Kohlhammer.

SEILER, TH. B. (1980). Entwicklungstheorien in der Sozialisationsforschung. In: K. Hurrelmann u. D. Ulich (Hg.), Handbuch der Sozialisationsforschung. Weinheim: Beltz. S. 101–121.

SIX, B. (1988). Einstellungen, Stereotype und Vorurteile. In S. Kowal (Hg.), Sozialpsychologie als Unterrichtsfach. Bonn: Deutscher Psychologen Verlag. S. 16–51.

SIX, B. u. ECKES, T. (1992). Besser als Wicker (1969), aber noch nicht gut genug: Metaanalytische Betrachtungen zu Trends in der Einstellungs-Verhaltens-Forschung. In: L. Montada (Hg.), Bericht über den 38. Kongreß der Deutschen Gesellschaft für Psychologie in Trier 1992, Bd. 1. Göttingen: Hogrefe-Verlag. S. 30–31.

SIX, B. u. SCHÄFER, B. (1985). Einstellungsänderung. Stuttgart: Kohlhammer.

SPRINGER, S. P. u. DEUTSCH, G. (1996). Linkes – rechtes Gehirn. Funktionelle Asymmetrien. 2. Auflage. Heidelberg: Verlag Spektrum der Wissenschaften.

SROUFE, L. A. (1979). Socioemotional development. In: J. D. Osofsky (Hg.), Hand book of infant development. New York: Wiley. S. 462–516.

STAHLBERG, D. u. FREY, D. (1996). Einstellungen: Struktur, Messung und Funktion. In: W. Stroebe u. a. (Hg.), Sozialpsychologie. Eine Einführung. 3. Auflage. Berlin u. a.: Springer Verlag. S. 219–252.

STEINER, G. (1988). Entwicklung – der kognitive Aspekt. In: R. Battegay u. a. (Hg.), Handbuch der Psychiatrie. Stuttgart: Enke. S. 146–153.

STROEBE, W. (1980). Grundlagen der Sozialpsychologie 1. Stuttgart: Klett-Cotta.

STROEBE, W. u. JONAS, K. (1996). Grundsätze des Einstellungserwerbs und Strategien der Einstellungsänderung. In: W. Stroebe u. a. (Hg.), Sozialpsychologie. Eine Einführung. 3. Auflage. Berlin u. a.: Springer Verlag. S. 253–289.

THOMANN, C. u. SCHULZ VON THUN, F. (1995). Klärungshilfe. Handbuch für Therapeuten, Gesprächshelfer und Moderatoren in schwierigen Situationen. Reinbek bei Hamburg: Rowohlt Taschenbuch Verlag.

TRAUTNER, H. M. (1991). Lehrbuch der Entwicklungspsychologie. Bd. 2. Göttingen: Hogrefe-Verlag.

TRAUTNER, H. M. (1995). Allgemeine Entwicklungspsychologie. Stuttgart: Kohlhammer.

TRIANDIS, H. C. (1975). Einstellungen und Einstellungsänderungen. Weinheim: Beltz.

TUNNER, W. (1983). Freude und Glück. In: H. A. Euler u. H. Mandl (Hg.), Emotionspsychologie. Ein Handbuch in Schlüsselbegriffen. München: Urban und Schwarzenberg. S. 164–168.

ULICH, D. (1993). Einführung in die Psychologie. 2. Auflage. Stuttgart: Kohlhammer.

ULICH, D. (1995). Das Gefühl. Eine Einführung in die Emotionspsychologie. 3. Auflage. Weinheim: Psychologie Verlags Union.

ULICH, D. u. MAYRING, P. (1992). Psychologie der Emotionen. Stuttgart: Kohlhammer.

UPMEYER, A. (1985). Soziale Urteilsbildung. Stuttgart: Kohlhammer.

VAN DER MEER, E. (1995). Gedächtnis und Inferenzen. In: D. Dörner u. E. van der Meer (Hg.), Das Gedächtnis – Probleme – Trends – Perspektiven. Göttingen: Hogrefe-Verlag. S. 341–380.

VAN DER MEER, E. (1996). Gesetzmäßigkeiten und Steuerungsmöglichkeiten des Wissenserwerbs. In: F. E. Weinert (Hg.), Psychologie des Lernens und der Instruktion (Enzyklopädie der Psychologie). Göttingen: Hogrefe-Verlag. S. 209–248.

WAGNER-LINK, A. (1995). Verhaltenstraining zur Streßbewältigung: Arbeitsbuch für Therapeuten und Trainer. München: Pfeiffer Verlag.

WATZLAWICK, P., BEAVIN, J. H. u. JACKSON, D. D. (1990). Menschliche Kommunikation. Formen, Störungen, Paradoxien. 8. Auflage. Bern: Huber Verlag.

WEINERT, F. E. (1996). Für und Wider die „neuen Lerntheorien" als Grundlagenpädagogisch-psychologischer Forschung. In: Zeitschrift für Pädagogische Psychologie, H. 10. S. 1–12.

WERBIK, H. (1978). Handlungstheorien. Stuttgart: Kohlhammer

WERNER, H. (1959). Einführung in die Entwicklungspsychologie. In: H. Nickel (Hg.), Entwicklungspsychologie des Kindes- und Jugendalters. Bd. 1. Bern: Huber. S. 63 ff.

WESSELS, M. G. (1994). Kognitive Psychologie, 3. Auflage. München: Ernst Reinhardt Verlag.

WHORF, B. L. (1963). Sprache – Denken – Wirklichkeit. Beiträge zur Metalinguistik und Sprachphilosophie. Reinbek bei Hamburg: Rowohlt Taschenbuch Verlag.

WILKENING, F. (1988). Zur Rolle des Wissens in der Wahrnehmung. In: H. Mandl u. H. Spada (Hg.), Wissenspsychologie. München: Psychologie Verlags Union. S. 203–224.

WITTE, E. H. (1994). Lehrbuch Sozialpsychologie. Weinheim: Beltz, Psychologie Verlags Union.

WYSS, D. (1991). Die tiefenpsychologischen Schulen von den Anfängen bis zur Gegenwart. Göttingen: Vandenhoek und Ruprecht.

ZIMBARDO, P. G. (1995). Psychologie, 6. Auflage. Berlin: Springer Verlag.

Stichwortverzeichnis

Ihre Meinung ist uns wichtig!

Ihre Anregungen sind uns immer willkommen.
Bitte informieren Sie uns mit diesem Schein über Ihre Verbesserungsvorschläge!

Titel-Nr.	Seite	Fehler, Vorschlag

Bitte hier abtrennen

Lernen ist ...
STARK

Zutreffendes bitte ankreuzen!

Die Absenderin/der Absender ist:

- ☐ Lehrer/in
- ☐ Fachbetreuer/in
  Fächer: ____________
- ☐ Seminarlehrer/in
  Fächer: ____________
- ☐ Regierungsfachberater/in
  Fächer: ____________
- ☐ Oberstufenbetreuer/in
- ☐ Schulleiter/in
- ☐ Referendar/in, Termin 2. Staatsexamen: ____________
- ☐ Leiter/in Lehrerbibliothek
- ☐ Leiter/in Schülerbibliothek
- ☐ Sekretariat
- ☐ Eltern
- ☐ Schüler/in, Klasse: ____________
- ☐ Sonstiges: ____________

Unterrichtsfächer: **(Bei Lehrkräften!)**

____

11-V1T

Bitte ausfüllen und im frankierten Umschlag an uns einsenden. Für Fensterkuverts geeignet.

STARK Verlag
Postfach 1852
85318 Freising

Kennen Sie Ihre Kundennummer?
Bitte hier eintragen.

Absender **(Bitte in Druckbuchstaben!)**

Name/Vorname

Straße/Nr.

PLZ/Ort

Telefon privat für Rückfragen | **Geburtsjahr**

E-Mail-Adresse

Schule/Schulstempel **(Bitte immer angeben!)**

(Bitte blättern Sie um)